Recht – schnell erfasst

Manfred Heße

Wettbewerbsrecht

Schnell erfasst

Zweite Auflage

 Springer

Reihenherausgeber
Dr. iur. Detlef Kröger
Dipl.-Jur. Claas Hanken

Autor
Professor Dr. Manfred Heße
Fachhochschule Südwestfalen
Hochschule für Technik und Wirtschaft
Im Alten Holz 131
58093 Hagen
hesse@fh-swf.de

Grafiken
Dirk Hoffmann

ISSN 1431-7559
ISBN 978-3-642-19479-5   e-ISBN 978-3-642-19480-1
DOI 10.1007/978-3-642-19480-1
Springer Heidelberg Dordrecht London New York

Die Deutsche Nationalbibliothek verzeichnet diese Publikation in der Deutschen Nationalbibliografie;
detaillierte bibliografische Daten sind im Internet über http://dnb.d-nb.de abrufbar.

Einbandentwurf: WMXDesign GmbH, Heidelberg

Gedruckt auf säurefreiem Papier

Springer ist Teil der Fachverlagsgruppe Springer Science+Business Media (www.springer.com)

Vorwort zur 2. Auflage

Das Marktverhalten von Unternehmen unterliegt zahlreichen gesetzlichen Regelungen, deren bedeutendste in den Gesetzen gegen den unlauteren Wettbewerb und gegen Wettbewerbsbeschränkungen sowie im Vertrag über die Arbeitsweise der Europäischen Union zu finden sind. Die Kenntnis dieser seit der Vorauflage zum Teil grundlegend geänderten Regelungen ist für die betriebliche Praxis unerlässlich. Nur Unternehmen, die über entsprechendes aktuelles wettbewerbsrechtliches Know-how verfügen, sind in der Lage, die Zulässigkeit ihrer geplanten Marktaktivitäten kritisch zu beurteilen, gegebenenfalls rechtlich unbedenkliche Alternativstrategien zu entwickeln und unzulässige Maßnahmen von Mitbewerbern abzuwehren.

Trotz der daraus resultierenden großen praktischen Bedeutung des Wettbewerbs- und Kartellrechts führen diese Rechtsgebiete in der juristischen und betriebswirtschaftlichen Ausbildung üblicherweise ein Schattendasein in Wahl(pflicht)modulen. Dies mag auch darauf zurückzuführen sein, dass die durch das Nebeneinander von nationalem und europäischem Recht geprägte Rechtslage nicht einfach zu durchschauen ist. Zudem gibt es kaum Lehrbücher, die das Ziel verfolgen, dem interessierten »Einsteiger« einen soliden Überblick über das gesamte Rechtsgebiet zu vermitteln.

Dieses Buch soll die vorhandene Lücke schließen und das Interesse an einer intensiveren Beschäftigung mit dem Wettbewerbs- und Kartellrecht wecken. Es ist als Basisbuch für interessierte Studierende und Praktiker gedacht, denen es auch mit Hilfe zahlreicher Beispielsfälle und Übersichten die Grundlagen des Wettbewerbs- und Kartellrechts vermitteln will.

Die 2. Auflage bringt das Buch auf den Stand von Oktober 2010. Dabei wurden neben zahlreichen Ergänzungen und Verbesserungen im Detail insbesondere die sich aus der UWG-Novelle von 2008 sowie aus dem in Kraft treten des Vertrags über die Arbeitsweise der Europäischen Union ergebenden grundlegenden Änderungen des hier dargestellten Wettbewerbsrechts berücksichtigt.

Hagen/Westfalen, Januar 2011   Manfred Heße

Vorwort der 1. Auflage

Das Marktverhalten von Unternehmen unterliegt zahlreichen gesetzlichen Regelungen, deren bedeutendste in den Gesetzen gegen den unlauteren Wettbewerb und gegen Wettbewerbsbeschränkungen sowie im Vertrag zur Gründung der Europäischen Gemeinschaft zu finden sind. Die Kenntnis dieser Regelungen ist für die betriebliche Praxis unerlässlich. Nur Unternehmen, die über entsprechendes wettbewerbsrechtliches Know-how verfügen, sind in der Lage, die Zulässigkeit ihrer geplanten Marktaktivitäten kritisch zu beurteilen, gegebenenfalls rechtlich unbedenkliche Alternativstrategien zu entwickeln und unzulässige Maßnahmen von Mitbewerbern abzuwehren.

Trotz der daraus resultierenden großen praktischen Bedeutung des Wettbewerbs- und Kartellrechts führen diese Rechtsgebiete in der juristischen und betriebswirtschaftlichen Ausbildung üblicherweise ein Schattendasein in Wahl(pflicht)fächern. Dies mag auch darauf zurückzuführen sein, dass die durch das Nebeneinander von nationalem und europäischem Recht geprägte Rechtslage nicht einfach zu durchschauen ist. Zudem gibt es kaum Lehrbücher, die das Ziel verfolgen, dem interessierten »Einsteiger« einen soliden Überblick über das gesamte Rechtsgebiet zu vermitteln.

Dieses Buch soll die vorhandene Lücke schließen und das Interesse an einer intensiveren Beschäftigung mit dem Wettbewerbs- und Kartellrecht wecken. Es ist als Basisbuch für interessierte Studierende und Praktiker gedacht, denen es auch mit Hilfe zahlreicher Beispielsfälle und Übersichten die Grundlagen des Wettbewerbs- und Kartellrechts vermitteln will.

Hagen/Westfalen, November 2005   Manfred Heße

Inhaltsübersicht

Einführung in das Wettbewerbsrecht

1. Gesetzliche Grundlagen

Rechtsquellen

Dieses Lehr- und Lernbuch behandelt sowohl das in Deutschland geltende Recht gegen den unlauteren Wettbewerb als auch das in Deutschland geltende Recht gegen Wettbewerbsbeschränkungen. Beide unter
dem Oberbegriff »Wettbewerbsrecht« zusammengefassten Rechtsgebiete unterliegen in unterschiedlichem Umfang einer zunehmenden
Beeinflussung durch Rechtsakte der Europäischen Union (EU). Daher
setzt eine Befassung mit dem Wettbewerbsrecht auch Kenntnisse der
einschlägigen europarechtlichen Rechtsnormen voraus.

Wegen der Vielzahl der aus dem Nebeneinander von nationalem Recht
und dem Recht der EU resultierenden Rechtsquellen ist es ratsam, sich
zunächst an Hand einer einschlägigen Gesetzessammlung einen Überblick über die in Deutschland geltenden nationalen und europarechtlichen Regelungen zum Wettbewerbsrecht zu verschaffen. Nur wer diesen Überblick besitzt, ist in der Lage, die zur Lösung eines wettbewerbsrechtlichen Falles einschlägigen Rechtsvorschriften aufzufinden
und auf die Falllösung anzuwenden. Eine einen solchen Überblick er-

Einschlägige
Gesetzesammlungen

möglichende Sammlung einschlägiger Rechtsvorschriften zum Wettbewerbsrecht ist z.B. unter dem Titel »Wettbewerbsrecht und Kartellrecht« als Beck-Text im dtv Nr. 5009 erschienen.

Darüber hinaus findet man die zur Befassung mit dem Wettbewerbsrecht erforderlichen Gesetzestexte zwischenzeitlich auch im Internet.
So enthält die Seite »www.gesetze-im-internet.de« sämtliche nationa-

Internetquellen

len und die Seite »eur-lex.europa.eu« sämtliche europarechtlichen Vorschriften.

Nicht zuletzt sind die wichtigsten wettbewerbsrechtlichen Rechtsvorschriften in diesem Buch auszugsweise abgedruckt.

WETTBEWERB

Das Recht gegen den unlauteren Wettbewerb wird in der Bundesrepublik Deutschland allein durch das ursprünglich aus dem Jahre 1909 stammende

Nationale Regelungen zum GWB und UWG

* Gesetz gegen den unlauteren Wettbewerb (UWG) vom 03. Juli 2004

geregelt, das zuletzt durch das Erste Gesetz zur Änderung des Gesetzes gegen den unlauteren Wettbewerb vom 22. Dezember 2008 umfassend reformiert worden ist.

Das erstmals im Jahre 1957 normierte nationale Recht gegen Wettbewerbsbeschränkungen findet sich im

* Gesetz gegen Wettbewerbsbeschränkung (GWB) vom 15. Juli 2005.

Im Recht der EU finden sich zudem zahlreiche Vorschriften, die dem GWB vorgehen und es in einer noch näher darzulegenden Weise ergänzen oder verdrängen. Entsprechende Regelungen enthalten

Europäisches Gemeinschaftsrecht und GWB

* der am 01. Dezember 2009 in Kraft getretene Vertrag über die Arbeitsweise der Europäischen Union (AEUV), der den aus dem Jahre 1957 stammenden Vertrag zur Gründung der europäischen Gemeinschaft (EGV) abgelöst hat,

* die Verordnung (EG) Nr. 1/2003 des Rates vom 16. Dezember 2002 zur Durchführung der in den Art. 81 und 82 des Vertrages niedergelegten Wettbewerbsregeln (KartellVO) und

* die Verordnung (EG) Nr. 139/2004 über die Kontrolle von Unternehmenszusammenschlüssen (FusKontrVO) vom 20. Januar 2004.

Während das Recht gegen Wettbewerbsbeschränkungen somit durch einen offenkundigen Dreiklang von im deutschen Recht unmittelbar geltenden Vorschriften des GWB, des AEUV und der auf der Grundlage des AEUV ergangenen europarechtlichen Verordnungen geprägt ist, fehlt zumindest auf den ersten Blick ein solches Nebeneinander bei dem in Deutschland geltenden Recht gegen den unlauteren Wettbewerb. Der dadurch hervorgerufene Eindruck eines ausschließlich durch nationale Rechtsvorschriften geprägten Rechtsgebietes täuscht jedoch aus zwei Gründen. Zum einen enthält nämlich der AEUV mit seinen Bestimmungen zur Warenverkehrsfreiheit Regelungen, die unmittelbaren Einfluss auf die Gültigkeit und die Auslegung des in Deutschland geltenden nationalen Rechts gegen den unlauteren Wettbewerb haben. Zum anderen hat die EU auf Grund der ihr durch den AEUV übertragenen Kompetenzen verschiedene Richtlinien erlassen, die den deutschen Gesetzgeber zu entsprechenden Anpassungen des UWG gezwungen haben. Auch das in Deutschland geltende Recht des unlaute-

Europäisches Gemeinschaftsrecht und UWG

ren Wettbewerbs wird somit im Ergebnis in vielfältiger Weise durch Rechtsvorschriften der EU beeinflusst.

Bedeutung der
Rechtsprechung

Die Wirklichkeit des Wettbewerbsrechts wird zudem nicht nur durch die vorstehend erwähnten Rechtsvorschriften, sondern auch durch deren Auslegung durch die Rechtsprechung geprägt. Daher sieht sich der am Wettbewerbsrecht Interessierte nicht nur mit einer durch die Vermengung von nationalem und europäischem Recht geprägten komplizierten Rechtslage, sondern auch mit einem durch zahlreiche Gerichtsentscheidungen ausdifferenziertem Rechtsgebiet konfrontiert.

Es liegt auf der Hand, dass ein dem Überblick dienendes Lehr- und Lernbuch dieses komplexe Rechtsgebiet nicht in allen Detailverästelungen darstellen kann. Statt dessen verfolgt es das Ziel, dem Leser anhand der höchstrichterlichen Rechtsprechung des Bundesgerichtshofs (BGH) und des Europäischen Gerichtshofs (EuGH) einen Überblick über die Systematik des Wettbewerbsrechts zu gegeben. Mit Hilfe der bei der Lektüre dieses Buches erworbenen Kenntnisse der Systematik des Wettbewerbsrechts wird es dem Leser sodann auch möglich sein, hier nicht ausdrücklich behandelte Einzelfragen des Wettbewerbsrechts zutreffend einzuordnen und zu lösen. Entsprechend dieser Zielsetzung wurde aus der Fülle des einschlägigen Stoffes zum Wettbewerbsrecht derjenige ausgewählt, dem für das Verständnis dieses Rechtsgebietes zentrale Bedeutung zukommt.

Bearbeitung der
Übungsfälle

Die im letzten Kapitel angebotenen Übungsfälle dienen der Vertiefung und Einübung des Gelesenen. Sie sind zur Prüfungsvorbereitung unerlässlich und sollten vom Leser selbständig bearbeitet werden.

2. Begriff und Ziele des Wettbewerbsrechts

Sowohl das UWG als auch das GWB enthalten wettbewerbsrechtliche Regelungen. Beide Gesetze gemeinsam werden als Wettbewerbsrecht im weiteren Sinne bezeichnet. Die vom UWG geregelte Materie wird auch Wettbewerbsrecht im engeren Sinne genannt, die durch das GWB geregelte Materie bezeichnet man dagegen als Kartellrecht.

Begriff des Wettbewerbsrechts

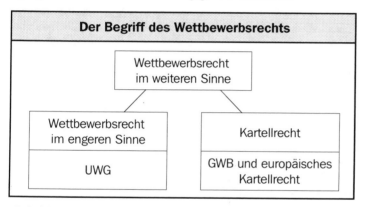

Dabei drängen sich bei einer Beschäftigung mit dem Wettbewerbsrecht zwei Fragen auf:

Wettbewerb als Regelungsgegenstand

1. Was versteht man überhaupt unter Wettbewerb?
2. Warum gibt es gesetzliche Regelungen des Wettbewerbs?

Die erste Frage kann dahingehend beantwortet werden, dass unter Wettbewerb ein Konkurrenzverhältnis zwischen den Anbietern oder den Nachfragern auf einem Markt verstanden wird.

Wettbewerbsdefinition

Die zweite Frage kann man dann beantworten, wenn man sich über die schützenswerten Funktionen des Wettbewerbs klar wird. Hierbei ist zwischen der wirtschafts- und der gesellschaftspolitischen Funktion des Wettbewerbs zu unterscheiden.

Wettbewerbsfunktionen

In wirtschaftspolitischer Hinsicht kommt dem Wettbewerb eine Steuerungs- und Ordnungsfunktion zu. Diese Funktion besteht darin, für eine optimale Bedarfsdeckung der Haushalte und Unternehmen zu sorgen. In unserer Volkswirtschaft verfügen die Nachfrager (Kunden) auf dem Markt nämlich nur über begrenzte Mittel zur Deckung ihres Bedarfs. Die Anbieter von Leistungen (z. B. Waren) sind dagegen bestrebt, den höchstmöglichen Gewinn zu erzielen. Folglich orientieren sich Anbieter und Nachfrager an den auf dem Markt gezahlten und geforderten Preisen. Der dadurch einsetzende Mechanismus von Ange-

Wirtschaftspolitische Funktion

bot und Nachfrage sorgt für eine Ausrichtung des Angebotes an den Wünschen der Nachfrager auf einem angemessenen Preisniveau. Zudem wird durch das Bemühen mehrerer Anbieter um Geschäftsabschlüsse mit den Nachfragern ein möglichst wirtschaftlicher Einsatz der Produktionsmittel erzielt, eine Kapitalfehlleitung größeren Ausmaßes vermieden, technischer Fortschritt in seiner Funktion als Kostensenkungsfaktor erreicht und eine Einkommensverteilung unterstützt, die denjenigen Anbieter mit dem höchsten Gewinn belohnt, der die beste Leistung erbringt.

Gesellschaftspolitische Funktion

Darüber hinaus kommt dem Wettbewerb eine gesellschaftspolitische Funktion zu, da er durch eine Streuung ökonomischer Macht dazu beiträgt, die Sicherung und Wahrnehmung individueller Freiheiten im Sinne der Gewährleistung von Handlungsalternativen auf beiden Marktseiten, d.h. bei Anbietern und Nachfragern, zu ermöglichen. Diese Funktion wird gefährdet, sobald es einem Marktteilnehmer gelingt, eine solche wirtschaftliche Macht zu erringen, dass er den interessenausgleichenden Vertragsmechanismus durch einseitiges Diktat außer Kraft setzen kann.

Vertiefende Ausführungen zur Funktion des Wettbewerbs in der Marktwirtschaft finden Sie bei Emmerich, Volker; Kartellrecht, § 1 II Wettbewerbsfunktionen

Mit Hilfe des Wettbewerbsrechts wird der aus den vorstehend erwähnten wirtschafts- und gesellschaftspolitischen Gründen grundsätzlich erwünschte Wettbewerb in geregelte Bahnen gelenkt. Wettbewerbsrecht soll

Aufgaben des Wettbewerbsrechts

- einerseits das Wettbewerbsverhalten der am Markt beteiligten Personen in vernünftigen Grenzen halten, damit es nicht ausartet (Zügelung des Wettbewerbs durch das Recht) und

- andererseits sicherstellen, dass der Wettbewerb als solcher erhalten bleibt und gefördert wird und nicht durch den Missbrauch der am Wirtschaftsverkehr beteiligten Unternehmen beseitigt wird (Förderung und Erhaltung des Wettbewerbs durch das Recht).

Zielsetzung von GWB und UWG

Dieser doppelten Aufgabenstellung des Wettbewerbsrechts dienen zwei verschiedene Gesetze, nämlich einerseits das UWG und andererseits das GWB. Mit welchem dieser Gesetze dabei welches Ziel verfolgt wird, kann unschwer der Lektüre des jeweiligen Einleitungsparagraphen der entsprechenden Gesetze entnommen werden.

Zweck des Gesetzes

§ 1 UWG

Dieses Gesetz dient dem Schutz der Mitbewerber ... vor unlauteren geschäftlichen Handlungen. Es schützt zugleich das Interesse der Allgemeinheit an einem unverfälschten Wettbewerb.

Verbot wettbewerbsbeschränkender Vereinbarungen

§ 1 GWB

Vereinbarungen zwischen Unternehmen ... die eine Verhinderung, Einschränkung oder Verfälschung des Wettbewerbs bezwecken oder bewirken, sind verboten.

Die Abgrenzung der Anwendungsbereiche von GWB und UWG kann somit mit Hilfe folgender Faustformel vorgenommen werden:

- Durch das UWG soll gewährleistet werden, dass der Wettbewerb in ordnungsgemäßen Bahnen verläuft (Zügelung des Wettbewerbs durch das Recht).

- Das GWB soll gewährleisten, dass überhaupt Wettbewerb stattfindet (Förderung und Erhaltung des Wettbewerbs durch das Recht).

Aus dieser der ersten Orientierung dienenden Abgrenzung der Anwendungsbereiche von GWB und UWG folgt jedoch nicht, dass ein wettbewerbsrechtlicher Fall entweder ausschließlich nach Vorschriften des GWB oder ausschließlich nach Vorschriften des UWG zu beurteilen ist. Dies ist zwar im Regelfall so. Jedoch kann es ausnahmsweise erforderlich werden, ein Verhalten sowohl unter dem Gesichtspunkt des GWB als auch unter dem Gesichtspunkt des UWG zu würdigen. Dies ist immer dann der Fall, wenn ein tatsächlicher Vorgang eine Ausartung des Wettbewerbs darstellt und zugleich dessen Existenz gefährden. Dann sind zur Lösung dieses wettbewerbsrechtlichen Falles auch die Vorschriften des GWB und des UWG nebeneinander anwendbar.

Überschneidungen

Ein derartiges Nebeneinander ist z.B. dann gegeben, wenn ein marktbeherrschendes Unternehmen ein anderes Unternehmen in einem Geschäftsverkehr, der gleichartigen Unternehmen üblicherweise zugänglich ist, unbillig behindert.

Beispiel 1 »Abwehrblatt II« (nach BGHZ 96, 337 ff.): B gibt seit langem in S-Stadt die täglich erscheinende S-Zeitung heraus. Seit einigen Wochen verteilt K in S-Stadt einmal pro Woche kostenlos sein Anzeigenblatt S-Kurier. B gründet daraufhin kurz entschlossen das Anzeigenblatt S-Wochen-Anzeiger. Den potentiellen Anzeigenkunden bietet der auf dem Anzeigenmarkt in S-Stadt marktbeherrschende B in seinem Anzeigenblatt sodann nicht leistungsgerechte Kampfpreise, mit denen er K vernichten und vom Markt verdrängen will. Dieses Verhalten des B verstößt sowohl gegen das Verbot unlauterer geschäftlicher Hand-

*lungen nach § 3 Abs. 1 UWG als auch gegen das für marktbeherr-
schende Unternehmen geltende Behinderungsverbot des § 20 Abs. 1
GWB.*

Die sich mit dem Begriff des Wettbewerbsrechts befassende Übersicht
kann somit durch Zuordnung der den einzelnen Gesetzen zum Schutz
des Wettbewerbs zugewiesenen Aufgaben wie folgt ergänzt werden:

3. Bedeutung des EU-Rechts

Nachdem Klarheit darüber besteht, welche Ziele das nationale Wettbewerbsrecht im engeren Sinne und das nationale Kartellrecht verfolgen, ist nunmehr in einem weiteren Schritt die Frage zu klären, welche Bedeutung das Recht der EU für das deutsche Wettbewerbsrecht besitzt.

Bedeutung europäischen Gemeinschaftsrechts für das nationale Wettbewerbsrecht

3.1. Rechtsquellen der EU

Die Bedeutung europarechtlicher Vorschriften für das deutsche Wettbewerbsrecht erschließt sich nur dann, wenn man weiß, welche Rechtsquellen das Gemeinschaftsrecht kennt und in welchem Verhältnis es – insbesondere bei Vorliegen abweichender Regelungen – zum nationalen Recht der Mitgliedstaaten steht.

Rechtsquellen der EU

Im europäischen Recht wird zwischen primärem und sekundärem Gemeinschaftsrecht unterschieden.

Arten europäischen Gemeinschaftsrechts

Das primäre Gemeinschaftsrecht ist u.a. im Vertrag über die Arbeitsweise der Europäischen Union enthalten. Es gilt unmittelbar in den Mitgliedstaaten der EU und geht dem nationalen Recht dieser Staaten vor.

Primäres Gemeinschaftsrechts

Das sekundäre Gemeinschaftsrecht umfasst nach Art. 288 AEUV u.a. Verordnungen und Richtlinien.

Sekundäres Gemeinschaftsrechts

Verordnungen gelten unmittelbar in den Mitgliedstaaten der EU, ohne dass die jeweiligen nationalen Parlamente, wie z.B. der deutsche Bundestag, ein entsprechendes nationales Gesetz verabschieden müssten. Verordnungen gehen dem nationalen Recht vor.

Verordnungen

Richtlinien sind Vorgaben der EU für den nationalen Gesetzgeber. Um in einem Mitgliedstaat Geltung zu erlangen, bedürfen sie regelmäßig der Umsetzung in nationales Recht durch den nationalen Gesetzgeber, wie z.B. den deutschen Bundestag.

Richtlinien

Eine ausführliche Darstellung der Rechtsquellen der EU und deren Verhältnis zum nationalen Recht der Mitgliedstaaten finden Sie bei Hakenberg, Waltraud, Grundzüge des Europäischen Gemeinschaftsrechts, 4. Teil, Rn. 1-50

3.2. Europäisches Kartellrecht

Sowohl das primäre als auch das sekundäre Gemeinschaftsrecht enthalten kartellrechtliche Regelungen. So verbietet Art. 101 Abs. 1 AEUV (ehemals: Art. 81 EGV) Kartellabsprachen.

EU-Kartellverbot

Art. 101 AEUV

(1) Mit dem Binnenmarkt unvereinbar und verboten sind alle Vereinbarungen zwischen Unternehmen, ..., welche den Handel zwischen den
Mitgliedstaaten zu beeinträchtigen geeignet sind und eine Verhinderung, Einschränkung oder Verfälschung des Wettbewerbs innerhalb
des Gemeinsamen Marktes bezwecken oder bewirken, ...

Damit Art. 101 Abs. 1 AEUV eingreift, muss die Absprache somit
geeignet sein, den Handel zwischen den Mitgliedstaaten zu beeinträchtigen.

EU-Missbrauchsverbot

Art. 102 Satz 1 AEUV (ehemals: Art. 82 EGV) verbietet den Missbrauch einer marktbeherrschenden Stellung auf dem Binnenmarkt.

Art. 102 AEUV

Mit dem Binnenmarkt unvereinbar und verboten ist die missbräuchliche Ausnutzung einer beherrschenden Stellung auf dem Binnenmarkt
oder auf einem wesentlichen Teil desselben durch ein oder mehrere
Unternehmen, soweit dies dazu führen kann, den Handel zwischen
Mitgliedstaaten zu beeinträchtigen ...

Damit die missbräuchliche Ausnutzung einer beherrschenden Stellung
auf dem Binnenmarkt nach Art. 102 Satz 1 AEUV verboten ist, muss
der Missbrauch somit u.a. dazu führen können, den Handel zwischen
den Mitgliedstaaten zu beeinträchtigen.

Verhältnis der Verbote
zum GWB

Da die Art. 101 f. AEUV einerseits Vorrang vor dem nationalen Kartellrecht haben, andererseits aber nur eingreifen, wenn der jeweils geregelte Tatbestand geeignet ist, den Handel zwischen den Mitgliedstaaten zu beeinträchtigen, ergibt sich aus diesen Vorschriften mittelbar
auch eine Aussage über die Bedeutung, die die Vorschriften des GWB
über wettbewerbsbeschränkende Vereinbarungen (§§ 1 ff. GWB =
Regelungsbereich des Art. 101 AEUV) und über das Verbot des Missbrauchs einer marktbeherrschenden Stellung (§§ 19 ff. GWB = Regelungsbereich des Art. 102 AEUV) noch haben. Das GWB behält seine
Bedeutung danach zumindest für solche Fallgestaltungen, die den
Handel zwischen den Mitgliedstaaten nicht beeinträchtigen können.

Unternehmenszu-
sammenschlüsse

Als Teil des sekundären Gemeinschaftsrechts regelt die FusKontrVO
die präventive Kontrolle bei Unternehmenszusammenschlüssen mit
gemeinschaftsweiter Bedeutung.

Art. 1 FusKontrVO

Anwendungsbereich

(1) Unbeschadet des Artikels ... gilt diese Verordnung für alle Zusammenschlüsse von gemeinschaftsweiter Bedeutung im Sinne dieses
Artikels.

Verhältnis zur nationalen
Zusammenschlusskon-
trolle

Soweit ein Unternehmenszusammenschluss der FusKontrVO unterliegt, scheidet die Anwendung des nationalen Rechts über die Zusam-

menschlusskontrolle (§§ 35 ff. GWB) gem. Art. 21 Abs. 3 Satz 1 FusKontrVO aus.

Anwendung dieser Verordnung und Zusämdigkeit   **Art. 21 FusKontrVO**

(3) Die Mitgliedstaaten wenden ihr innerstaatliches Wettbewerbsrecht nicht auf Zusammenschlüsse von gemeinschaftsweiter Bedeutung an....

3.3 Europäisches Unlauterkeitsrecht

Der AEUV weist der EU keine pauschale Kompetenz zur Verhinderung eines unlauteren Wettbewerbs zu. Allerdings darf die EU gemäß Art. 3 Abs. 1 Buchstabe b) AEUV die zur »Festlegung der für das Funktionieren des Binnenmarktes erforderlichen Wettbewerbsregeln« erlassen. Zudem normiert Art. 169 AEUV die Kompetenz der EU für den Verbraucherschutz betreffende Regelungen.

Keine EU-Kompetenz zur Verhinderung unlauteren Wettbewerbs

Mangels einer umfassenden Kompetenz zur Regelung eines »redlichen Wettbewerbs« bestand die Bedeutung des EU-Rechts für das nationale Unlauterkeitsrecht lange Zeit nicht so sehr in der Setzung eigenen Rechts, sondern in der Kontrolle der Vereinbarkeit nationalen Rechts mit den Bestimmungen des EGV als Vorgängervorschrift des AEUV. Unterschiedliche Vorstellungen über die Unlauterkeit bestimmter Handlungen, wie sie in den nationalen Rechten der Mitgliedsstaaten der EU vorzufinden sind, können nämlich leicht zu einem Hindernis für den Waren- oder Dienstleistungsverkehr über die Grenzen werden. Eine Ware, deren Verpackung oder Werbung in einem Mitgliedstaat der EU erlaubt ist, kann in einem anderen Mitgliedstaat der EU auf erheblich strengeres Recht stoßen, das die Verpackung oder Werbung verbietet. Dies kann dazu führen, dass der Handel zwischen den Mitgliedstaaten beeinträchtigt wird.

Um entsprechende Hemmnisse für den Handel zwischen den Mitgliedstaaten zu vermeiden, müssen sich nationale Vorschriften über die Unlauterkeit bestimmter Handlungen an der Regelung des Art. 34 AEUV (ehemals Art. 28 EGV) zur Warenverkehrsfreiheit messen lassen.

Europarechtliche Kontrolle nationalen Unlauterkeitsrechts

Mengenmäßige Einfuhrbeschränkungen sowie alle Maßnahmen gleicher Wirkung sind zwischen den Mitgliedstaaten verboten.

Art. 34 AEUV

Da es mengenmäßige Einfuhrbeschränkungen zwischen den Mitgliedstaaten schon seit langem nicht mehr gibt, kommt es für die Anwendung des Art. 34 AEUV entscheidend darauf an, welche Regelungen des nationalen Unlauterkeitsrechts die gleiche Wirkung wie eine mengenmäßige Einfuhrbeschränkung haben. Dazu zwei Beispiele:

Maßnahmen gleicher Wirkung als Kontrollmaßstab

Beispiel 2 *»Reservierung der Bocksbeutelflasche für Frankenwein«
(nach EuGH NJW 1984, S. 1291 ff.): § 17 der deutschen Verordnung
über Wein, Likörwein und weinhaltige Getränke vom 15. Juli 1971
bestimmte:*

*»In Bocksbeutelflaschen herkömmlicher Art darf nur Qualitätswein b.
A. aus dem bestimmten Anbaugebiet Franken, aus dem badischen Tau-
bertal und dem Schüpfergrund, sowie aus den Gemeinden ... abgefüllt
in den Verkehr gebracht werden.«*

*Die sog.»Bocksbeutelflasche« hat eine charakteristische, bauchig
runde Form. In dieser Flasche werden die Qualitätsweine aus den in
§ 17 genannten Anbaugebieten in den Verkehr gebracht. In Franken
wird diese Flasche traditionell seit mehreren Jahrhunderten benutzt.
Aber auch in der italienischen Provinz Bozen hat die Verwendung von
Flaschen vom Typ des Bocksbeutels eine mehr als hundertjährige Tra-
dition. Weinhändler aus der Provinz Bozen meinen, § 17 der Deutschen Verordnung über Wein, Likörwein und weinhaltige Getränke
vom 15. Juli 1971 verstoße gegen (jetzt) Art. 34 AEUV.*

*Beispiel 3 »Keck und Mithouard« (nach EuGH NJW 1994, S. 121 ff.):
Art. 1 des französischen Gesetzes Nr. 63-628 vom 02. Juli 1963 verbietet, Erzeugnisse in unverändertem Zustand zu unter ihrem tatsächlichen Einkaufspreis liegenden Preisen weiterzuverkaufen. Die belgi-
schen Händler Keck und Mithouard möchten wissen, ob diese Vorschrift mit (jetzt) Art. 34 AEUV vereinbar ist.*

Betrachtet man die beiden vorstehend dargestellten Beispiele, so wird
man feststellen, dass zwischen den dort erwähnten Regelungen Unter-
schiede bestehen. So enthält Beispiel Nr. 2 eine produktbezogene Regelung. Zu den produktbezogenen Regelungen zählen Vorschriften
über die Verpackung, die inhaltliche Zusammensetzung der Ware usw.
Das Beispiel Nr. 3 betrifft dagegen eine die Verkaufsmodalitäten regu-
lierende Vorschrift. Zu den Regelungen über die Verkaufsmodalitäten
gehören Bestimmungen über die Produktpräsentation, die Absatzmoda-
litäten oder die Werbung etc.

Zur Klärung der Frage, ob es sich bei den beschriebenen Regelungen
um»Maßnahmen gleicher Wirkung« im Sinne des Art. 34 AEUV handelt, ist nach der Rechtsprechung des EuGH wie folgt zu differenzieren: Maßnahmen mit gleicher Wirkung wie eine mengenmäßige Beschränkung sind alle Maßnahmen, die geeignet sind, den Handel zwischen den Staaten der Gemeinschaft unmittelbar oder mittelbar, tatsächlich oder potentiell zu behindern.

Nationale Bestimmungen, die bestimmte Verkaufsmodalitäten regeln,
sind nach dieser Rechtsprechung grundsätzlich nicht geeignet, den

---

Marginal notes:

Produktbezogene
Regelungen / Regelungen
der Verkaufsmodalitäten

Definition EuGH

Marktzugang für Erzeugnisse zu versperren oder stärker zu behindern, als sie dies für inländische Erzeugnisse tun. Sofern solche Regelungen der Verkaufsmodalitäten für alle betroffenen Wirtschaftsteilnehmer gelten, die ihre Tätigkeit im Inland ausüben und sofern sie den Absatz der inländischen Erzeugnisse und der Erzeugnisse der anderen Mitgliedstaaten rechtliche wie tatsächlich in gleicher Weise berühren, fallen sie daher nicht in den Anwendungsbereich des Art. 34 AEUV. Damit scheidet einVerstoß der in Beispiel 3 genannten Regelung gegen Art. 34 AEUV aus.

Bedeutung der Definition für die verschiedenen Regelungsarten

Demgegenüber stellen produktbezogene Regelungen, nach denen die Ware bestimmten Vorschriften entsprechen muss, selbst dann, wenn sie unterschiedslos für alle Erzeugnisse gelten, nach Art. 34 AEUV verbotene»Maßnahmen gleicher Wirkung« dar.

Dabei ist die vom EuGH gemachte Unterscheidung zwischen Regelungen über Verkaufsmodalitäten und produktbezogenen Regelungen nicht willkürlich. Tatsächlich erfordert die Anpassung an produktbezogene Regelungen eines Mitgliedstaates vom Hersteller bzw. Importeur einen nicht unerheblichen Mehraufwand. In unserem Bocksbeutelbeispiel wären die italienischen Winzer evtl. gezwungen, sich eine zweite Abfüllanlage zu beschaffen, zumindest aber verschiedene Flaschentypen einzukaufen und zu bevorraten. Dass derartige Notwendigkeiten geeignet sind, den Handel zwischen den Mitgliedstaaten im Sinne der Definition des EuGH zu beeinflussen, dürfte auf der Hand liegen. Dagegen erfordert die Anpassung an Verkaufsmodalitäten des jeweiligen Mitgliedstaates in der Regel keinen zusätzlichen finanziellen Aufwand.

Gründe für die unterschiedliche Behandlung

Mit der Feststellung, dass der in Beispiel 2 erwähnte § 17 der Deutschen Verordnung über Wein, Likörwein und weinhaltige Getränke vom 15. Juli 1971 eine produktbezogene Regelung enthält, steht allerdings noch nicht endgültig fest, dass diese produktbezogene Regelung auch gegen Art. 34 AEUV verstößt. Ein Eingriff in Art. 34 AEUV durch produktbezogene Regelungen eines Mitgliedstaates kann nämlich ggf. gerechtfertigt sein.

Rechtfertigung von Maßnahmen gleicher Wirkung

Ein entsprechender Katalog ausdrücklicher Rechtfertigungsgründe findet sich zunächst in Art. 36 AEUV (ehemals: Art. 30 EGV).

Rechtfertigungsgründe

Die Bestimmungen der Artikel 34 ... stehen Einfuhr-,... -beschränkungen nicht entgegen, die aus Gründen der öffentlichen Sittlichkeit, Ordnung und Sicherheit, zum Schutze der Gesundheit und des Lebens von Menschen, Tieren oder Pflanzen, des nationalen Kulturguts von künstlerischem, geschichtlichem oder archäologischem Wert oder des gewerblichen und kommerziellen Eigentums gerechtfertigt sind. Diese Verbote oder Beschränkungen dürfen jedoch weder ein Mittel zur willkürlichen Diskriminierung noch eine verschleierte Beschränkung des Handels zwischen den Mitgliedstaaten darstellen.

Art. 36 AEUV

Zwingende Erfordernisse
als ungeschriebener
Rechtfertigungsgrund

Darüber hinaus erkennt der EuGH als weiteren ungeschriebenen Recht-fertigungsgrund die sog. »zwingenden Erfordernisse« an. Danach müs-sen Hemmnisse für den Binnenhandel der Gemeinschaft, die sich aus den Unterschieden der nationalen Rechtsvorschriften ergeben, hinge-nommen werden, soweit solche Bestimmungen notwendig sind, um zwingenden Erfordernissen, u.a. solchen des Verbraucherschutzes und der Lauterkeit des Handelsverkehrs, gerecht zu werden.

Grundsatz der
Verhältnismäßigkeit

Eine Rechtfertigung von Maßnahmen gleicher Wirkung i.S.d. Art. 34 AEUV durch Art. 36 AEUV oder »zwingende Erfordernisse« muss zudem dem Grundsatz der Verhältnismäßigkeit gerecht werden. Maß-nahmen gleicher Wirkung sind danach selbst bei Vorliegen eines Rechtfertigungsgrundes nur dann zulässig, wenn sie

- in einem angemessenen Verhältnis zum verfolgten Zweck stehen und

- dieser Zweck nicht durch Maßnahmen erreicht werden kann, die den innergemeinschaftlichen Handelsverkehr weniger beschrän-ken.

In unserem »Bocksbeutelbeispiel« kommt eine Rechtfertigung des § 17 der Verordnung durch Art. 36 AEUV oder durch den ungeschriebenen Rechtfertigungsgrund der »zwingenden Erfordernisse« im Ergebnis nicht in Betracht. Zwar können nach Auffassung des EuGH unter dem Gesichtspunkt der öffentlichen Ordnung Rechtsvorschriften gerechtfer-tigt sein, die verhindern, dass der Verbraucher durch die Form der Verpackung über die Herkunft der Ware getäuscht wird. Entscheidend für die Nichtanwendung des Art. 36 AEUV durch den EUGH war hier aber die Überlegung, dass auch in dem Mitgliedstaat Italien identische Flaschen nach einer lauteren Praxis und herkömmlichen Übung im Handel mit Wein verwendet werden.

Verstoß gegen Art. 34 AEUV

1)   Maßnahmen gleicher Wirkung

        Defintion: Alle Maßnahmen, die geeignet sind, den
        Handel zwischen den Staaten der Gemeinschaft unmittel-
        bar oder mittelbar, tatsächlich oder potentiell zu beein-
        trächtigen

        a) Produktbezogene Regelungen (+)

        b) Regelungen der Verkaufsmodalitäten grds. (-)

2)   Rechtfertigung einer Maßnahme gleicher Wirkung

        a) gemäß Art. 36 AEUV

        b) durch »zwingende Erfordernisse«

3)   Verhältnismäßigkeit der nach Ziff. 2 gerechtfertigten
        Beschränkung

Prüfschema Art. 34 AEUV

Neben der Kontrolle nationalen Unlauterkeitsrechts am Maßstab des Art. 34 AEUV hat die EU in den letzten Jahren das nationale Unlauterkeitsrecht verstärkt durch den Erlass verschiedener Richtlinien beeinflusst, die den deutschen Gesetzgeber unmittelbar oder mittelbar zu Änderungen im UWG gezwungen haben. Dabei sind folgende Richtlinien von besonderer Bedeutung:

Beeinflussung des nationalen Unlauterkeitsrechts durch Richtlinien

* Richtlinie 2005/29/EG über unlautere Geschäftspraktiken im binnenmarktinternen Geschäftsverkehr zwischen Unternehmen und Verbrauchern;

* Richtlinie 2006/114/EG über irreführende und vergleichende Werbung.

Insgesamt besteht damit sowohl im Bereich des Wettbewerbsrechts im engeren Sinne als auch im Bereich des Kartellrechts eine Beeinflussung des nationalen Rechts durch Europäische Rechtsnormen, die zur Verdeutlichung nochmals in der nachfolgenden Übersicht dargestellt wird.

Europarechtliche Regelungen

Europarechtliche Regelungen zum
Wettbewerbsrecht im weiteren Sinne

Wettbewerbsrecht im engeren Sinne	Kartellrecht
Keine Regelungen im euro-päischen Gemeinschaftsrecht, aber: a) Kontrolle nationalen Rechts nach Art. 34 AEUV b) Beeinflussung nationalen Rechts durch Richtlinien	- Art. 101 AEUV - Art. 102 AEUV - FusKontrVO verdrängen in ihrem An-wendungsbereich grund-sätzlich das GWB

4. Wiederholungsfragen

○   Erläutern Sie die Funktion des Wettbewerbs. Lösung S. 5

○   Grenzen Sie die Zielsetzung von GWB und UWG voneinander ab. Lösung S. 6

○   Was versteht man unter primärem und was unter sekundärem Gemeinschaftsrecht? Lösung S. 9

○   In welchem Verhältnis stehen die Regelungen des GWB über wettbewerbsbeschränkende Vereinbarungen zu Art. 101 Abs. 1 AEUV? Lösung S. 10

○   Welche Bedeutung besitzt die Unterscheidung zwischen Regelungen über Verkaufsmodalitäten und produktbezogenen Regelungen für die Anwendung des Art. 34 AEUV? Lösung S. 12

Grundstruktur des UWG

1. Überblick über das UWG

Will man sich den für die erfolgreiche Arbeit mit dem UWG erforderlichen Überblick über die Vorschriften des Gesetzes verschaffen, so wird man schnell feststellen, dass das Gesetz in insgesamt vier Kapitel unterteilt ist.

Grundlegende materielle Regelungen für Verbraucher und Unternehmer

Dabei finden sich die wesentlichen materiellen Regelungen des UWG unter der Überschrift »Allgemeine Bestimmungen« in Kapitel 1 des Gesetzes. Dort wird im Anschluss an die Festlegung des Schutzzwecks des Gesetzes (§ 1 UWG) und der Definition einiger zentraler Begriffe (§ 2 UWG) das eigentliche Verbot unlauterer geschäftlicher Handlungen in § 3 Abs. 1 UWG geregelt. Dieses zentrale Verbot unlauterer geschäftlicher Handlungen wird sodann in den folgenden §§ 4 bis 6 UWG in nicht abschließender Weise näher konkretisiert. Dabei enthält § 4 UWG eine Aufzählung von Beispielsfällen unlauteren Wettbewerbs während die §§ 5 und 6 UWG nähere Regelungen zu speziellen Problembereichen treffen.

Ergänzende Regelungen für geschäftliche Handlungen gegenüber Verbrauchern

Für geschäftliche Handlungen gegenüber Verbrauchern gelten zudem nach § 3 Abs. 2 und 3 i.V.m. dem Anhang zu § 3 Abs. 3 UWG ergänzende Regelungen zur Unzulässigkeit.

Verbot unzumutbar belästigender Handlungen

Ein eigenständiges Verbot unzumutbar belästigender Handlungen ergibt sich aus der Verbotsnorm des § 7 UWG.

Rechtsfolgen unlauterer geschäftlicher Handlungen

Das mit dem Titel »Rechtsfolgen« überschriebene Kapitel 2 des UWG befasst sich sodann mit den zivilrechtlichen Ansprüchen, die sich aus einer nach § 3 oder § 7 UWG verbotenen unlauteren geschäftlichen Handlung ergeben können.

Gerichtliche und außergerichtliche Durchsetzung von Ansprüchen

Im Anschluss daran enthält das mit »Verfahrensvorschriften« überschriebene Kapitel 3 Regelungen zur gerichtlichen und außergerichtlichen Durchsetzung der in Kapitel 2 erwähnten Ansprüche.

Straf- und Bußgeldvorschriften

Schließlich normiert Kapitel 4 unter der Überschrift »Straf- und Bußgeldvorschriften« einige mit Strafe bzw. Bußgeld bedrohte Tatbestände. Diese Bestimmungen stellen eine Ausnahme von dem Grundsatz dar, dass unlautere Wettbewerbshandlungen regelmäßig lediglich zivilrechtliche Folgen auslösen und erfassen einige Verhaltensweisen, die nach Auffassung des Gesetzgebers besonders gefährlich sind und daher ergänzender Sanktionen bedürfen.

Übersicht: Struktur des UWG

Unter Vernachlässigung der hier nicht interessierenden Straf- und Bußgeldvorschriften ergibt sich somit die nachfolgend dargestellte Regelungsstruktur.

Was ist verboten? (§§ 1 – 7 UWG)

I. Allgemeine Bestimmungen, §§ 1-7 UWG

      – ...

      – Allgemeines Verbot unlauteren Wettbewerbs, § 3 UWG Abs. 1 UWG

          – Beispiele unlauteren Wettbewerbs, § 4 UWG

          – Irreführende Werbung, §§ 5, 5a UWG

          – Vergleichende Werbung, § 6 UWG

      – Ergänzende Regelungen zur Unzulässigkeit geschäftlicher Handlungen gegenüber Verbrauchern, § 3 Abs. 2 u. 3 UWG

          – Auffangtatbestand des § 3 Abs. 2 UWG

          – »Schwarze Liste« nach § 3 Abs. 3 UWG i.V.m.

          Anhang

      – Verbot unzumutbarer Belästigungen, § 7 UWG

Welche Ansprüche entstehen aus einem verbotenen Verhalten? (§§ 8 – 11 UWG)

II. Rechtsfolgen, §§ 8-11 UWG

      – Beseitigung und Unterlassung, § 8 UWG

      – Schadensersatz, § 9 UWG

      – Gewinnabschöpfung, § 10 UWG

      – Verjährung, § 11 UWG

Wie können bestehende Ansprüche durchgesetzt werden? (§§ 12 – 15 UWG)

III. Verfahrensvorschriften, §§ 12-15 UWG

2. Entwicklung des UWG

Einige Regelungen des aktuellen UWG sind nur dann verständlich, wenn man weiß, wie sich das ursprünglich aus dem Jahre 1909 stammende Gesetz im Laufe der Zeit entwickelt hat. Daher sollen nachfolgend kurz diejenigen Entwicklungen des UWG skizziert werden, die auch heute noch von Bedeutung sind.

2.1. UWG-Reform von 2004

Nach der schon im Jahr 2001 erfolgten Aufhebung des Rabattgesetzes (RabattG) und der Zugabenverordnung (ZugabeVO) vollzog der Gesetzgeber mit der UWG-Reform im Jahre 2004 einen weiteren Schritt zur Liberalisierung des Wettbewerbsrechts. Durch die UWG-Reform von 2004 entfielen einige Regelungen des alten UWG zu im Wettbewerbsrecht verbotenen Verhaltensweisen. Besonders erwähnenswert ist die Streichung des in den §§ 7, 8 UWG a.F. geregelten Sonderveranstaltungsverbotes. Danach war es nämlich verboten, bei der Beschleunigung des Warenabsatzes dienenden, außerhalb des regelmäßigen Geschäftsverkehrs stattfindenden Verkaufsveranstaltung im Einzelhandel den Eindruck der Gewährung besonderer Kaufvorteile hervorzurufen.

Beispiel 4 »*Euro-Service II*« *(nach OLG Düsseldorf GRUR-RR 2003, S. 127 ff.): Anlässlich der Euro-Bargeldeinführung warb das Textilunternehmen C&A am 02.01.2002 bundesweit damit, dass es Kunden, die ihre Einkäufe mit EC- oder Kreditkarte bezahlen, in der Zeit vom 2.01. bis 05.01.2002 einen Rabatt von 20 Prozent gewähren würde.*

Diese Verkaufveranstaltung fand wegen der zeitlichen Begrenzung des Rabatts außerhalb des regelmäßigen Geschäftsverkehrs von C&A statt und wurde daher trotz der Aufhebung von RabattG und ZugabeVO nach § 7 Abs. 1 UWG a.F. verboten.

Durch die Aufhebung der §§ 7 f. UWG a.F. sind Sonderveranstaltungen wie die vorstehend geschilderte C & A-Rabattaktion seit der UWG – Reform von 2004 unbeschränkt zulässig geworden.

SONDERVERANSTALTUNG

2.2. UWG – Änderung von 2008

Durch das am 30.12.2008 in Kraft getretene Gesetz zur Änderung des Gesetzes gegen den unlauteren Wettbewerb hat der deutsche Gesetzgeber die Richtlinie 2005/29/EG über unlautere Geschäftspraktiken im binnenmarktinternen Geschäftsverkehr zwischen Unternehmen und Verbrauchern in das deutsche UWG umgesetzt. Dadurch ist u.a.

Modifizierung der §§ 3, 5 und 7 UWG

- das bisher in § 3 UWG a.F. geregelte Verbot unlauteren Wettbewerbs sprachlich modifiziert (§ 3 Abs. 1 UWG n.F.) und um Regelungen zur Unlauterkeit von geschäftlichen Handlungen gegenüber Verbrauchern (§ 3 Abs. 2 und 3 UWG n.F.) ergänzt worden,

- die bisherige Regelung zur irreführenden Werbung in § 5 UWG a.F. inhaltlich geändert und in zwei Tatbestände, nämlich in das in § 5 UWG n.F. geregelte Verbot irreführender Handlungen und in das in § 5a UWG n.F. geregelte Verbot der Irreführung durch Unterlassung, aufgeteilt worden,

- das Verbot der unzumutbaren Belästigung nach § 7 UWG a.F. als eigenständiger Verbotstatbestand nach § 7 UWG n.F. ausgestaltet worden.

2.3. Rechtsprechungsänderungen

Neben den vorstehend erwähnten Gesetzesänderungen haben auch Änderungen der Rechtsprechung einen großen Einfluss auf die Auslegung und das Verständnis des UWG. Eine der markantesten Änderungen, die die Rechtsprechung in den vergangenen Jahren vollzogen hat, betrifft das sogenannte Verbraucherleitbild des UWG. Ursprünglich ging die deutsche Rechtsprechung vom Leitbild eines flüchtigen und unkritischen Verbrauchers aus, der sich allenfalls oberflächlich und unreflektiert mit den Werbebotschaften der Anbieter auseinander setzte und deshalb eines intensiven Schutzes vor missverständlichen Werbeaussagen bedurfte. Unter dem Eindruck des davon abweichenden Verbraucherleitbilds des EuGH hat die deutsche Rechtsprechung sich jedoch mittlerweile vom Leitbild des flüchtigen Durchschnittsverbrauchers verabschiedet. Sie geht nunmehr auch außerhalb des Anwendungsbereichs des § 3 Abs. 2 UWG, für den ein entsprechendes Verbraucherleitbild ausdrücklich festgeschrieben ist, vom Leitbild eines situationsadäquat durchschnittlich aufmerksamen, informierten und verständigen Verbrauchers aus. Auf der Grundlage dieses geänderten Verbraucherleitbildes ist die Rechtsprechung nunmehr nicht mehr so leicht geneigt, eine Irreführung der Verbraucher durch nicht vollständig eindeutige Aussagen anzunehmen.

Beispiel 5 »Elternbriefe« (nach BGH NJW 2002, S. 1718 f.): Die Stadt Bremen verschickt sog. Elternbriefe an die Eltern in Bremen lebender Kinder. In diesen Briefen werden pädagogische Probleme behandelt, die bei Kindern auftreten können. Diesen Briefen fügt die Stadt Bremen jeweils ein sog. Elterninfo der Sparkasse Bremen bei, in der diese für Leistungen ihres Unternehmensbereichs Landesbausparkasse Bremen wirbt. Gegen die gemeinsame Versendung von Elternbrief und Elterninfo klagt eine in Bremen tätige Bausparkasse mit der Begründung, hierdurch werde der irreführende Eindruck erweckt, die Stadt Bremen empfehle mit ihrer amtlichen Autorität die Produkte der Sparkasse Bremen.

Der BGH hat eine Irreführung der Eltern und damit auch einen hierauf gestützten Unterlassungsanspruch der klagenden Bausparkasse aus § 3 Abs. 1 UWG im vorliegenden Fall abgelehnt. Entscheidend ist nach Auffassung des BGH nämlich, wie situationsadäquat aufmerksame, informierte und verständige Eltern die gemeinsame Versendung von Elternbrief und Elterninfo verstehen. Bei diesem maßgeblichen Adressatenkreis wird aufgrund der unterschiedlichen Gestaltung der Briefe jedoch keine Irreführung hervorgerufen.

3. Das Verbot unlauteren Wettbewerbs

Die »Generalklausel« des § 3 UWG enthält drei Verbotstatbestände. Dabei handelt es sich

Die drei Verbotstat-
bestände der
Generalklausel

- um den für geschäftliche Handlungen gegenüber Unternehmern und Verbrauchern geltenden Verbotstatbestand des § 3 Abs. 1 UWG,

- um den ausschließlich für geschäftliche Handlungen gegenüber Verbrauchern geltenden Verbotstatbestand des § 3 Abs. 2 UWG und

- um den eine »Schwarze Liste« von gegenüber Verbrauchern stets unzulässigen Handlungen regelnden Verbotstatbestand des § 3 Abs. 3 UWG.

3.1. Der Verbotstatbestand des § 3 Abs. 1 UWG

Das grundlegende und für das gesamte UWG prägende Verbot unlauterer geschäftlicher Handlungen ist in § 3 Abs. 1 UWG geregelt.

Verbot unlauterer geschäftlicher Handlungen

§ 3 UWG

(1) Unlautere geschäftliche Handlungen sind unzulässig, wenn sie geeignet sind, die Interessen von Mitbewerbern, Verbrauchern oder sonstigen Marktteilnehmern spürbar zu beeinträchtigen.

Damit das Verbot des § 3 Abs. 1 UWG eingreift, müssen drei Tatbestandsmerkmale erfüllt sein:

Tatbestandsmerkmale des
§ 3 Abs. 1 UWG

1. Vorliegen einer geschäftlichen Handlung
2. Unlauterkeit der geschäftlichen Handlung
3. Eignung zur spürbaren Beeinträchtigung der Interessen eines Marktteilnehmers.

3.1.1. Begriff der geschäftlichen Handlung

Die Anwendung des § 3 Abs. 1 UWG setzt zunächst voraus, dass überhaupt eine geschäftliche Handlung i.S.d. § 2 Abs. 1 Nr. 1 UWG vorliegt.

Legaldefinitionn der
geschäftlichen Handlung

§ 2 UWG   **Definitionen**

(1) Im Sinne dieses Gesetzes bedeutet

1. »geschäftliche Handlung« jedes Verhalten einer Person zugunsten des eigenen oder eines fremden Unternehmens vor, bei oder nach einem Geschäftsabschluss, das mit der Förderung des Absatzes oder des Bezugs von Waren oder Dienstleistungen oder mit dem Abschluss oder der Durchführung eines Vertrags über Waren oder Dienstleistungen objektiv zusammenhängt; als Waren gelten auch Grundstücke, als Dienstleistungen auch Rechte und Verpflichtungen;

Funktion des Tatbestands-
merkmals

Dem Tatbestandsmerkmal der geschäftlichen Handlung kommt die Aufgabe zu, die Anwendbarkeit des § 3 Abs. 1 UWG auf den wirtschaftlichen Verkehr zu begrenzen und so vom allgemeinen Deliktsrecht der §§ 823 ff. BGB abzugrenzen. Anders ausgedrückt: Das Verbot des § 3 Abs. 1 UWG erfasst nur solche Verhaltensweisen, durch die die Interessen anderer Unternehmen im Wettbewerb berührt werden.

Handlung zu Gunsten
eines Unternehmens

Damit überhaupt vom Vorliegen einer geschäftlichen Handlung ausgegangen werden kann, muss als erstes ein Handeln einer Person zu Gunsten des eigenen oder eines fremden Unternehmens vorliegen. Ausgegrenzt werden damit

- rein private

Ausgegrenzte Tätigkeiten

- amtliche (hoheitliche) und

- geschäftsinterne Tätigkeiten.

Rein private Tätigkeiten

Bei rein privaten Äußerungen liegt keine geschäftliche Handlung vor.

Beispiel 6: *Hausfrau H. sagt bei einem Kaffeeklatsch zur Hausfrau B: »Ich gebe meinem Sohn nur Hipp-Kindernahrung, weil sie so bekömmlich ist.«*

Hoheitliche Tätigkeiten

Eine geschäftliche Handlung ist zudem bei hoheitlicher Tätigkeit des Staates ausgeschlossen. In Abgrenzung hierzu wird die öffentliche Hand insbesondere dann nicht hoheitlich tätig, wenn sie ohne Rückgriff auf besondere öffentlich-rechtliche Befugnisse privatrechtlich handelt und anderen Personen wirtschaftliche Güter oder Leistungen gegen Entgelt vermittelt oder entsprechende Leistungen auf dem Markt nachfragt.

Beispiel 7: *Wenn das Ordnungsamt einer Stadt einem Gastwirt, der gegen lebensmittelrechtliche Vorschriften verstößt, den Betrieb der Gaststätte untersagt, handelt es öffentlich-rechtlich und damit außerhalb des geschäftlichen Verkehrs.*

*Wenn dasselbe Ordnungsamt Papier einkauft, um Untersagungsbe-
scheide versenden zu können, handelt es privatrechtlich und somit
auch im geschäftlichen Verkehr.*

Bloße geschäftsinterne Tätigkeiten ohne Außenwirkung stellen ebenfalls keine geschäftlichen Handlungen dar.

Beispiel 8 *»Versendung eines internen Rundschreibens« (nach OLG
Hamburg WRP 1985, S. 651 ff.): A und B vertreiben Röstkaffee. Seit
geraumer Zeit nutzt A ein sog. »Kurzzeitröstverfahren«. B wendet sich
in einem Rundschreiben an die Inhaber seiner Depots und an das Verkaufspersonal seiner Filialen. Dieses Schreiben enthält Hinweise auf
die Vorzüge des eigenen Röstverfahrens. Außerdem findet sich in dem
Schreiben der Vermerk, dass A die Kaffeebohnen mittels seines Kurz-
zeitröstverfahrens lediglich »aufblähe«. Handelt es sich bei diesem
Rundschreiben um eine geschäftliche Handlung i.S.d. § 2 Abs. 1 Nr. 1
UWG?*

Geschäftsinterne
Tätigkeiten

*Von einer geschäftlichen Handlung des B kann erst dann gesprochen
werden, wenn der im Rundschreiben angestellte Vergleich Außenwirkung erlangt. Da B das Rundschreiben hier lediglich an seine Mitarbeiter und Depotinhaber adressiert hat, also an einen begrenzten, der
Betriebsorganisation zugehörigen Personenkreis, liegt ein rein be-
triebsinterner Vorgang vor. Außenwirkung entfaltet das Schreiben des
B erst dann, wenn seine Mitarbeiter die in dem Schreiben enthaltenen
Argumente innerhalb des Verkaufsgespräches mit den Kunden verwenden.*

Das eine Handlung nicht rein privat, hoheitlich oder geschäftsintern
erfolgt, reicht noch nicht aus, um sie zu einer geschäftlichen Handlung
i.S.d. § 2 Abs. 1 Nr. 1 UWG zu machen. Dafür muss die betreffende
Handlung noch, gleich ob sie vor, bei oder nach einem Geschäftsabschluss erfolgt, objektiv mit der Förderung des Absatzes oder des Bezugs von Waren oder Dienstleistungen zusammenhängen. Zu beachten
ist dabei, dass die Definition des § 2 Abs. 1 Nr. 1 UWG nicht zwingend einen Zusammenhang mit der Förderung eigener Geschäftszwecke fordert. Eine geschäftliche Handlung kann daher sowohl der Förderung eigener als auch der Förderung fremder Geschäftszwecke dienen.

Objektive Förderungs-
handlung

Beispiel 9: *Skibindungshersteller A veröffentlicht eine Werbeanzeige,
in der er damit wirbt, dass seine Skibindung in der von der Stiftung
Warentest herausgegebenen Zeitschrift »test« mit der Note »gut«, die
des Herstellers B dagegen mit der Not »zufrieden stellend« bewertet
worden ist.*

Förderung eigenen
Wettbewerbs

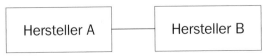

Förderung fremden
Wettbewerbs

Beispiel 10: *Die Stiftung Warentest veröffentlicht in ihrer Zeitschrift »test« einen Bericht über Skibindungen. Dort wird die Bindung des Herstellers A mit der Note »gut« und die des Herstellers B mit der Note »zufriedenstellend« bewertet.*

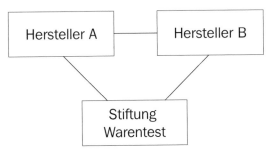

Dabei zeigt das vorstehende Beispiel 10 zugleich ein weiteres Problem bei der Anwendung des UWG auf. Von dem Begriff der geschäftlichen Handlung i.S.d. § 2 Abs. 1 Nr. 1 UWG werden scheinbar auch solche Handlungen erfasst, die gar nicht das Ziel verfolgen, ein (fremdes) Unternehmen zu fördern, sondern – wie z.B. Testberichte der Stiftung Warentest – der Verbraucheraufklärung, der politischen Meinungsbildung, karitativen oder politischen Zwecken und ähnlichen Zielen dienen.

Keine Wettbewerbsabsicht
erforderlich

Entsprechende Zielsetzungen wurden bis zur Änderung des UWG im Jahre 2008 über das Merkmal der »Wettbewerbsabsicht« vom Anwendungsbereich des UWG ausgeschlossen. Da § 2 Abs. 1 Nr. 1 UWG seit seiner Änderung im Jahre 2008 aber keine Wettbewerbsabsicht des Handelnden mehr fordert, sondern einen objektiven Zusammenhang mit der Absatzförderung ausreichen lässt, könnte man nunmehr geneigt sein, die Vorschriften des UWG auch auf solche Handlungen anzuwenden, wie sie in Beispiel 10 beschrieben wurden. Dies widerspricht allerdings dem Willen des Gesetzgebers, der hierzu in der Begründung zum Gesetzentwurf von 2008 ausdrücklich ausführt, dass weltanschauliche, wissenschaftliche, redaktionelle oder verbraucherpolitische Äußerungen von Unternehmen oder anderen Personen auch weiterhin nicht dem UWG unterfallen sollen, soweit sie in keinem objektiven Zusammenhang mit dem Absatz von Waren und den anderen in § 2 Abs. 1 Nr. 1 UWG genannten Unternehmensaktivitäten stehen.

Diese Äußerung des Gesetzgebers führt dazu, dass die Literatur und wohl zukünftig auch die Rechtsprechung bei entsprechenden Fallgestaltungen das Vorliegen eines objektiven Zusammenhangs zwischen der Handlung und der Absatzförderung in Abrede stellen. Dementspre-

chend soll auch hier nachfolgend in Übereinstimmung mit dem Willen
des Gesetzgebers davon ausgegangen werden, dass bei solchen Handlungen, bei denen bis 2008 die Wettbewerbsabsicht verneint wurde,
nunmehr ein objektiver Zusammenhang zwischen der Handlung und
der Förderung (fremden) Absatzes fehlt. Auf dieser Grundlage gilt
Folgendes:

An der für die Bejahung einer geschäftlichen Handlung i.S.d. § 2 Abs.
1 Nr. 1 UWG erforderlichen Verknüpfung fehlt es dann, wenn ein Unternehmen von dritten Personen aus einem Anlass gefördert wird, der
in keinem objektiven Zusammenhang mit dem Absatz von Waren oder
anderen in § 2 Abs. 1 Nr. 1 UWG genannten Unternehmensaktivitäten
steht. Zu denken ist hier insbesondere an

Fehlender objektiver Zusammenhang zwischen Handlung und Warenabsatz

• wissenschaftliche Veröffentlichungen und

• Warentestergebnisse oder Preisvergleiche durch Verbraucherverbände bzw. unabhängige Testinstitute.

Wissenschaftliche Veröffentlichungen und Testberichte

In diesen Fällen kann grundsätzlich nicht vom Vorliegen einer geschäftlichen Handlung ausgegangen werden.

Beispiel 11 *»Preisvergleich« (nach BGH NJW 1981, S. 2304 f.): Eine
Verbraucherzentrale veröffentlicht einen Preisvergleich unter dem
Titel »Wo ist was am billigsten?«. Besonders oft wird die Firma K als
billigster Anbieter genannt. Der Verband des Rundfunk- und Fernseh-
fachhandels klagt gegen die Verbraucherzentrale u.a. aus § 3 Abs. 1
UWG, weil der Hinweis fehlt, dass die Firma K die Ware nicht vorführt
und nicht gleich aushändigt.*

*Im Rahmen der Prüfung des Vorliegens der Voraussetzungen des § 3
Abs. 1 UWG stellt sich zunächst die Frage, ob die Verbraucherzentrale
eine geschäftliche Handlung i.S.d. § 2 Abs. 1 Nr. 1 UWG vorgenommen hat. Davon kann hier nicht ausgegangen werden. Zwar kommt
hier auf den ersten Blick eine Förderung des Absatzes des K durch die
Verbraucherzentrale in Betracht. Dabei würde aber übersehen, dass es
zu den satzungsgemäßen Aufgaben der Verbraucherzentrale gehört,
die Verbraucher zu beraten. Somit steht die Veröffentlichung des
Preisvergleiches durch die Verbraucherzentrale in objektivem Zusammenhang mit der Förderung ihrer satzungsgemäßen Aufgaben der
Verbraucherberatung und nicht im objektiven Zusammenhang mit der
Förderung der Absatztätigkeit des K.*

Mit Rücksicht auf den durch die Meinungs- und Pressefreiheit des Art.
5 Abs. 1 GG geschützten Funktionsbereich scheidet auch bei Handlungen der Massenmedien, insbesondere der Presse, im redaktionellen Teil
die Bejahung einer geschäftlichen Handlung regelmäßig aus. Prinzipiell ist nämlich davon auszugehen, dass Berichte über bestimmte Pro-

Presse und andere Massenmedien

dukte im redaktionellen Teil der Presse, des Rundfunks und des Fernsehens nicht dem Absatz dieser Produkte und damit fremdem Wettbewerb dienen, sondern die öffentliche Meinungsbildung und Information fördern. Daher kann allenfalls bei Vorliegen besonderer Umstände, wie z.B. bei der Verknüpfung der Erteilung von Anzeigenaufträgen mit der Veröffentlichung »passender« redaktioneller Beiträge, vom Vorliegen einer geschäftlichen Handlung ausgegangen werden.

Presse und andere Medien als Wettbewerber

Diese die Medien betreffende Einschränkung bei der Annahme einer geschäftlichen Handlung i.S.d. § 2 Abs. 1 Nr. 1 UWG gilt jedoch dann nicht, wenn die Medien nicht in ihrer Funktion als Medien, sondern als Wettbewerber handeln und somit außerhalb des durch Art. 5 Abs. 1 GG geschützten Aufgabenbereichs tätig werden. Dies ist beispielsweise der Fall bei der Abwerbung eines Abonnenten eines Konkurrenten oder bei der Veröffentlichung von Werbeanzeigen. Im zuletzt genannten Beispiel kann, wie mittelbar auch aus § 9 Satz 2 UWG folgt, die Verantwortung des Verlegers für den Anzeigenteil seine Haftung neben der Haftung des inserierenden Unternehmens begründen.

3.1.2. Unlauterkeit der geschäftlichen Handlung

Definition Unlauterkeit

Das zentrale Tatbestandsmerkmal des § 3 Abs. 1 UWG ist die Unlauterkeit der geschäftlichen Handlung. Unlauter sind dabei nach einer weit verbreiteten Definition alle Handlungen, die den anständigen Gepflogenheiten in Handel, Gewerbe, Handwerk oder selbständiger beruflicher Tätigkeit zuwiderlaufen. Ob dies der Fall ist, ist ausschließlich objektiv zu bestimmen. Subjektive Tatbestandsmerkmale, wie etwa eine unlautere Absicht, setzt § 3 UWG nicht voraus.

Keine subjektiven Tatbestandsmerkmale

Leitbild des Leistungswettbewerbs

Es liegt auf der Hand, dass die vorstehend wiedergegebene Definition des Begriffs der Unlauterkeit die tägliche Arbeit mit der Vorschrift des § 3 Abs. 1 UWG nicht erleichtert. Schließlich muss danach noch entschieden werden, was denn den anständigen Gepflogenheiten in Handel, Gewerbe, Handwerk oder selbständiger beruflicher Tätigkeit zuwiderläuft. Diese für die Anwendung des § 3 Abs. 1 UWG letztlich entscheidende Frage wurde und wird auch heute noch im Wesentlichen mit dem Hinweis auf das aus dem Bereich des sportlichen Wettkampfs entnommene Leitbild des so genannten Leistungswettbewerbs beantwortet. Danach ist es lauter und mit dem Grundgedanken des Leistungswettbewerbs vereinbar, mit der eigenen guten Leistung um Kunden zu werben. Unlauter sind dagegen solche geschäftlichen Handlungen, die die Person eines Mitbewerbers in unwahrer Weise herabwürdigen oder die eigene Leistung in unwahrer Weise hochloben.

Da auch der Begriff des Leistungswettbewerbs der Konkretisierung bedurfte, hat die Literatur bis zur UWG-Reform von 2004 die einschlägige Rechtsprechung systematisiert und in Fallgruppen zusammengefasst. Einer dieser Systematisierungsversuche arbeitete mit folgenden fünf Fallgruppen:

Ältere Konkretisierungsversuche

1. Kundenfang

Beim Kundenfang wird die Entscheidungsfreiheit des Umworbenen beeinträchtigt. Er wird gefangen und nicht geworben.

2. Gezielte Behinderung

Bei der gezielten Behinderung wird die Ausschaltung des Mitbewerbers vom Leistungsvergleich durch unlautere Behinderungspraktiken (z. B. Preiskampf, Boykott, Diskriminierung, bestimmte Arten vergleichender Werbung) bezweckt.

3. Ausbeutung

Bei den als Ausbeutung eingeordneten Wettbewerbsmethoden wird versucht, die Ergebnisse fremder Arbeiten in unlauterer Weise auszunutzen.

4. Rechtsbruch

Als Rechtsbruch wird eine Wettbewerbsmethode bezeichnet, bei der der Wettbewerber gesetzliche Normen verletzt, die zumindest auch dazu bestimmt sind, im Interesse der Marktteilnehmer das Marktverhalten zu regeln.

5. Marktstörung

Bei den als Marktstörung bezeichneten Fallgestaltungen ergibt sich die Unlauterkeit der geschäftlichen Handlung durch ihre Auswirkungen auf die Marktstruktur.

Seit der UWG-Reform von 2004 findet sich eine nicht abschließende Aufzählung von typischen Beispielen unlauteren Wettbewerbs in § 4 UWG. Wird eine geschäftliche Handlung von einem der Beispielstatbestände des § 4 UWG erfasst, so ist die Unlauterkeit ausschließlich im Wege der Subsumtion unter die Tatbestandsmerkmale des Beispielstatbestandes zu begründen. Ein Rückgriff auf die vorstehend dargestellten Definitionen und Fallgruppen ist unnötig!

Konkretisierung durch den Beispielskatalog des § 4 UWG

Darüber hinaus können jedoch auch solche Verhaltensweisen i.S.d. § 3 Abs. 1 UWG unlauter sein, die von keinem der Beispielstatbestände des § 4 UWG erfasst werden, allerdings mit einem entsprechenden Unwertgehalt den anständigen Gepflogenheiten in Handel und Gewerbe zuwider laufen. In diesen Fällen kann und muss zur Begründung der Unlauterkeit der betreffenden geschäftlichen Handlung weiterhin

Unlautere Handlungen außerhalb des Beispielskataloges

auf die vorstehend dargestellten Definitionen und Fallgruppen zurückgegriffen werden.

Eine ausführliche Darstellung der den Begriff der Unlauterkeit konkretisierenden Regelung des § 4 UWG findet sich im folgenden Abschnitt. Zum besseren Verständnis des § 3 Abs. 1 UWG soll hier jedoch zunächst der Überblick über den Tatbestandsaufbau und die damit zusammenhängenden Fragestellungen abgeschlossen werden.

3.1.3. Eignung zur spürbaren Beeinträchtigung der Interessen eines Marktteilnehmers

Zur Erfüllung des Tatbestandes des § 3 Abs. 1 UWG ist es weiterhin erforderlich, dass die unlautere geschäftliche Handlung geeignet ist, den Wettbewerb zum Nachteil der Interessen eines Marktteilnehmers spürbar zu beeinträchtigen. Damit bedarf einerseits der Begriff des Marktteilnehmers, andererseits derjenige der Eignung zur spürbaren Beeinträchtigung der Erläuterung.

Definition »Marktteilnehmer«

Der Begriff des Marktteilnehmers ist in § 2 Abs. 1 Nr. 2 UWG definiert.

§ 2 UWG

Definitionen

(1) Im Sinne dieses Gesetzes bedeutet

...

2. »Marktteilnehmer« neben Mitbewerbern und Verbrauchern alle Personen, die als Anbieter oder Nachfrager von Waren oder Dienstleistungen tätig sind;

Marktteilnehmer als Betroffene

Für die Erfüllung der Voraussetzungen des Verbotstatbestandes des § 3 Abs. 1 UWG ist es somit nicht erforderlich, dass die unlautere geschäftliche Handlung die Interessen eines Mitbewerbers i.S.d. § 2 Abs. 1 Nr. 3 UWG spürbar beeinträchtigen kann. Es reicht aus, dass die betreffende Beeinträchtigung bei Verbrauchern oder sonstigen Marktteilnehmern eintreten kann. Die Frage, ob der von einer unlauteren geschäftlichen Handlung Betroffene Mitbewerber des Handelnden oder sonstiger Marktteilnehmer ist, entfaltet ihre eigentliche Bedeutung somit erst im Rahmen der Prüfung der sich aus einem Verstoß gegen § 3 Abs. 1 UWG ergebenden Rechtsfolgen. Dennoch soll die Unterscheidung zwischen den einzelnen Gruppen der Marktteilnehmer schon an dieser Stelle dargestellt werden. Dies lässt sich formal damit begründen, dass § 3 Abs. 1 UWG zwischen den entsprechenden Gruppen von Marktteilnehmern unterscheidet und somit auch vom Rechtsanwender eine entsprechende Unterscheidung fordert. Materiell ist eine entsprechende Unterscheidung zudem ohnehin bei der Prüfung der sich aus einem Verstoß gegen § 3 Abs. 1 UWG ergebenden Rechtsfolgen sowie bei der Prüfung der Anspruchsberechtigung erforderlich. Sie muss daher in jedem Fall erfolgen. Dazu kann dann auf die hier gemachten Ausführungen zurückgegriffen werden.

Nach § 2 Abs. 1 Nr. 2 UWG können die durch die Wettbewerbshandlung Beeinträchtigten

- Mitbewerber des Handelnden oder

- Verbraucher oder

- sonstiger Marktteilnehmer

sein. Dabei wird der Begriff des Mitbewerbers in § 2 Abs. 1 Nr. 3 UWG definiert.

Definition Mitbewerber

Definitionen § 2 UWG

(1) Im Sinne dieses Gesetzes bedeutet

...

3. »Mitbewerber« jeder Unternehmer, der mit einem oder mehreren Unternehmern als Anbieter oder Nachfrager von Waren oder Dienstleistungen in einem konkreten Wettbewerbsverhältnis steht;

Für die Bejahung der Mitbewerbereigenschaft ist somit regelmäßig ein konkretes Wettbewerbsverhältnis zwischen dem Handelnden und dem potentiell Beeinträchtigten erforderlich.

Konkretes Wettbewerbsverhältnis

Ein konkretes Wettbewerbsverhältnis ist in der Regel gegeben, wenn die Unternehmen gleichen oder ähnlicher Branchen und gleichen Wirtschaftsstufen angehören und sich an denselben Abnehmerkreis wenden. Sofern durch den Handelnden nicht eigener, sondern fremder Wettbewerb gefördert wird, ist entscheidend, ob das Wettbewerbsverhältnis zwischen demjenigen, dessen Wettbewerb gefördert wird und dem Dritten besteht.

Beispiel 12: Skibindungshersteller B (Beispiel 10) klagt gegen die Stiftung Warentest und macht u.a. einen Verstoß nach § 3 Abs. 1 UWG geltend. Gegen diesen Anspruch wendet die Stiftung Warentest neben dem im Ergebnis durchgreifenden Hinweis auf das Fehlen einer geschäftlichen Handlung u.a. auch ein, dass zwischen ihr und dem Skibindungshersteller B kein Wettbewerbsverhältnis besteht. Hat sie damit Erfolg?

Der Einwand des fehlenden Wettbewerbsverhältnisses ist nicht erheblich. Entscheidend ist lediglich, dass das Wettbewerbsverhältnis zwi-

schen dem durch die Handlung Begünstigten (hier Skibindungshersteller A) und dem Kläger (hier Skibindungshersteller B) besteht.

Substitutionsmöglichkeit

Ein konkretes Wettbewerbsverhältnis kann aber auch dann bestehen, wenn die Unternehmen verschieden Branchen oder Wirtschaftsstufen angehören. Es genügt, dass sich der Verletzer selbst in Wettbewerb zu dem Betroffenen stellt, auch wenn die Waren an sich nicht austauschbar sind.

Beispiel 13 »Statt Blumen ONKO-Kaffee« (nach BHG GRUR 1972, S. 553 ff.): Ein Kaffeevertriebsunternehmen wirbt für seinen Kaffee als Geschenk mit dem Slogan: »ONKO-Kaffee können Sie getrost statt Blumen verschenken«.

Kaffeevertriebsunternehmen einerseits, Blumenhändler und Blumenzüchter andererseits, gehören verschieden Branchen an und stehen in der Regel in keinem Wettbewerbsverhältnis. In unserem Fall wird durch die besondere Art der Werbung, die gerade auf die Substitutionsmöglichkeit (Austauschmöglichkeit) abstellt, jedoch ein konkretes Wettbewerbsverhältnis geschaffen.

Ist der ggf. Beeinträchtigte kein Mitbewerber, so ist zu prüfen, ob er nicht Verbraucher oder sonstiger Marktteilnehmer ist.

Definition Verbraucher

Für den Begriff des Verbrauchers verweist § 2 Abs. 2 UWG auf § 13 BGB.

§ 2 UWG   **Definitionen**

(2) Für den Verbraucherbegriff gilt § 13 des Bürgerlichen Gesetzbuchs entsprechend.

Nach § 13 BGB sind Verbraucher natürliche Personen, die ein Rechtsgeschäft zu einem Zweck abschließen, der weder ihrer gewerblichen noch ihrer selbständigen beruflichen Tätigkeit zugerechnet werden kann.

Definition sonstige Marktteilnehmer

Als sonstige Marktteilnehmer kommen Unternehmer in Betracht, die als Anbieter oder Nachfrager von Waren oder Dienstleistungen tätig sind. Dabei wird der Begriff des Unternehmers in § 2 Abs. 1 Nr. 6 UWG definiert.

§ 2 UWG   **Definitionen**

(1) Im Sinne dieses Gesetzes bedeutet

...

6. »Unternehmer« jede natürliche oder juristische Person, die geschäft-

liche Handlungen im Rahmen ihrer gewerblichen, handwerklichen oder beruflichen Tätigkeit vornimmt und jede Person, die im Namen oder Auftrag einer solchen Person handelt;

Der Begriff der sonstigen Marktteilnehmer erfasst somit solche Unternehmer, bei denen kein konkretes Wettbewerbsverhältnis zum Handelnden besteht.

Die unlautere geschäftliche Handlung muss zudem zur spürbaren Beeinträchtigung der Interessen eines Marktteilnehmers geeignet sein. Dabei soll das Merkmal der Spürbarkeit die Verfolgung von Bagatellfällen durch § 3 Abs. 1 UWG verhindern.

Eignung zur spürbaren Beeinträchtigungen

Eine gesetzliche Definition des Begriffs der Spürbarkeit gibt es nicht. Somit kann die Frage, ob eine geschäftliche Handlung i.S.d. § 2 Abs. 1 Nr. 1 UWG geeignet ist, den Wettbewerb zum Nachteil eines Marktteilnehmers, also eines Mitbewerbers, Verbrauchers oder sonstigen Marktteilnehmers, nicht unerheblich zu beeinträchtigen, nur aufgrund einer Prüfung des jeweiligen Einzelfalls beantwortet werden. Bei dieser Prüfung ist maßgebend auf die Art und Schwere der Beeinträchtigung der Interessen des oder der betroffenen Marktteilnehmer abzustellen. Damit wird insbesondere ausgeschlossen, dass geringfügige und marginale Wettbewerbsverstöße von der Verbotsnorm des § 3 Abs. 1 UWG erfasst werden.

Beispiel 14 »*Fliegenbinderkurs*« *(nach OLG Hamm WRP 1994, S. 838 f.): B betreibt einen Zubehörhandel für Fliegenfischerei und wirbt ohne den Zusatz »Außerhalb der gesetzlichen Ladenöffnungszeiten keine Beratung und kein Verkauf« in einem Informationsblatt für einen außerhalb der gesetzlichen Ladenöffnungszeiten in seinem Geschäft durchgeführten »Fliegenbinderkurs«. Dagegen wendet sich Mitbewerber K mit dem Hinweis, dass darin wegen des fehlenden Hinweises in dem Informationsblatt eine irreführende Werbung i.S.d. §§ 3, 5 UWG zu sehen sei.*

Zwar ist die Werbung des B zur Irreführung geeignet, da dadurch der Eindruck entstehen kann, dass er auch anlässlich der Kursdurchführung in seinem Geschäft über die von ihm vertriebenen Produkte berät und diese verkauft. Jedoch ist diese Irreführung nicht geeignet, die Interessen des K spürbar zu beeinträchtigen. Dies wäre nur dann der Fall, wenn die Gefahr bestünde, dass eine nennenswerte Zahl von Kursteilnehmern durch die Werbung des B veranlasst werden, nach der Durchführung des Kurses während der regulären Ladenöffnungszeiten des B bei diesem und nicht bei K zu kaufen. Davon kann jedoch nicht ausgegangen werden. Der überwiegende Teil der Kursteilnehmer wird daran von vornherein nicht interessiert oder durch das irreführende Weglassen des Hinweises so verärgert sein, dass sie schon des-

halb nicht bei B kaufen. Daher ist die Irreführung nicht geeignet, den Wettbewerbs zwischen B und K spürbar zu beeinträchtigen.

Beispiel 15 *»Professorenbezeichnung in der Arztwerbung II« (nach BGH NJW 1998, S. 822 ff.): Krebsarzt Dr. A ist die Führung seines ihm von einer südamerikanischen Universität verliehenen Professorentitels zu Recht wegen fehlender Vergleichbarkeit der von ihm hierfür erbrachten Leistungen mit den wissenschaftlichen Leistungen, die für die Erlangung eines inländischen Professorentitels erforderlich sind, untersagt worden. In einem Zeitungsartikel stellt Dr. K daraufhin die unzutreffende Behauptung auf, dass die von ihm für seinen Professorentitel erbrachten Leistungen denjenigen entsprechen, die für einen inländischen Titel erbracht werden müssen. Dagegen wenden sich einige Krebsärzte, die darin eine irreführende Werbung i.S.d. §§ 3, 5 UWG erblicken.*

Die Behauptung des Dr. A, die von ihm für seinen Professorentitel erbrachten wissenschaftlichen Leistungen entsprächen den für die Erlangung eines inländischen Professorentitels zu erbringenden Leistungen, ist nicht nur irreführend, sondern auch geeignet, den Wettbewerb zum Nachteil anderer Krebsärzte und der Patienten als Verbraucher spürbar zu beeinträchtigen. Wer nämlich durch seine Krankheit mit dem Tod konfrontiert wird, klammert sich an jede Hoffnung und ist geneigt, einer akademisch anerkannten Behandlungsmethode und einem wissenschaftlich reputierten Arzt besonderes Vertrauen entgegenzubringen. Daher ist die Irreführung des Dr. K geeignet, in nicht nur unerheblichem Umfang alte Patienten zu erhalten und neue Patienten zu gewinnen.

3.2. Ergänzende Regelungen für geschäftliche Handlungen gegenüber Verbrauchern

In Ergänzung der Generalklausel des § 3 Abs. 1 UWG enthalten die Absätze 2 und 3 des § 3 UWG Regelungen, die nur für geschäftliche Handlungen gegenüber Verbrauchern gelten.

3.2.1. Tatbestände des Anhangs zu § 3 Abs. 3 UWG

§ 3 Abs. 3 UWG verweist auf einen Anhang mit einer Liste geschäftlicher Handlungen gegenüber Verbrauchern.

Verbot unlauterer geschäftlicher Handlungen   § 3 UWG

(3) Die im Anhang dieses Gesetzes aufgeführten geschäftlichen Handlungen gegenüber Verbrauchern sind stets unzulässig

Die im Anhang zu § 3 Abs. 3 UWG, der so genannten »Schwarzen Liste«, aufgeführten Handlungen enthalten sodann Verbote ohne Wertungsvorbehalte. Diese Handlungen sind somit stets unzulässig. Auf die Frage, ob die Interessen der durch § 3 Abs. 3 UWG geschützten Verbraucher im konkreten Fall durch eine der im Anhang zu § 3 Abs. 3 UWG aufgelisteten geschäftlichen Handlungen spürbar beeinträchtigt werden, kommt es, anders als bei der Prüfung der Voraussetzungen des § 3 Abs. 1 UWG, nicht an.

Keine Prüfung der Eignung zur spürbaren Beeinträchtigungen

Damit das Verbot des § 3 Abs. 3 UWG eingreift, müssen folgende Anspruchsvoraussetzungen erfüllt sein:

1. Vorliegen einer geschäftlichen Handlung
   (vgl. dazu § 2 Abs. 1 Nr. 1 UWG)
2. Vornahme der Handlung gegenüber einem Verbraucher
   (vgl. dazu § 2 Abs. 2 UWG i.V.m. § 13 BGB)
3. Unzulässigkeit der geschäftlichen Handlung nach dem Anhang zu § 3 Abs. 3 UWG

Tatbestandsmerkmale § 3 Abs. 3 UWG

Dabei wurden die Voraussetzungen 1. und 2. schon in Abschnitt 3.1.1 und Abschnitt 3.1.2 behandelt. Eine Darstellung der nach dem Anhang zu § 3 Abs. 3 UWG unzulässigen geschäftlichen Handlungen findet sich später bei der ausführlichen Darstellung der nach § 3 UWG unzulässigen geschäftlichen Handlungen.

3.2.2. Auffangtatbestand des § 3 Abs. 2 UWG

Der als Auffangtatbestand ausgestaltete § 3 Abs. 2 UWG sieht die Unlauterkeit solcher gegenüber Verbrauchern vorgenommenen geschäftlichen Handlungen vor, die nicht der in § 2 Abs. 1 Nr. 7 UWG definierten fachlichen Sorgfalt entsprechen.

Verbot unlauterer geschäftlicher Handlungen   § 3 UWG

(2) Geschäftliche Handlungen gegenüber Verbrauchern sind jedenfalls dann unzulässig, wenn sie nicht der für den Unternehmer geltenden fachlichen Sorgfalt entsprechen und dazu geeignet sind, die Fähigkeit des Verbrauchers, sich auf Grund von Informationen zu entscheiden, spürbar zu beeinträchtigen und ihn damit zu einer geschäftlichen Entscheidung zu veranlassen, die er andernfalls nicht getroffen hätte. Dabei ist auf den durchschnittlichen Verbraucher oder, wenn sich die geschäftliche Handlung an eine bestimmte Gruppe von Verbrauchern

wendet, auf ein durchschnittliches Mitglied dieser Gruppe abzustellen.
...

§ 2 UWG   **Definitionen**

(1) Im Sinne dieses Gesetzes bedeutet

...

7. »fachliche Sorgfalt« der Standard an Fachkenntnissen und Sorgfalt,
von dem billigerweise angenommen werden kann, dass ein Unternehmer ihn in seinem Tätigkeitsbereich gegenüber Verbrauchern nach
Treu und Glauben unter Berücksichtigung der Marktgepflogenheiten
einhält.

Tatbestandsmerkmale § 3   Damit das in § 3 Abs. 2 UWG geregelte Verbot eingreift, müssen somit
Abs. 2 UWG   folgende Voraussetzungen erfüllt sein:

1. Vorliegen einer geschäftlichen Handlung
   (vgl. dazu § 2 Abs. 1 Nr. 1 UWG)
2. Vornahme der geschäftlichen Handlung gegenüber einem
   Verbraucher (vgl. dazu § 2 Abs. 2 UWG i.V.m. § 13 BGB)
3. Eignung zur spürbaren Beeinträchtigung der wirtschaftlichen Entscheidungsfähigkeit des Verbrauchers.

Dabei wurden die beiden ersten Voraussetzungen schon in Abschnitt
3.1.1 und Abschnitt 3.1.2 behandelt. Da der Auffangtatbestand des § 3
Abs. 2 UWG im Übrigen nur in den Fällen von Bedeutung ist, in denen
weder § 3 Abs. 1 noch § 3 Abs. 3 UWG eingreifen, beschränkt sich
seine praktische Relevanz auf einige wenige Ausnahmefälle. Die große
Masse der unlauteren geschäftlichen Handlungen wird dagegen schon
durch die Beispielstatbestände der §§ 4 bis 6 UWG erfasst.

*Beispiel 16: Verkauft ein Reisebüro Pauschalreisen nur unter der Be-
dingung, dass der Kunde zugleich eine Reiserücktrittsversicherung und
eine Reiseversicherung abschließt, so kann dieser Vorgang jedenfalls
dann (nur) unter § 3 Abs. 2 UWG subsumiert werden, wenn man entsprechende Koppelungsangebote nicht für grundsätzlich unlauter hält
(vgl. dazu näher die Darstellung der in § 4 UWG geregelten Beispielstatbestände).*

3.3. Rechtsfolgen unlauteren Wettbewerbs

Wer gegen § 3 (oder § 7) UWG verstößt, kann von seinen Mitbewerbern und bestimmten Organisationen gem. § 8 Abs. 1 UWG auf Unterlassung in Anspruch genommen werden. Daneben ist die Geltendmachung eines Schadensersatzanspruches gem. § 9 UWG möglich, der allerdings Verschulden voraussetzt und nur von Mitbewerbern geltend gemacht werden kann. Schließlich können bestimmte Organisationen bei einem vorsätzlichen Verstoß gegen § 3 (oder § 7) UWG nach näherer Maßgabe des § 10 UWG Herausgabe des dabei erzielten Gewinns verlangen.

Schadensersatz, Unterlassung und Gewinnabschöpfung

3.4. UWG und BGB

Grundsätzlich konkurrieren die Unterlassungs- und Schadensersatzansprüche des UWG mit denen des BGB. Sofern daher der Verstoß gegen ein Verbot des § 3 UWG z.B. zugleich die Voraussetzungen der vorsätzlich sittenwidrigen Schädigung nach § 826 BGB erfüllt, sind beide Bestimmungen nebeneinander anwendbar. Folgende wichtige Ausnahmen sind jedoch zu beachten:

Konkurrenz als Grundsatz

1. Der Schutz des Rechts am eingerichteten und ausgeübten Gewerbebetrieb nach § 823 Abs. 1 BGB ist lediglich subsidiär. Soweit das UWG einen Anspruch gibt, kommt § 823 Abs. 1 BGB unter diesem Gesichtspunkt nicht zum Zuge. Bei Vorliegen entsprechender Anhaltspunkte ist eine Verletzung des Rechts am eingerichteten und ausgeübten Gewerbebetrieb allerdings dann zu prüfen, wenn im Einzelfall die Tatbestände des UWG nicht erfüllt sind.

1. Ausnahme

Beispiel 17 *»Warentest II« (nach BGHZ 65, 337): Nachdem der BGH in dem schon zuvor besprochenen Stiftung-Warentest-Fall (vgl. Beispiel 10 und 12) einen Anspruch des Skibindungsherstellers B nach § 3 Abs. 1 UWG mangels einer geschäftlichen Handlung der Stiftung Warentest abgelehnt hat, wendet er sich der Frage zu, ob die Stiftung Warentest B unter dem Gesichtspunkt des Eingriffs in den eingerichteten und ausgeübten Gewerbebetrieb nach § 823 Abs. 1 BGB verantwortlich ist. Dies lehnt der BGH im Ergebnis allerdings mit der Erwägung ab, dass die Stiftung Warentest bei ihrem Bericht den ihr durch Art. 5 GG eingeräumten Wertungsspielraum nicht überschritten habe.*

2. Obwohl die Verbotsvorschriften des UWG Schutzgesetze zugunsten des Mitbewerbers sind, ist § 823 Abs. 2 BGB nicht anwendbar.

2. Ausnahme

Die Sondervorschriften des UWG regeln die Schadensersatzpflicht bei schuldhafter Zuwiderhandlung selbständig und erschöpfend.

Konsequenzen Bei der Prüfung wettbewerbsrechtlicher Fälle, bei denen nicht ausschließlich eine Prüfung von UWG-Vorschriften verlangt wird, ergeben sich demnach aus dem vorstehend dargestellten Konkurrenzverhältnis von Vorschriften des UWG und des BGB folgende Konsequenzen:

- Grundsätzlich kann davon ausgegangen werden, dass neben Verstößen gegen das UWG auch solche gegen Unterlassungs- und Schadensersatzansprüche des BGB zu prüfen sind.

- Abweichend von diesem Grundsatz ist § 823 Abs. 2 BGB i.V.m. einer Vorschrift des UWG als Schutzgesetz nie, § 823 Abs. 1 BGB unter dem Gesichtspunkt des Eingriffs in den eingerichteten und ausgeübten Gewerbebetriebes nur dann zu prüfen, wenn zuvor ein Anspruch nach dem UWG verneint wurde.

4. Wiederholungsfragen

O   Beschreiben Sie die Systematik des UWG. Lösung S. 21

O   Welche ehemals im Wettbewerb verbotenen Verhaltensweisen sind nach der UWG-Reform von 2004 erlaubt? Lösung S. 22

O   Nennen Sie die tatbestandlichen Voraussetzungen des § 3 Abs. 1 UWG und erläutern Sie diese. Lösung S. 25

O   Was bedeutet Unlauterkeit i.S.d. § 3 Abs. 1 UWG? Lösung S. 30

O   Wer ist Marktteilnehmer i.S.d. § 2 Abs. 1 Nr. 2 UWG? Lösung S. 32

O   Wer ist Mitbewerber i.S.d. § 2 Abs. 1 Nr. 3 UWG? Lösung S. 33

O   Muss sich eine nach § 3 Abs. 1 UWG verbotene Wettbewerbshandlung zum Nachteil eines Mitbewerbers auswirken können? Lösung S. 32

O   Welche Rechtsfolgen ergeben sich aus § 3 Abs. 1 UWG? Lösung S. 39

O   Beschreiben Sie das Konkurrenzverhältnis von UWG und BGB. Lösung S. 39

O   Welche Ausnahmen vom Grundsatz der gleichzeitigen Anwendbarkeit von UWG und BGB kennen Sie? Lösung S. 39

Beispiele unlauterer geschäftlicher Handlungen

1. Generalklausel und Beispielskatalog

Nach § 4 UWG handelt insbesondere derjenige unlauter, dessen geschäftliche Handlung die Voraussetzungen eines der elf in § 4 Nr. 1-11 UWG aufgeführten Beispielstatbestände erfüllt.

Dabei ist zu beachten, dass § 4 UWG keinen eigenständigen Verbotstatbestand enthält, sondern lediglich den in § 3 Abs. 1 UWG verwandten Begriff der Unlauterkeit konkretisiert. Daraus folgt, dass bei der Prüfung der Frage, ob eine unlautere geschäftliche Handlung unzulässig ist, nicht isoliert auf den Beispielskatalog des § 4 UWG abgestellt werden darf. Vielmehr müssen sämtliche Tatbestandsmerkmale des § 3 Abs. 1 UWG geprüft werden, bevor das Vorliegen einer unzulässigen unlauteren geschäftlichen Handlung bejaht werden darf. Im Rahmen dieser umfassenden Prüfung spielen die Beispielstatbestände des § 4 Nr. 1-11 UWG lediglich bei der Prüfung der Frage der Unlauterkeit der geschäftlichen Handlung eine Rolle.

Die in § 4 UWG aufgeführten Regelbeispiele stellen zudem, wie schon das Wort »insbesondere« deutlich macht, keine abschließende Auflistung von Unlauterkeitstatbeständen dar. Bei ihnen handelt es sich vielmehr um eine nicht abschließende Aufzählung von Beispielstatbeständen, die das Tatbestandsmerkmal der Unlauterkeit i.S.d. § 3 Abs. 1 UWG zwar konkretisieren, jedoch nicht abschließend definieren. Somit kann eine geschäftliche Handlung selbst dann, wenn sie sich unmittelbar keinem der in § 4 UWG aufgelisteten Beispielstatbestände zuordnen lässt, im Einzelfall i.S.d. § 3 Abs. 1 UWG unlauter sein. Eine ausschließlich aus der wettbewerbsrechtlichen Generalklausel des § 3 Abs. 1 UWG hergeleitete Unlauterkeit kommt somit insbesondere dann in Betracht, wenn die betreffende geschäftliche Handlung von ihrem Unlauterkeitsgehalt her den in den § 4 UWG aufgeführten Beispielsfällen unlauteren Verhaltens entspricht und zudem den anständigen Gepflogenheiten in Gewerbe und Handel zuwiderläuft. Dabei ist ein Rückgriff auf die Generalklausel des § 3 Abs. 1 UWG insbesondere in solchen Fällen geboten, in denen die Tatbestände des § 4 UWG zwar bestimmte Gesichtspunkte der lauterkeitsrechtlichen Beurteilung erfassen, aber keine umfassende Bewertung der Interessen der durch das Wettbewerbsverhältnis betroffenen Marktteilnehmer ermöglichen.

Beispiel 18 *»Auskunft der IHK« (nach BGH GRUR 2009, S. 1080 ff.): Eine Industrie- und Handelskammer (IHK), nimmt als öffentlich-rechtliche Körperschaft die Prüfung zum »Bilanzbuchhalter (IHK)« ab und bietet zugleich auf privatrechtlicher Basis und in Konkurrenz zu privaten Anbietern Unterricht zur Vorbereitung auf diese Prüfung an. Wenn sich Interessenten bei der IHK nach Vorbereitungskursen für die Prüfung zum »Bilanzbuchhalter (IHK)« erkundigen, stellen die Mitarbeiter* *der IHK das eigene Vorbereitungsangebot heraus, unterlassen es aber auch bei gezielter Nachfrage bewusst, Hinweise auf die Lehrgänge privater Anbieter zu geben. Handelt es sich bei diesem Verhalten der IHK um eine unlautere geschäftliche Handlung i.S.d. § 3 Abs. 1 UWG?*

Obwohl sich das der IHK nach § 8 Abs. 2 UWG zuzurechnende Verhalten ihrer Mitarbeiter unter keinen der Beispielsfälle des § 4 UWG subsumieren lässt, handelt es sich bei diesem Verhalten dennoch um eine unlautere geschäftliche Handlung i.S.d. § 3 Abs. 1 UWG. Dabei setzt die unmittelbare Herleitung von Ansprüchen aus § 3 Abs. 1 UWG voraus, dass die betreffende geschäftliche Handlung von ihrem Unlauterkeitsgehalt her den in den §§ 4 bis 7 UWG geregelten Beispiels- und Anwendungsfällen unlauteren Verhaltens entspricht und zudem den anständigen Gepflogenheiten in Gewerbe und Handel zuwiderläuft. Diese Voraussetzungen sind hier erfüllt. Die IHK hat nämlich gegen die sich aus ihrer Doppelstellung als Prüfungsbehörde und erwerbswirtschaftlicher Anbieterin von Prüfungsvorbereitungskursen ergebende Verpflichtung verstoßen, ihre amtliche Stellung nicht zur Förderung ihrer wirtschaftlichen Interessen zu missbrauchen. Aufgrund dieser ungeschriebenen Verpflichtung darf die IHK bei Anfragen nach Vorbereitungskursen für die bei ihr abzulegenden Prüfungen nicht alleine auf ihr eigenes Angebot hinweisen. Sie muss vielmehr auch über Angebote privater Mitbewerber informieren. Als Körperschaft des öffentlichen Rechts, die neben ihrer Prüfungstätigkeit im Rahmen der beruflichen Fort- und Weiterbildung Lehrgänge zur Vorbereitung auf die Prüfung zum Finanzbuchhalter anbietet, nimmt die IHK nämlich besonderes Vertrauen für sich in Anspruch. Interessenten an entsprechenden Vorbereitungskursen dürfen sich daher darauf verlassen, von der IHK zutreffende Auskünfte über sämtliche angebotene Veranstaltungen zu erhalten.

Ausführliche Nachweise zu sämtlichen § 4 UWG betreffenden Fragen finden sich insbesondere in der grundlegenden Kommentierung von Hefermehl/Köhler/Bornkamm, Wettbewerbsrecht.

2. Einzelheiten zum Beispielskatalog

Zwar enthält § 4 UWG keine abschließende Auflistung aller denkbaren Fälle unlauterer geschäftlicher Handlungen, wohl aber eine Aufzählung der in der Praxis regelmäßig besonders bedeutsamen Tatbestände. Diese werden nachfolgend näher erläutert.

2.1. Unangemessener unsachlicher Einfluss

Nach § 4 Nr. 1 UWG sind insbesondere solche geschäftlichen Handlungen unlauter, die geeignet sind, die Entscheidungsfreiheit der Verbraucher oder sonstiger Marktteilnehmer durch Ausübung von Druck, in menschenverachtender Weise oder durch sonstigen unangemessenen unsachlichen Einfluss zu beeinträchtigen.

§ 4 UWG

Beispiele unlauterer geschäftlicher Handlungen

Unlauter handelt insbesondere, wer

1. geschäftliche Handlungen vornimmt, die geeignet sind, die Entscheidungsfreiheit der Verbraucher oder sonstiger Marktteilnehmer durch Ausübung von Druck, in menschenverachtender Weise oder durch sonstigen unangemessenen unsachlichen Einfluss zu beeinträchtigen;

Tatbestandsmerkmale des § 4 Nr. 1 UWG

Dabei folgt schon aus der Formulierung des § 4 Nr. 1 UWG, der am Ende vom »sonstigen unangemessenen unsachlichen Einfluss« spricht, dass auch die Fälle der Ausübung von Druck oder der menschenverachtenden geschäftlichen Handlung als Unterfälle des unangemessenen unsachlichen Einflusses angesehen werden. § 4 Nr. 1 UWG setzt somit das Vorliegen zweier Tatbestandsmerkmale voraus, nämlich

- die Ausübung eines unangemessenen unsachlichen Einflusses, der
- zur Beeinträchtigung der Entscheidungsfreiheit von Verbrauchern oder sonstigen Marktteilnehmern geeignet ist.

2.1.1. Psychologischer Kaufzwang

Eine Form der Ausübung von unsachlichem Einfluss ist die Ausübung von Druck. Darunter kann sowohl physischer als auch psychischer Zwang verstanden werden. Allerdings spielt der Einsatz physischer Zwangsmittel in der Werbung keine praktische Rolle. Dagegen kommt insbesondere dem Einsatz psychischer Zwangsmittel zum Kundenfang eine große praktische Bedeutung zu.

Insbesondere die unter dem Schlagwort »psychologischer Kaufzwang« bekannt gewordene Methode der psychischen Einflussnahme auf die Kaufentscheidung des Kunden kann als Ausübung unangemessenen unsachlichen Einflusses unter die Regelung des § 4 Nr. 1 UWG fallen. Dabei ist die Ausübung psychologischen Kaufzwanges dann wettbewerbswidrig, wenn sie die Intensität eines Zwanges erreicht. Die bloße mehr oder weniger geschickte Einflussnahme auf die Psyche des Umworbenen reicht dagegen nicht aus.

Psychologischer Kaufzwang

***Beispiel 19** »Psychologischer Kaufzwang« (nach BGH NJW 1987, S. 908): Ein Kaffeegroßröster, der seinen Kaffee in Bäckereien in sog. »Frische-Depots« anbietet, veranstaltet ein Gewinnspiel. Wer teilnehmen will, muss sich einen auffälligen runden Aufkleber mit der Aufschrift »Alles frisch?« abholen und diesen Aufkleber gut erkennbar an seinem Kraftfahrzeug anbringen. Jeder Teilnehmer, der mit einem derartigen Aufkleber von Mitarbeitern des Kaffeerösters »ertappt« wird, gewinnt einen kleinen Überraschungspreis und nimmt zudem an einer Verlosung mit wertvollen Preisen teil. Wird dadurch die Entscheidungsfreiheit der Teilnehmer unangemessen unsachlich beeinflusst?*

Das Gewinnspiel stellt eine unlautere Wettbewerbshandlung i.S.d. § 3 UWG i.V.m. § 4 Nr. 1 UWG dar. Mit ihm übt der Kaffeegroßröster unangemessenen unsachlichen Einfluss in Form des psychologischen Kaufzwangs auf die Entscheidungsfreiheit der am Gewinnspiel Interessierten aus. Diesen ist es nämlich peinlich, in den Laden zu treten, um nur den Aufkleber mitzunehmen ohne etwas zu kaufen. Das gilt vor allem in kleineren Filialen, wo Kunden und Verkaufspersonal gut miteinander bekannt sind. Da aber zum Abholen des Aufklebers zwangsläufig ein Laden betreten werden muss, wird auf diese Weise auf die Kaufentscheidung des Kunden unangemessener unsachlicher Einfluss ausgeübt.

Heutzutage können die an entsprechenden Preisausschreiben Interessierten Teilnahmekarten, Aufkleber und ähnliches üblicherweise nicht nur in Geschäften bekommen, sondern auch direkt beim Veranstalter anfordern. Dies dürfte eine Konsequenz aus der Entscheidung des BGH sein, da auf diese Weise ein entsprechender psychologischer Kaufzwang vermieden werden kann. Zudem ist zu beachten, dass es jeweils eine Frage des Einzelfalles ist, ob beim mittelbaren Zwang zum Betreten eines Ladenlokales tatsächlich psychologischer Kaufzwang ausgeübt wird. Das für die Ausübung psychologischen Kaufzwanges entscheidende Hervorrufen eines peinlichen Gefühls des Kunden fehlt z.B. dann, wenn sich entsprechende Handlungen – wie z.B. das Einlösen eines Gutscheins für einen kostenlosen Hamburger – in der typischen anonymen Atmosphäre eines Fast-Food-Restaurants vollziehen.

Grenze des psychologischen Kaufzwangs

2.1.2. Koppelungsgeschäfte

Koppelungsgeschäfte im engeren Sinne

Auch durch Koppelungsgeschäfte kann ein nach § 4 Nr. 1 UWG unlauterer unangemessener unsachlicher Einfluss auf die Entscheidungsfreiheit der Verbraucher oder sonstiger Marktteilnehmer ausgeübt werden. Ein Koppelungsgeschäft im engeren Sinne liegt vor, wenn die Lieferung einer Ware von der gleichzeitigen Abnahme einer anderen Ware abhängig gemacht wird. Dabei unterschied die Rechtsprechung in der Vergangenheit zwischen verdeckter und offener Koppelung. Von einer offenen Koppelung sprach sie, wenn beim Angebot der verbundenen Waren zugleich deren jeweilige Einzelpreise genannt wurden. Eine verdeckte Koppelung lag vor, wenn für die verbundenen Waren nur ein Gesamtpreis angegeben wurde. Neben diese Koppelungsgeschäfte im engeren Sinne trat noch die Fallgruppe der Vorspannangebote. Bei

Vorspannangebote

diesen Angeboten wurde der Erwerb einer branchenfremden Ware, die in der Werbung als besonders preisgünstig herausgestellt wurde, vom Erwerb einer branchentypischen und zum Normalpreis angebotenen Hauptware abhängig gemacht. Entsprechenden Angeboten stand die Rechtsprechung äußerst kritisch gegenüber. Sie konnten je nach den Umständen des Einzelfalls wegen Irreführung, Ausübung von Kaufzwang oder Verstoß gegen die Zugabenverordnung wettbewerbswidrig sein.

Liberalisierung

Diese Rechtsprechung hat nach der Aufhebung der Zugabenverordnung ebenso ihre Berechtigung verloren wie die Unterscheidung zwischen offener Koppelung, verdeckter Koppelung und Vorspannangeboten. Es ist nunmehr grundsätzlich gestattet, verschiedene Angebote miteinander zu verbinden. Dies gilt auch dann, wenn ein Teil der auf diese Weise gekoppelten Ware oder Leistung ohne gesondertes Entgelt oder gegen ein äußerst geringes Entgelt abgegeben wird. Allerdings unterliegen gekoppelte Angebote, ohne dass es auf die Art der Koppelung ankommt, nunmehr einer einheitlichen Missbrauchskontrolle.

Missbrauchskontrolle

Anlockwirkung

Darüber hinaus kann eine Koppelung unter dem Aspekt des § 4 Nr. 1 UWG dann unlauter sein, wenn von ihr eine so starke Anlockwirkung ausgeht, dass auch bei einem verständigen Verbraucher die Rationalität der Nachfrageentscheidung vollständig in den Hintergrund tritt. Dies ist z.B. dann der Fall, wenn eine aus sozialpolitischen Gründen unverzichtbare Leistung so mit einer anderen Leistung gekoppelt wird, dass beide nur gemeinsam abgenommen werden können. In diesem Fall wird nämlich durch die Koppelung der unverzichtbaren Leistung mit der verzichtbaren Leistung unangemessener unsachlicher Einfluss auf die Entscheidungsfreiheit über den Erwerb der nichtverzichtbaren Leistung ausgeübt.

Beispiel 20 »Gruppenversicherungsvertrag« (nach BGH NJW 1991, S. 287 ff.): Eine große DGB-Einzelgewerkschaft hat einen Gruppenversicherungsvertrag abgeschlossen. Danach ist jedes Gewerkschaftsmitglied automatisch bei einer bestimmten Versicherungsgesellschaft rechtsschutzversichert. Die Kosten der Versicherung sind im Beitrag der Einzelgewerkschaft enthalten. Bestehen gegen diese Koppelung von Gewerkschaftsmitgliedschaft und Rechtsschutzversicherung aus § 4 Nr. 1 UWG herzuleitende Bedenken?

Gewerkschaften repräsentieren die Interessen der Arbeitnehmer in vielfältiger Hinsicht. Diese stehen daher im vorliegenden Fall der Koppelung von Gewerkschaftsmitgliedschaft und Rechtsschutzversicherung vor der Alternative, entweder auf die Mitgliedschaft in der Gewerkschaft und den damit verbundenen beruflichen und sozialen Vorteilen zu verzichten oder den Versicherungsschutz in Kauf zu nehmen. Dadurch wird auf die Arbeitnehmer in § 4 Nr. 1 UWG unterfallender unlauterer Weise Einfluss ausgeübt, Versicherte bei dem Partner der Gewerkschaft zu werden.

2.1.3. Appelle an Mitleid u.ä.

Appelle an Mitleid, Gefühle, soziale Hilfsbereitschaft und dergleichen können ebenfalls eine unzulässige Druckausübung darstellen. Entsprechende Appelle wirken sich regelmäßig umsatzfördernd aus, weil der Kunde das Gefühl hat, mit seiner Kaufentscheidung etwas Gutes zu tun. Lange Zeit wurde daher die Auffassung vertreten, es sei wegen der – jetzt in § 4 Nr. 1 UWG geregelten – unangemessenen unsachlichen Einflussnahme auf die Kaufentscheidung der Kunden unlauter, zielbewusst und planmäßig bei den Umworbenen Mitleid zu erregen, um im eigenen wirtschaftlichen Interesse die soziale Hilfsbereitschaft und nicht etwa die eigene Leistung als entscheidendes Kaufmotiv auszunutzen. Dies sollte immer dann gelten, wenn zwischen der angebotenen Ware und den angesprochenen Gefühlen kein sachlicher Zusammenhang bestand. Mittlerweile hat sich jedoch eine liberalere Auffassung durchgesetzt. Danach darf grundsätzlich auch mit dem zum Erscheinungsbild eines Unternehmens gehörenden sozialen Engagement geworben werden. Dies gilt selbst für den Fall, dass das entsprechende Engagement an konkrete Verkäufe geknüpft wird. Maßgeblich hierfür ist die Überlegung, dass ein Unternehmen nur spenden kann, was es zuvor eingenommen hat.

Gundsätzliche Zulässigkeit gefühlsbetonter Werbung

Unlauter sind Appelle an Mitleid, Gefühle, soziale Hilfsbereitschaft und andere Fälle gefühlsbetonter Werbung somit nur dann, wenn dadurch der Leistungswettbewerb konkret gefährdet wird. Dies kann z.B. der Fall sein, wenn die Verknüpfung zwischen Warenabsatz und sozia-

Fälle unzulässiger gefühlsbetonter Werbung

lem Engagement so drängend ist, dass sie den Kunden für Konkurrenz-
angebote gewissermaßen blind macht oder wenn der Kunde über das
soziale Engagement irregeführt wird.

Beispiel 21 *»Krombacher Regenwaldprojekt« (nach BGH GRUR 2007,
S. 247 f): Die Krombacher Brauerei wirbt in Anzeigen für ein Regenwaldprojekt. Danach soll »mit jedem gekauften Kasten Krombacher 1
qm Regenwald in Dzanga Sangha nachhaltig geschützt« werden.
Zugleich wird darauf hingewiesen, dass dieser Schutz durch den WWF
Deutschland sichergestellt wird. Am Ende der Anzeige findet sich unter
der Überschrift »Weitere Teilnahme- und Bekennermöglichkeiten« ein
Hinweis auf das einschlägige Spendenkonto des WWF Deutschland. Ist
diese Werbung der Krombacher Brauerei nach § 4 Nr. 1 UWG unlauter?*

*Die Verknüpfung der Spendenbereitschaft der Krombacher Brauerei
mit dem Warenabsatz ist entgegen einer früher vertretenen Auffassung
grundsätzlich nicht unlauter. Insbesondere wird durch diese Verknüpfung kein i.S.d. § 4 Nr. 1 UWG unlauterer unangemessener unsachlicher Einfluss auf die Kaufentscheidungsfreiheit potentieller Kunden
ausgeübt. Dies folgt aus dem Umstand, dass ein Unternehmen mit dem
zu seinem Bild gehörenden sozialen Engagement auch werben darf.
Vor dem Hintergrund dieser Überlegung kann die Unlauterkeit einer
an Mitleid, Gefühle, soziale Hilfsbereitschaft und dergleichen appellie-
renden Werbung nur ausnahmsweise bejaht werden.*

*Unlauter ist eine an das soziale Engagement appellierende Werbung
ausnahmsweise dann, wenn die Verknüpfung des Warenabsatzes mit
der Höhe der Spende so zwingend ist, dass sie die freie Entscheidung
des Kunden zu beeinflussen vermag. Davon kann hier schon deshalb
nicht ausgegangen werden, weil zwischen der Werbemaßnahme und
dem Kauf soviel Zeit liegt, dass sich andere Anbieter wieder mit ihrem
Angebot dazwischen schieben können. Gelingt ihnen dieses nicht und
kauft der Kunde wegen des versprochenen Regenwaldschutzes Krombacher Bier, so ist dies von den Mitbewerbern schon deshalb hinzunehmen, weil auch diese auf emotionalen Gründen beruhende Kaufentscheidung Ausdruck der Entscheidungsfreiheit des Kunden ist. Darüber hinaus ist m.E. eine Beeinflussung der freien Entscheidung des
Kunden auch deshalb zu verneinen, weil den potentiellen Kunden die
Möglichkeit verbleibt, ihrem sozialen Engagement durch eine Direkt-
spende zu Gunsten des WWF nachzukommen und dennoch eine andere
Biermarke zu kaufen.*

2.1.4. Menschenverachtende Werbung

Unter menschenverachtender Werbung ist eine Werbung zu verstehen, die die Menschenwürde i.S.d. Art. 1 Abs. 1 GG verletzt. Gedacht werden kann dabei z.B. an die Werbung eines Kondomherstellers, in dem hochgradig genervte Eltern gezeigt werden, die unter ihren laut schreienden, wild herumtollenden Kindern leiden, begleitet von dem (sinngemäßen) Satz:»Hätten sie rechtzeitig gehandelt, wäre ihnen das erspart geblieben.« Alleine deshalb, weil eine Werbemaßnahme Elend oder Krankheit als Mittel der Werbung verwendet, ist sie allerdings noch nicht menschenverachtend. Hierzu muss ein weiteres Element, wie Mangel an Respekt, Verhöhnung, Herbsetzung oder Erniedrigung hinzukommen.

Voraussetzungen menschenverachtender Werbung

Beispiel 22 *»Benetton-Werbung II« (nach BVerfG GRUR 2003, S. 442 ff.):Eine Werbeanzeige der Firma Benetton zeigt einen Ausschnitt eines nackten menschlichen Gesäßes, auf das die Worte »H.I.V. Positive« aufgestempelt sind. Rechts darunter am Bildrand stehen in kleinerer, weißer Schrift auf grünem Grund die Worte »United Colors of Benetton«. Handelt es sich dabei um eine § 4 Nr. 1 UWG unterfallende, die Menschenwürde H.I.V.-Infizierter verletzende Werbung?*

Nach Auffassung des BVerfG enthält die fragliche Werbung keine (jetzt) § 4 Nr. 1 UWG unterfallende Verletzung der Menschenwürde H.I.V.-Infizierter. Vielmehr benennt die Anzeige das Elend der Aidskranken und überlässt dem Betrachter die Interpretation. In eine Botschaft, die den gebotenen Respekt vermissen lässt, indem sie etwa die Betroffenen verspottet, verhöhnt oder erniedrigt oder das dargestellte Leid verharmlost, befürwortet oder in einen lächerlichen oder makabren Kontext stellt, wird die Anzeige durch den Werbezweck nicht verwandelt. Allein der Umstand, dass das werbende Unternehmen von der durch die Darstellung erregten öffentlichen Aufmerksamkeit auch selbst zu profitieren versucht, rechtfertigt den schweren Vorwurf einer Menschenwürdeverletzung nicht.

2.1.5. Weitere Einzelfälle

Zum sonstigen unangemessenen unsachlichen Einfluss werden verschiedene Fallgruppen gezählt. Hierzu gehören insbesondere die Überrumpelung, das übertriebene Anlocken und die Belästigung.

Unter dem Gesichtspunkt der Überrumpelung kann es gerechtfertigt sein, geschäftliche Hausbesuche aus Anlass eines Trauerfalles oder geschäftliche Besuche am Krankenbett lauterkeitsrechtlich nach §§ 3 Abs. 1, 4 Nr. 1 UWG zu untersagen.

Überrumpelung

Übertriebenes Anlocken

Von einem übertriebenen Anlocken spricht man in den Fällen, in denen der Werbende seinen Kunden übermäßige oder übertriebene Vorteile für den Fall eines Vertragsabschlusses in Aussicht stellt, so dass dadurch die Rationalität der Nachfrageentscheidung des Kunden völlig in den Hintergrund tritt. Entsprechende Fälle werden unter dem liberalisierten UWG nach Aufhebung von ZugabeVO und RabattG aber nur noch sehr selten vorkommen, da ein Anlocken des Kunden durch Werbemaßnahmen grundsätzlich erlaubt ist.

Belästigung

Fälle der Belästigung können zwar unter § 4 Nr. 1 UWG fallen, werden allerdings in erster Linie durch § 7 UWG erfasst.

2.1.6. Eignung zur Beeinträchtigung der Entscheidungsfreiheit

Keine Tatbestandsmäßigkeit abstoßender Werbung

Nach § 4 Nr. 1 UWG muss der unangemessene unsachliche Einfluss zudem zur Beeinträchtigung der Entscheidungsfreiheit der Marktteilnehmer geeignet sein. Dazu genügt eine bei objektiver Betrachtung bestehende Gefahr der Beeinträchtigung. Aus dem Wort Beeinträchtigung ist weiter zu schließen, dass die Entscheidungsfreiheit nicht gänzlich ausgeschaltet sein muss, sondern dass eine irgendwie geartete negative Einflussnahme auf die Entscheidungsfreiheit ausreicht.

Sofern z.B. eine menschenverachtende Werbung Kunden nicht anlockt, sondern abstößt, wäre eine Eignung zur Beeinträchtigung der Entscheidungsfreiheit und damit das Vorliegen der Voraussetzungen des § 4 Nr. 1 UWG trotz des Vorliegens einer menschenverachtenden Werbung zu verneinen.

Überblick: »Unangemessener unsachlicher Einfluss«

1. Ausübung unangemessenen unsachlichen Einflusses.

- Ausübung von Druck
  Psychologischer Kaufzwang, Verkoppelung sozialpolitisch un-
  verzichtbarer Leistungen mit anderen Leistungen, nicht: Ge-
  fühlsbetonte Werbung

- Menschenverachtende Werbung
  Verletzung der Menschenwürde i.S.d. Art. 1 Abs. 1 GG

- Sonstiger unangemessener unsachlicher Einfluss
  Überrumpelung, übertriebenes Anlocken, Belästigung

2. Eignung zur Beeinträchtigung der Entscheidungsfreiheit der
Verbraucher oder sonstiger Marktteilnehmer

2.2. Ausnutzung

Nach § 4 Nr. 2 UWG stellt auch das Ausnutzen bestimmter die Entscheidungsfreiheit beeinträchtigender Situationen eine unlautere geschäftliche Handlung dar.

Beispiele unlauteren Wettbewerbs   § 4 UWG

Unlauter handelt insbesondere, wer

...

2. geschäftliche Handlungen vornimmt, die geeignet sind, geistige
   oder körperliche Gebrechen, das Alter, die geschäftliche Unerfahrenheit, die Leichtgläubigkeit, die Angst oder die Zwangslage von
   Verbrauchern auszunutzen;

Somit setzt die Anwendung des § 4 Nr. 2 UWG voraus,

- dass der betreffende Verbraucher sich in einer bestimmten, von   Tatbestandsmerkmale des
  § 4 Nr. 2 UWG aufgezählten, Ausnahmesituation befindet und   § 4 Nr. 2 UWG
- dass der Handelnde diese Ausnahmesituation ausnutzt.

Ohne das Vorliegen einer Ausnahmesituation kommt die Anwendung   Fehlen einer Ausnahme-
des § 4 Nr. 2 UWG somit nicht in Betracht. Dies ist insbesondere dann situation bei allgemeiner
von Bedeutung, wenn Kunden über gesetzliche Rechte getäuscht wer-   Unkenntnis
den. In derartigen Fällen wurde bis zur UWG-Reform von 2004 ein
Verstoß gegen den Grundgedanken des Leistungswettbewerbs bejaht,
weil der Vertrag nämlich unter Umständen nicht deshalb durchgeführt
wurde, weil der Unternehmer durch seine Leistung überzeugt hatte,

sondern weil er den geschäftlich unerfahrenen Kunden über seine Rechte getäuscht hatte. Dementsprechend konnten z.B. unterlassene Widerrufsbelehrungen nach § 312 BGB (Haustürgeschäfte) und § 495 BGB (Verbraucherdarlehensverträge) unlautere geschäftliche Handlungen darstellen.

Diese Rechtsprechung dürfte mittlerweile überholt sein, weil auch von durchschnittlich informierten, aufmerksamen und verständigen Durchschnittsverbrauchern keine genauen Kenntnisse bestimmter Rechtsvorschriften erwartet werden können. Der Unternehmer, der eine gesetzlich erforderliche Belehrung unterlässt, nutzt somit zwar ggf. seine eigenen überlegenen Rechtskenntnisse aus, nicht dagegen aber eine besondere rechtliche Unerfahrenheit seines Vertragspartners. Entsprechende Verhaltensweisen lassen sich daher heute allenfalls über § 4 Nr. 11 UWG oder § 5a UWG (Irreführung durch Unterlassen) erfassen.

Raum für die Anwendung der Vorschrift des § 4 Nr. 2 UWG unter dem Gesichtspunkt der Ausnutzung von Unerfahrenheit dürfte danach nur dann gegeben sein, wenn in der Werbung gezielt einzelne Verbrauchergruppen angesprochen werden, bei denen aus besonderen Gründen generell die Kenntnisse und Erfahrungen fehlen, die nach dem heutigen Verbraucherleitbild von einem Durchschnittsverbraucher erwartet werden dürfen. Darüber hinaus ist natürlich auch die Ausnutzung der weiteren in § 4 Nr. 2 UWG genannten Ausnahmesituationen von Verbrauchern, d.h. die Ausnutzung geistiger oder körperlicher Gebrechen, der Leichtgläubigkeit oder Angst sowie der Zwangslage von Verbrauchern, unlauter.

Ausnahmesituation bei bestimmten Verbrauchergruppen

Beispiel 23 »*Werbung für Klingeltöne*« *(nach BGH GRUR 2006, S. 776 ff.). B vertreibt u.a. Klingeltöne, Logos und SMS-Bilder, die sich die Kunden durch einen Anruf zum Preis von 1,86 Euro pro Minute über eine kostenpflichtige 0190-Service-Telefonnummer auf ihre Mobiltelefone laden können. Das Herunterladen dauert durchschnittlich 110 Sekunden, so dass Kosten in Höhe von 3,40 Euro entstehen. Für diese Klingeltöne wirbt B u.a. in der Jugendzeitschrift »BRAVO Girl« Ist diese Werbung i.S.d. § 4 Nr. 2 UWG unlauter?*

Nach § 4 Nr. 2 UWG sind Wettbewerbshandlungen unter anderem dann unlauter, wenn sie geeignet sind, die geschäftliche Unerfahrenheit bestimmter Verbrauchergruppen auszunutzen. Vorliegend richtet sich die Werbung zumindest auch gezielt an Kinder oder Jugendliche, da die Leserschaft der Zeitschrift »BRAVO Girl« zu mehr als 50 % aus Jugendlichen besteht. Diese Zielgruppe ist auf Grund ihrer geringen Lebenserfahrung in der Regel in wesentlich geringerem Umfang als ein Durchschnittsverbraucher in der Lage, die durch die Werbung angepriesene Leistung in Bezug auf Bedarf, Preiswürdigkeit und finan-

zielle Folgen zu bewerten und muss zudem auch erst noch lernen, mit dem Geld hauszuhalten. Im Hinblick darauf sind bei einer an Minderjährige gerichteten Werbung höhere Anforderungen an die Transparenz zu stellen. Kindern und Jugendlichen muss ausreichend deutlich gemacht werden, welche finanziellen Belastungen auf sie zukommen. Dem wird die Werbung in der Zeitschrift »BRAVO Girl« nicht gerecht. Für die Nutzer des Angebots des B ist auf Grund dieser Anzeige nicht übersehbar, welche Kosten auf sie zukommen, da ihnen die maßgebliche Dauer des Ladevorgangs unbekannt ist und dieser zudem von der Geschicklichkeit des Benutzers abhängt.

Aus diesen Gründen ist eine gezielt an Kinder und Jugendliche gerichtete Werbung für Handy-Klingeltöne, in der nur der Minutenpreis angegeben wird und nicht die voraussichtlich entstehenden höheren Kosten des gesamten Ladevorgangs, grundsätzlich geeignet, die geschäftliche Unerfahrenheit dieser Verbrauchergruppe auszunutzen und daher nach § 4 Nr. 2 UWG unlauter.

2.3. Transparenzgebot bei Werbung

Auch die Verschleierung einer Werbemaßnahme kann nach der ein so genanntes Transparenzgebot enthaltenen Regelung des § 4 Nr. 3 UWG eine unlautere geschäftliche Handlung darstellen. So wird ein Leser der Aussage »Der Sparsame« in einem Autotestbericht einer Automobilzeitung eine ganz andere Bedeutung und einen ganz anderen Wahrheitsgehalt beimessen als einer entsprechenden Werbeaussage des Automobilherstellers im Anzeigenteil derselben Zeitung. Daraus resultiert die Versuchung, Werbung als redaktionelle Beiträge zu tarnen oder deren Werbecharakter in sonstiger Weise zu verschleiern. Dies ist jedoch nach § 4 Nr. 3 UWG unlauter.

Verschleierung von Werbemaßnahmen

Beispiele unlauteren Wettbewerbs

§ 4 UWG

Unlauter handelt insbesondere, wer

...

3. den Werbecharakter von Wettbewerbshandlungen verschleiert;

Eine unlautere Verschleierung in diesem Sinne wird nach der Rechtsprechung nur durch eine klare Trennung von Werbung und redaktionellem Teil vermieden. Um dieser Anforderung gerecht zu werden, wird z.B. Zeitungs- oder Zeitschriftenwerbung, die wie ein Redaktionsbeitrag aufgemacht ist, üblicherweise mit einem Rahmen und dem Wort »Anzeige« versehen.

Trennung von Werbung und redaktionellem Teil

Erkaufte Beiträge

Werbung kann und wird aber nicht nur durch eine unzureichende Kennzeichnung von Anzeigen verschleiert. Viel häufiger sind die Fälle, in denen positive redaktionelle Beiträge mittelbar durch entsprechende Anzeigenaufträge erkauft werden. Derartige Verhaltensweisen erfüllen natürlich erst recht die Voraussetzungen des § 4 Nr. 3 UWG.

Weitere Methoden der Verschleierung

Der vorstehend entwickelte Gedanke zur Notwendigkeit, Werbung und redaktionellen Teil zur Vermeidung einer Irreführung des Kunden zu trennen, lässt sich zudem mühelos auch auf andere der Verschleierung des Werbecharakters einer geschäftlichen Handlung dienende Methoden übertragen.

Beispiel 24 »Tarnung der Werbung« (nach BGH NJW 1995, S. 3177 ff.): Die B-Film ist Herstellerin und Vertreiberin des Kinofilms »Feuer, Eis und Dynamit«. Dieser Spielfilm erzählt die Geschichte eines exzentrischen Millionärs, der sein in Schwierigkeiten geratenes Finanzimperium durch einen fingierten Selbstmord zu retten versucht. Alleinerbe soll derjenige sein, der in einem dreitägigen, verschiedene Wettbewerbe sportlicher Art umfassenden »Megathon« gewinnt. An diesem »Megathon« nehmen die Kinder des Millionärs und seine Gläubiger teil. Diese Gläubiger sind Markenartikelunternehmen. Sie sind ihrem Unternehmenszweck entsprechend ausgerüstet und/oder mit den Produkten und/oder Werbesymbolen der einzelnen Firmen in die Rahmenhandlung eingebaut. Produkte und Werbesymbole der Firmen, wie Skier, Fahrräder und Getränke, werden auch während des »Megathons« und im Verlauf der Rahmenhandlung benutzt. Dafür haben die im Film auftretenden Unternehmen 1/5 der Produktionskosten des Filmes bezahlt. Liegt darin eine nach § 4 Nr. 3 UWG unlautere geschäftliche Handlung?

Nach Auffassung des BGH stellt das Zeigen dieses Filmes ohne Hinweis darauf, dass er bezahlte Werbung enthält, einen Verstoß gegen das (jetzt) von § 3 Abs. 1 UWG i.V.m. § 4 Nr. 3 UWG erfasste Verbot der Verschleierung von Werbung dar. Werbung ist den Adressaten nämlich grundsätzlich als solche kenntlich zu machen, weil die auf Täuschung angelegte Verschleierung einer Werbemaßnahme regelmäßig eine Irreführung der (potentiellen) Kunden darstellt. Eine entsprechende Verschleierung und Täuschung liegt aber nur bei solchen Werbemaßnahmen vor, mit denen die Adressaten nicht rechnen. So kann es bei vernünftiger Betrachtungsweise regelmäßig nicht schon als eine verwerflich zu beurteilende Täuschung oder Beeinflussung angesehen werden, wenn in einem Spielfilm Requisiten eingesetzt werden, die dem Hersteller von einem Unternehmen für einen sinnvollen Einbau in die Spielhandlung gratis zur Verfügung gestellt werden. Mit entsprechenden Erscheinungen in einem kommerziellen Spielfilm kann und muss heute nämlich jeder rechnen. Diese Grenze wird jedoch da überschrit-

ten, wo, wie hier, über eine solche nicht unerwartete Verquickung von Hersteller- und Werbeinteressen hinaus Zahlungen oder andere geldwerte Leistungen von einigem Gewicht von Unternehmen dafür erbracht werden, dass diese selbst oder ihre Erzeugnisse in irgendeiner Weise in einem Spielfilm in Erscheinung treten dürfen. Dies erwartet das Publikum nämlich regelmäßig nicht.

Somit unterscheidet der BGH unter dem Gesichtspunkt der Irreführung danach, mit welchen Erscheinungsformen der Adressat einer Werbemaßnahme noch rechnen kann und muss und womit er nicht mehr rechnen kann und muss. Von einer unzulässigen Verschleierung der Werbung ist erst bei solchen Erscheinungsformen auszugehen, mit denen der Adressat der Werbemaßnahme nicht mehr rechnen kann und muss. Aus diesem Grund wird, wie dem vorstehenden Beispiel entnommen werden kann, beim sog. »product placement« die Grenze zur Unlauterkeit erst dann überschritten, wenn dieses sich nicht in der Bereitstellung des entsprechenden Produkts erschöpft sondern gegen zusätzliche Bezahlung erfolgt.

Beurteilungsmaßstab

2.4. Transparenzgebot bei Wertreklame

Geschäftliche Handlungen können auch dann unlauter sein, wenn sie über den tatsächlichen Wert eines Angebotes täuschen oder doch zumindest unzureichend informieren. Dabei gehört die Werbung mit dem Preis oder der Qualität eines Produktes oder einer Dienstleistung unter Einschluss der mit dem Produkt verbundenen Nebenleistungen wie Finanzierung, Service und Gewährleistung zunächst zum Leistungswettbewerb und ist daher grundsätzlich nicht wettbewerbswidrig. Dies gilt nach der Aufhebung von Zugabeverordnung und Rabattgesetz auch dann, wenn dem Kunden für den Fall des Erwerbs einer Ware oder der Inanspruchnahme einer Dienstleistung besondere Vergünstigungen, wie z.B. Preisnachlässe, Zugaben oder Geschenke versprochen werden. Allerdings kann der Kunde bei derartigen als Wertreklame bezeichneten Verkaufsförderungsmaßnahmen dadurch getäuscht werden, dass ihm die Voraussetzungen für die Inanspruchnahme der versprochenen Vergünstigung nicht hinreichend deutlich gemacht werden. Wegen der hohen Attraktivität der Werbung mit Preisnachlässen, Zugaben und Geschenken und der daraus resultierenden Missbrauchsgefahr für den Kunden hat der Gesetzgeber die Wettbewerbswidrigkeit entsprechender irreführender Verkaufsförderungsmaßnahmen ausdrücklich in § 4 Nr. 4 UWG geregelt.

Irreführung durch Täuschung über den Wert

Transparenzgebot

§ 4 UWG

Beispiele unlauteren Wettbewerbs

Unlauter handelt insbesondere, wer

...

4. bei Verkaufsförderungsmaßnahmen wie Preisnachlässen, Zugaben oder Geschenken die Bedingungen für ihre Inanspruchnahme nicht klar und eindeutig angibt;

Transparenzgebot bei Koppelung

Das Transparenzgebot des § 4 Nr. 4 UWG ist z.B. dann einschlägig, wenn bei einem so genannten Koppelungsangebot, d.h. der Verbindung zweier Waren zu einem gemeinsamen Angebot (näher dazu Abschnitt 2.1.2), die Bedingungen, unter denen die Vergünstigung gewährt wird, nicht hinreichend deutlich gemacht werden.

Beispiel 25 *»Koppelungsangebot II« (nach BGH NJW 2002, S. 3405 ff.): K vertreibt Fernseh-, Hifi- und Elektrogeräte und wirbt in einer Zeitungsanzeige für ein genauer bezeichnetes Fernsehgerät der Marke Grundig zum Preis von 1 €. Ein bei der blickfangmäßig herausgestellten Preisangabe angebrachter Stern verweist den Leser auf einen kleinen, senkrecht gestellten Kasten. Dort heißt es: »Preis gilt nur in Verbindung mit dem Abschluss eines »Power & More«-Stromvertrages mit einer Mindestlaufzeit von 24 Monaten«. Ein weiterer, waagerechter Kasten, auf den der Stern bei der Preisangabe nicht verweist, enthält nähere Angaben zum Anbieter, zur Laufzeit und zu den Preisen des Stromvertrages. Genügt diese Anzeige den Anforderungen des in § 4 Nr. 4 UWG geregelten Transparenzgebots?*

Diese Werbeanzeige verstößt in ihrer konkreten Ausgestaltung gegen das (jetzt) in § 4 Nr. 4 UWG geregelte Transparenzgebot, weil K die Bedingungen, unter denen er das Fernsehgerät als Zugabe gewährt, nicht hinreichend deutlich gemacht hat. Während nämlich der Preis für das Fernsehgerät blickfangmäßig in der größten Schrifttype gehalten ist, verweist der dort angebrachte Stern lediglich auf einen kleinen Kasten, dessen Inhalt als einziger Text der Anzeige nicht waagerecht, sonder senkrecht gesetzt ist, so dass der Leser die Anzeige drehen muss, um den Inhalt lesen zu können. Hinzu kommt, dass dieser Kasten keine näheren Angaben zu den Bedingungen des abzuschließenden Stromvertrages enthält. Diese finden sich lediglich in dem weiteren Kasten unter der Abbildung des Fernsehgerätes. Auf diesen Kasten verweist der Stern bei der Preisangabe jedoch nicht. Somit bleibt gerade für den aufmerksamen Betrachter, der mit Bedacht zur Kenntnis nimmt, dass es einen Kasten mit Sternchenverknüpfung (mit Angabe nur zu einer Mindestlaufzeit) und einen anderen Kasten ohne Sternchenverknüpfung (mit Angaben sowohl zur Mindestlaufzeit als auch zu bestimmten Preisbestandteilen) gibt, unklar, welche Preisbestandteile für denjenigen Stromlieferungsvertrag gelten sollen, der beim Erwerb eines Fernsehgerätes zum Preis von 1 € abzuschließen ist.

Eine generelle Pflicht, stets den Wert der Einzelkomponenten des Koppelungsangebotes anzugeben, folgt weder aus dem in § 4 Nr. 4 UWG geregelten Transparenzgebot noch aus dem in § 5 UWG normierten Irreführungsverbot. Eine derartige Verpflichtung ist nur dann anzunehmen, wenn ansonsten die Gefahr besteht, dass die Verbraucher oder sonstigen Marktteilnehmer über den Wert des tatsächlichen Angebotes, namentlich über den Wert der angebotenen Zusatzleistung, getäuscht oder sonst unzureichend informiert werden. Dies war in Beispiel 25 schon deshalb nicht der Fall, weil die Kunden den Wert des als Zugabe angebotenen Fernsehgerätes durch Erkundigungen bei anderen Anbietern in Erfahrung bringen konnten.

Keine generelle Pflicht zur Einzelpreisangabe

2.5. Transparenzgebot bei Preisausschreiben u.ä.

Eine dem Transparenzgebot des § 4 Nr. 4 UWG entsprechende Regelung bei Preisausschreiben und Gewinnspielen enthält § 4 Nr. 5 UWG.

Preisausschreiben und Gewinnspiele

Beispiele unlauteren Wettbewerbs

§ 4 UWG

Unlauter handelt insbesondere, wer

...

5. bei Preisausschreiben oder Gewinnspielen mit Werbecharakter die Teilnahmebedingungen nicht klar und eindeutig angibt;

Dabei ist zu beachten, dass die Koppelung der Teilnahme an einem Gewinnspiel oder Preisausschreiben an den Erwerb einer Ware oder an die Inanspruchnahme einer Dienstleistung von § 4 Nr. 6 UWG erfasst wird. Der Regelung des § 4 Nr. 5 UWG unterfallen in der Praxis somit vor allem so genannte sweepstakes, bei denen der Eindruck erweckt wird, die Zusendung eines Loses bedeute bereits einen Gewinn.

Sweepstake

Beispiel 26 »Sweepstake« (nach BGH GRUR 1974, S. 729 ff.): B betreibt einen Versandhandel. Auf der Titelseite seines Kataloges wirbt er mit den Schlagzeilen »Sie haben schon gewonnen«, »Sie haben Glück«, »Sweepstake – Gewinne für Millionen DM« und der Ankündigung der durch Illustrationen erläuterten (insgesamt) 221 ersten bis fünften Preise mit von 2.000 DM bis 10.000 DM reichenden Wertangaben. Tatsächlich gibt es bei Einsendung des zugleich als Bestellkarte ausgestalteten Anforderungsschreibens als »Auf-jeden-Fall-Gewinn« nur eine wertlose Schmuck-Brosche zu gewinnen. Darauf weist B in seinem Katalog jedoch nur an versteckter Stelle hin. Verstößt dies gegen § 4 Nr. 5 UWG?

Dieses Gewinnspiel verstößt (nunmehr) gegen § 4 Nr. 5 UWG, da auch ein verständiger Katalogempfänger angesichts der Schlagzeilen und der Herausstellung der wertvollen Preise zwar nicht einen Hauptgewinn, wohl aber einen Preis erwartet, der wertmäßig zu den blickfangmäßig herausgestellten Hauptpreisen in einer gewissen Relation steht.

2.6. Verkoppelung bei Preisausschreiben u.ä.

Koppelung Ware / Dienstleistung mit Gewinnspiel / Preisausschreiben

Eine besondere gesetzliche Regelung hat zudem die Verkoppelung des Warenabsatzes oder der Inanspruchnahme einer Dienstleistung mit der Teilnahmemöglichkeit an einem Gewinnspiel oder an einem Preisausschreiben erfahren. Diese ist nach § 4 Nr. 6 UWG unlauter.

§ 4 UWG

Beispiele unlauteren Wettbewerbs

Unlauter handelt insbesondere, wer

...

6. die Teilnahme von Verbrauchern an einem Preisausschreiben oder Gewinnspiel von dem Erwerb einer Ware oder der Inanspruchnahme einer Dienstleistung abhängig macht, es sei denn, das Preisausschreiben oder Gewinnspiel ist naturgemäß mit der Ware oder der Dienstleistung verbunden;

Ausnutzung der Spiellust

Dabei folgt die in § 4 Nr. 6 UWG geregelte Unlauterkeit nach der Vorstellung des deutschen Gesetzgebers aus dem Umstand, dass die Verkoppelung der Teilnahmemöglichkeit an einem Preisausschreiben oder Gewinnspiel mit dem Erwerb einer Ware oder der Inanspruchnahme einer Dienstleistung darauf abzielt, die Spiellust des Verbrauchers auszunutzen und so dessen Urteil über die Leistungsgerechtigkeit der angebotenen Ware oder Dienstleistung zu trüben.

Mehrwertdienste

Eine im Sinne des § 4 Nr. 6 UWG einschlägige Verkoppelung ist im Übrigen auch dann gegeben, wenn der Verbraucher zur Teilnahme an einem Preisausschreiben oder Gewinnspiel eine so genannte Mehrwertdienstenummer anrufen muss, deren Kosten die üblichen Übermittlungskosten übersteigen. Auch in diesen Fällen ist nämlich für die Teilnahme an dem Gewinnspiel die entgeltliche Inanspruchnahme einer Dienstleistung, nämlich des Mehrwertdienstes, erforderlich. Diese Inanspruchnahme erfolgt durch Zahlung des über den Basistarif für die Übermittlung hinausgehenden Entgeltes des Mehrwertdienstes.

Beispiel 27 *»Rubbel-Gewinnspiel« (nach LG München NJW 2003, S. 3066 ff): Ein Fast-Food-Restaurant führt ein »Rubbel-Gewinnspiel« durch, das sich vorwiegend an jugendliche Kunden richtet. Ausgelobt sind wertvolle Sachpreise. Für das Spiel sind so genannte Rubbel-Karten erforderlich, auf denen sich drei freizurubbelnde Felder befinden. Die zur Teilnahme am Gewinnspiel erforderlichen Rubbelkarten erhält man, wenn man in den Filialen des Restaurants bestimmte Produkte kauft. Alternativ können die Rubbelkarten über eine Telefon-Hotline, deren Kosten 0,49 € pro Minute betragen, angefordert werden. Liegt darin eine nach § 4 Nr. 6 UWG unlautere geschäftliche Handlung?*

Das Gewinnspiel stellt eine unlautere geschäftliche Handlung i.S.d. § 4 Nr. 6 UWG dar, da der Erwerb von Rubbelkarten und somit die Teilnahmemöglichkeit am Gewinnspiel in erster Linie vom Erwerb der Produkte des Fast-Food-Restaurants abhängig ist. Daran vermag auch die alternativ angebotene Möglichkeit, die Rubbelkarten über eine Hotline zu bestellen, nichts zu ändern. Diese Möglichkeit stellt nämlich aufgrund des in vielen Fällen über den Basistarif für die Telefonverbindung hinausgehenden Entgeltes ihrerseits ebenfalls eine nach § 4 Nr. 6 UWG unlautere geschäftliche Handlung dar.

Vom Beispielstatbestand des § 4 Nr. 6 UWG werden zudem schon nach dem Wortlaut der Vorschrift diejenigen Fälle nicht erfasst, in denen das Gewinnspiel oder Preisausschreiben naturgemäß mit der Ware oder Dienstleistung verbunden ist. Eine derartige Verbindung liegt vor, wenn man ein Gewinnspiel oder ein Preisausschreiben gar nicht veranstalten kann, ohne dass der Kauf der Ware oder die Inanspruchnahme der Dienstleistung erforderlich ist. Dies ist z.B. bei einem in einer Zeitschrift abgedruckten Preisrätsel der Fall. Hier kann allenfalls in Einzelfällen, etwa bei unangemessen hohen Gewinnen, ein unlauterer Kundenfang durch Verlockung bejaht werden.

Grenzen des § 4 Nr. 6 UWG

Darüber hinaus hat der EuGH mit Urteil vom 14.01.2010 entschieden, dass der weite Wortlaut des § 4 Nr. 6 UWG gegen die Richtlinie 2005/29/EG über unlautere Geschäftspraktiken von Unternehmen gegenüber Verbrauchern im Binnenmarkt verstößt, weil nach § 4 Nr. 6 UWG Geschäftspraktiken, bei denen die Teilnahme von Verbrauchern an einem Preisausschreiben oder Gewinnspiel vom Erwerb einer Ware oder von der Inanspruchnahme einer Dienstleistung abhängig gemacht wird, ohne Berücksichtigung der besonderen Umstände des Einzelfalls grundsätzlich unzulässig sind. Aus dieser Entscheidung des EuGH wird allgemein der Schluss gezogen, dass § 4 Nr. 6 UWG restriktiv auszulegen und nur auf Fälle anzuwenden ist, bei denen tatsächlich die Gefahr besteht, dass der Verbraucher die Ware hauptsächlich deshalb erwirbt oder die Dienstleistung hauptsächlich deshalb in Anspruch nimmt, um an dem Gewinnspiel teilnehmen zu können.

Beispiel 28 »*Millionen-Chance*« *(in Anlehnung an BGH GRUR 2008, S. 807 ff.): B, die in Deutschland etwa 2700 Filialen unterhält, warb in der Zeit vom 16.9. bis 13.11.2004 unter dem Hinweis »Einkaufen, Punkte sammeln, gratis Lotto spielen« für die Teilnahme an der Bonusaktion »Ihre Millionenchance«. Kunden der B konnten im genannten Zeitraum »Bonuspunkte« sammeln; sie erhielten bei jedem Einkauf für 5 € Einkaufswert je einen Bonuspunkt. Ab 20 Bonuspunkten bestand für die Kunden die Möglichkeit, kostenlos an den Ziehungen des Deutschen Lottoblocks am 6. oder 27.11.2004 teilzunehmen. Hierzu mussten die Kunden auf einer in den Filialen der B erhältlichen Teilnahmekarte unter anderem die durch den Einkauf erworbenen Bonuspunkte aufkleben und sechs Lottozahlen nach ihrer Wahl ankreuzen. B ließ die Teilnahmekarten in ihren Filialen einsammeln und leitete sie an ein Drittunternehmen weiter, das dafür sorgte, dass die entsprechenden Kunden mit den jeweils ausgewählten Zahlen an der Ziehung der Lottozahlen teilnahmen. Handelt es sich bei dieser Aktion der B um eine nach § 4 Nr. 6 UWG unlautere geschäftliche Handlung?*

Nach dem Wortlaut des § 4 Nr. 6 UWG liegt eine unlautere geschäftliche Handlung vor. Da die Regelung des § 4 Nr. 6 UWG jedoch über den von der Richtlinie 2005/29/EG gesetzten Maximalschutz hinausgeht, ist die Bestimmung des § 4 Nr. 6 UWG in der Weise auszulegen, dass – entgegen dem mit dieser Bestimmung verfolgten gesetzgeberischen Ziel – allein die Kopplung eines Preisausschreibens oder eines Gewinnspiels mit dem Erwerb einer Ware oder mit der Inanspruchnahme einer Leistung nicht ausreicht, um die Unlauterkeit im Regelfall zu begründen. Somit ist die Annahme einer unlauteren geschäftlichen Handlung nach § 4 Nr. 6 UWG nur dann gerechtfertigt, wenn sie, etwa weil sie sich an leicht zu beeinflussende Kinder und Jugendliche richtet, zu einer konkreten Gefährdung der Interessen der betroffenen Verbraucher führt. Eine solche konkrete Gefährdung ist im vorliegenden Fall nicht zu erkennen. Daher wird die Aktion des B nicht von der Regelung des § 4 Nr. 6 UWG erfasst.

2.7. Meinungsäußerungen über Mitbewerber

Meinungsäußerungen sind nach § 4 Nr. 7 UWG dann unlauter, wenn durch sie die Geschäftsehre verletzt wird.

Beispiele unlauteren Wettbewerbs § 4 UWG

Unlauter handelt insbesondere, wer

...

7. die Kennzeichen, Waren, Dienstleistungen, Tätigkeiten oder persönlichen oder geschäftlichen Verhältnisse eines Mitbewerbers herabsetzt oder verunglimpft;

Erfasst werden damit in Abgrenzung zu § 4 Nr. 8 UWG, der die Verbreitung nicht erweislich wahrer Tatsachen betrifft, herabsetzende oder verunglimpfende Meinungsäußerungen und die Verbreitung entsprechender wahrer Tatsachen über Mitbewerber.

Abgrenzung zu § 4 Nr. 8 UWG

Bei Prüfung der tatbestandlichen Voraussetzungen des § 4 Nr. 7 UWG ist zu beachten, dass auch im geschäftlichen Verkehr getätigte Meinungsäußerungen durch Art. 5 Abs. 1 GG geschützt werden. Von § 4 Nr. 7 UWG werden daher in der Praxis lediglich die Fälle der nicht durch Art. 5 Abs. 1 GG geschützten so genannten Schmähkritik erfasst, z.B. die pauschale und ohne erkennbaren sachlichen Bezug erfolgte Äußerung, die von einem Mitbewerber herausgegebene Zeitung tauge nur als Toilettenpapier.

Meinungsfreiheit und Schmähkritik

Beispiel 29 »*Orgelndes Auto*« (nach OLG Hamburg GRUR-RR 2003, S. 249 ff): Die BKK Mobil Oil warb im Juli 2002 in einem bayerischen Rundfunksender wie folgt: »Manche Krankenkassen hören sich so an: (Geräusch: »Nicht anspringendes Auto«) oder so: (Geräusch: »Orgelndes Auto«) aber nur eine so: (Geräusch: »Formel 1-Auto«) BKK Mobil Oil – die einzige offene Krankenkasse mit voller Leistung. Nur 11 % Beitrag. Jetzt online beitreten: www.bkk-mobil-oil.de.« Ist diese Werbung nach § 4 Nr. 7 UWG unlauter?*

Eine die Voraussetzungen des § 4 Nr. 7 UWG erfüllende Schmähkritik durch die pauschale Herabsetzung von Mitbewerbern liegt hier nicht vor. Davon kann nur dann ausgegangen werden, wenn zu den mit jedem Werbevergleich verbundenen negativen Wirkungen für die Konkurrenz noch weitere, besondere Umstände hinzukommen, die den Vergleich in unangemessener Weise abfällig, abwertend oder unsachlich erscheinen lassen. Solche Umstände sind hier nicht ersichtlich. Der durchschnittlich informierte und verständige Verbraucher sieht in dem Werbespot eine humorvolle Herausstellung der eigenen Leistung der BKK Mobil Oil, mit der die Aufmerksamkeit des Werbeadressaten geweckt werden soll, und keine Herabsetzung oder Verunglimpfung von Mitbewerbern. Hinzu kommt, dass der Spot nur von »manchen Krankenkassen« spricht, die nicht näher genannt werden. Auch aus diesem Grund liegt keine pauschale Herabsetzung aller Mitbewerber oder einzelner bestimmter Mitbewerber vor.

2.8. Tatsachenbehauptungen über Mitbewerber

Betriebs- oder kreditschädigende Tatsachenbehauptungen sind dann nach § 4 Nr. 8 UWG unlauter, wenn sie nicht erweislich wahr sind.

§ 4 UWG

Beispiele unlauteren Wettbewerbs

Unlauter im Sinne von § 3 handelt insbesondere, wer

...

8. über die Waren, Dienstleistungen oder das Unternehmen eines Mitbewerbers oder über den Unternehmer oder ein Mitglied der Unternehmensleitung Tatsachen behauptet oder verbreitet, die geeignet sind, den Betrieb des Unternehmens oder den Kredit des Unternehmers zu schädigen, sofern die Tatsachen nicht erweislich wahr sind; ...

Unwahre Tatsachenbehauptung und Beweispflicht

Durch § 4 Nr. 8 UWG werden also nur unwahre Tatsachenbehauptungen erfasst. Dabei bringt das Gesetz mit der Formulierung »sofern die Tatsache nicht erweislich wahr ist« zum Ausdruck, dass derjenige, der die betriebs- oder kreditschädigende Äußerung aufstellt, das Risiko des Wahrheitsbeweises für diese Äußerung trägt. Dieses Beispiel unlauteren Wettbewerbs erfasst z.B. die gegenüber einem Kunden gemachte nicht beweisbare Behauptung eines Bauunternehmers, ein Mitbewerber betrüge seine Kunden regelmäßig beim Aufmaß.

2.9. Wettbewerbsrechtlicher Leistungsschutz

In erster Linie obliegt der Schutz technischer und geistiger Leistungen nicht dem UWG, sondern den Gesetzen des gewerblichen Rechtsschutzes und des Urheberrechts. Besonders wichtig sind dabei die in folgender Übersicht dargestellten Gesetze.

Vorrang des gewerblichen Rechtsschutzes und des Urheberrechts

Gesetzlicher Schutz gewerblicher und geistiger Leistungen	
Gesetz	**Geschützte Leistung**
PatG	Erfindung, § 1 PatG
GebrMG	Erfindung, § 1 GebrMG
GeschmMG	Ästhetische Leistung, § 2 GeschmMG
MarkenG	Unternehmensleistung, § 1 MarkenG
UrhG	Werk, §§ 1, 2 UrhG

Der Schutz gewerblicher und geistiger Leistungen nach den in der vorstehenden Übersicht dargestellten Gesetzen unterliegt sachlichen und zeitlichen Grenzen. Damit ein entsprechendes Schutzrecht entsteht, müssen zunächst bestimmte sachliche Voraussetzungen erfüllt sein. Der durch die Gesetze gewährte Schutz wird zudem nicht unbeschränkt, sondern nur für eine bestimmte Zeit gewährt. Sind die Voraussetzungen für die Entstehung eines Schutzrechts danach nicht erfüllt oder ist dieses erloschen, soll jedermann fremde Leistungen ohne weiteres im Wettbewerb verwenden dürfen. Die Regelung des § 4 Nr. 9 UWG darf nämlich nicht dazu missbraucht werden, die zeitliche Dauer bestimmter Schutzrechte zu erweitern oder neben diesen Schutzrechten neue Schutzrechte zu begründen.

Gründe für den Vorrang

Beispiele unlauteren Wettbewerbs § 4 UWG

Unlauter handelt insbesondere, wer

...

9. Waren oder Dienstleistungen anbietet, die eine Nachahmung der Waren oder Dienstleistungen eines Mitbewerbers sind, wenn er
   a) eine vermeidbare Täuschung der Abnehmer über die betriebliche Herkunft herbeiführt,
   b) die Wertschätzung der nachgeahmten Ware oder Dienstleistung unangemessen ausnutzt oder beeinträchtigt oder

c) die für die Nachahmung erforderlichen Kenntnisse oder Unterlagen unredlich erlangt hat;

Unlauterkeit nach § 4 Nr. 9 UWG nur bei zusätzlichen Aspekten

Die Anwendung des § 4 Nr. 9 UWG kommt deshalb nur dann in Betracht, wenn jemand eine an sich freie oder wegen Ablauf der Schutzfrist frei gewordene fremde Leistung in einer Weise ausnutzt, die durch zusätzliche Umstände ihrerseits gegen die guten Sitten verstößt. Typische, nunmehr in § 4 Nr. 9 UWG normierte, Fälle für besondere Umstände sind

- die in § 4 Nr. 9 Buchstabe a) UWG geregelte Gefahr einer vermeidbaren Herkunftsverwechslung, die insbesondere auch bei der sog. »sklavischen«, d. h. detailgetreuen, Nachahmung eintreten kann,

- die § 4 Nr. 9 Buchstabe b) UWG geregelte Rufausbeutung und Rufausnutzung sowie

- die in § 4 Nr. 9 Buchstabe c) UWG geregelte unredliche Kenntnis- und Unterlagenerlangung.

Beispiel 30 *»Rolex von Tchibo« (nach BGH NJW 1986, S. 381 ff.): Tchibo vertreibt unter Bezeichnung »Royal-Calendar« billige Damen- und Herrenarmbanduhren. Diese Uhren sehen bestimmten wesentlich teureren Rolex-Modellen zum Verwechseln ähnlich. Der Schutz nach dem GeschmMG für diese Rolex-Uhren ist abgelaufen. Ist das Verhalten von Tchibo nach (jetzt) § 4 Nr. 9 UWG unlauter?*

Ein Verstoß gegen § 4 Nr. 9 UWG kommt hier zunächst unter dem in Buchstaben a) geregelten Gesichtspunkt der Ausnutzung eines fremden Rufes zur Förderung des eigenen Absatzes in Betracht. Die Rolex-Uhren weisen bestimmte schutzwürdige wettbewerbliche Eigenarten im ästhetischen Bereich auf, die sie für das Publikum sofort als Rolex-Uhren erkennbar machen. Die Übernahme dieser wettbewerblichen Eigenarten durch Tchibo führt zu einer Täuschungsgefahr. Diese besteht allerdings nicht bei den Käufern der Tchibo-Modelle, sondern bei dem Publikum, das bei den Käufern die Nachahmung sieht und zu irrigen Vorstellungen über deren Echtheit verleitet wird. Damit ist das Beispiel des § 4 Nr. 9 Buchstabe a) UWG, das eine Täuschung der Abnehmer voraussetzt, nicht erfüllt.

Allerdings liegt ein Fall des § 4 Nr. 9 Buchstabe b) UWG vor. Hier lockt Tchibo seine Kunden mit der Möglichkeit an, durch den Kauf einer billigen Nachahmung die Prestigewirkung einer typischen Luxusuhr zu erreichen und nutzt auf diese Weise das von Rolex für diese Gestaltungsform geschaffene Image aus. Darin liegt ein über das bloße Nachahmen der nicht mehr geschützten Uhr hinausgehender beson-

rer Umstand, der dazu führt, dass das Verhalten von Tchibo unlauter ist. Es beeinträchtigt die Wertschätzung von Rolex-Uhren, wenn deren Käufer mit der Gefahr rechnen müssen, dass das Publikum diese Uhren mit den Billig-Imitaten von Tchibo verwechselt.

Von den in § 4 Nr. 9 UWG angesprochenen und geregelten Fällen der Nachahmung sind m.E. die Fälle der unmittelbaren Leistungsübernahme zu unterscheiden. Darunter versteht man die Vervielfältigung fremder Erzeugnisse auf technischem Weg. Entsprechende Vorgänge, die sich entgegen anders lautender Auffassung nicht unter den Begriff der »Nachahmung« subsumieren lassen, sind auch ohne ausdrückliche Erwähnung im nicht abschließenden Beispielskatalog des § 4 UWG dann unlauter, wenn die übernommene Leistung über wettbewerbliche Eigenarten verfügt und besondere Umstände hinzutreten, die das betreffende Verhalten als unlauter erscheinen lassen. Dabei sind bei der unmittelbaren Leistungsübernahme an die Unlauterkeit des Verhaltens keine hohen Anforderungen zu stellen.

Abgrenzung zur unmittelbaren Leistungsübernahme

Beispiel 31 *»Tele-Info-CD« (nach BGH NJW 1999, S. 2898 ff.): B bietet unter der Bezeichnung »Tele-Info-CD« ein Telefonverzeichnis auf CD-ROM an. Dieses beruht auf den urheberrechtlich nicht geschützten »amtlichen« Telefonbüchern der Deutschen Telekom AG (T), deren Daten B durch Einscannen übernommen und im Anschluss daran mit Hilfe des OCR-Verfahrens in eine computerlesbare Schrift umgewandelt und bearbeitet hat. Stellt der Vertrieb der »Tele-Info-CD« durch B eine i.S.d. § 3 Abs. 1 UWG unlautere geschäftliche Handlung dar?*

Die grundsätzlich zulässige Vervielfältigung nicht geschützter Werke ist dann gem. § 3 Abs.1 UWG unlauter, wenn das vervielfältigte Werk wettbewerbliche Eigenarten aufweist und besondere Umstände hinzutreten, die die Übernahme der fremden Leistung als unlauter erscheinen lassen. Dies ist hier der Fall. Da B nur die eingescannten Daten, nicht jedoch die äußeren Gestaltungsmerkmale der Telefonbücher übernommen hat, ergibt sich die wettbewerbliche Eigenart allein aus dem übernommenen Datenmaterial. Der Verkehr erwartet von derartigem Datenmaterial, dass es sich um »amtliche« Daten der T handelt. Nur bei diesen Daten ist nämlich auf deren Richtigkeit und Vollständigkeit Verlass. Daher verbindet der Verkehr auch mit den Teilnehmereinträgen als solchen eine besondere, auf die T hinweisende Gütevorstellung. Aufgrund der unmittelbaren Übernahme der Daten der T sind an die zusätzlich erforderliche Unlauterkeit des Verhaltens des B keine hohen Anforderungen zu stellen. Diese ergibt sich in erster Linie aus der Ausbeutung des guten Rufes der T, da die Erwerber der CD zu Recht davon ausgehen, dass diese nicht auf eigenen, notgedrungen lücken- und fehlerhaften Recherchen des B, sondern auf den »amtli-

chen« Telefonbüchern der T beruht. Hinzu kommt, dass B die von T mit erheblichem finanziellen Aufwand gesammelten und gepflegten Daten ohne entsprechenden eigenen Aufwand für ein Konkurrenzprodukt zu vergleichbaren Angeboten der T nutzt.

2.10. Behinderung von Mitbewerbern

Unlauterkeit / Behinderung

Unlauterer Behinderungswettbewerb richtet sich in erster Linie gegen die Mitbewerber des Handelnden. Deren Wettbewerbsmöglichkeiten werden dadurch beeinträchtigt, dass sie durch den Handelnden in ihrer Tätigkeit am Markt behindert werden. Dies ist nach § 4 Nr. 10 UWG unlauter.

§ 4 UWG

Beispiele unlauteren Wettbewerbs

Unlauter handelt insbesondere, wer

...

10. Mitbewerber gezielt behindert;

Erscheinungsformen

Dabei bringt das tatbestandliche Erfordernis einer gezielten Behinderung zum Ausdruck, dass eine Behinderung von Mitbewerbern als bloße Folge des Wettbewerbs nicht ausreicht, um die Unlauterkeit der Wettbewerbshandlung zu bejahen. Typische Erscheinungsformen einer von § 4 Nr. 9 UWG erfassten gezielten wettbewerbswidrigen Behinderung sind demnach insbesondere

- der Preiskampf,

- der Boykott,

- das Abwerben von Kunden und Mitarbeitern,

- die Kontrollnummernbeseitigung und

- bestimmte Arten der persönlichen bzw. vergleichenden Werbung.

2.10.1. Preiskampf

Grundsatz

Preisunterbietungen erscheinen auf den ersten Blick als das wettbewerbskonforme Mittel schlechthin. Denn günstigere Preise, als sie der Mitbewerber bietet, eröffnen dem Verbraucher gerade die Alternativen, die durch den Wettbewerb in der Marktwirtschaft erreicht werden sollen. So ist nach dem UWG selbst der Verkauf einer Ware unter Einstandspreis grundsätzlich nicht wettbewerbswidrig, wenn nicht besondere die Unlauterkeit begründende Umstände hinzutreten. Unlauter

Ausnahme

wird eine Preisunterbietung jedoch dann, wenn sie zur gezielten Verdrängung oder Vernichtung eines Mitbewerbers benutzt wird.

Beispiel 32 *»Benrather-Tankstellen-Fall« (nach RGZ 134, 342 ff.): Im Mai 1928 schlossen die führenden Mineralölanbieter Deutschlands ein damals grundsätzlich noch zulässiges Gebietspreiskartell. Im Rheinland setzte das Kartell den Benzinpreis auf 0,32 RM fest. Ein Tankstelleninhaber in Benrath, der nicht Mitglied des Kartells war, machte diese Preiserhöhung nicht mit. Als Folge davon stieg sein Umsatz rapide. Das Kartell beschloss daraufhin, die Preise der freien Tankstelle in ihren dem Kartell angehörenden Tankstellen im Raum Benrath solange geringfügig zu unterbieten, bis der Tankstelleninhaber bereit war, den Kartellpreis zu übernehmen. Würde dieses Verhalten heutzutage als gezielte Behinderung nach § 4 Nr. 10 UWG unlauter sein?*

Grundsätzlich ist die Unterbietung der Preise des Konkurrenten nicht nur erlaubt, sondern sogar erwünscht. Der faire Leistungswettbewerb wird sich nämlich in erster Linie in Preisunterbietungen äußern. Unlauter können Preisunterbietungen allerdings dann sein, wenn sie in Vernichtungsabsicht geschehen. Da es zu den ureigensten Folgen des Wettbewerbs gehört, dass der Schwächere aus dem Markt gedrängt wird, kann eine Preisunterbietung zwar niemals allein deshalb unlauter sein, weil sie zur Folge hat, dass weniger leistungsfähige Wettbewerber den Kampf aufgeben müssen. Eine andere Beurteilung ist allerdings dann angebracht, wenn marktmächtige Unternehmen oder ein den ganzen Markt beherrschendes Kartell Preisunterbietungen auf einem kleinen Teilmarkt gezielt einsetzen, um Außenseiter zur Angleichung ihrer Preispolitik an die des Kartells zu zwingen oder sie aus den Markt zu drängen. Somit würde der vorliegende Fall heute als gezielte Behinderung in der Form des Preiskampfes eine unlautere geschäftliche Handlung i.S.d. § 4 Nr. 10 UWG darstellen.

Zu beachten ist, dass Kartelle der vorstehend geschilderten Art heute nach § 1 GWB unzulässig sind. Das hier geschilderte Verhalten des Kartells würde zudem gegen §§ 19 Abs. 4 Nr. 1, 20 Abs. 1 GWB und insbesondere auch gegen § 20 Abs. 4 S. 2 GWB verstoßen. Diese geänderte kartellrechtliche Rechtslage führt jedoch nicht dazu, dass entsprechende Verhaltensweisen heute nicht mehr durch § 3 Abs. 1 UWG i.V.m. § 4 Nr. 10 UWG erfasst werden. Vielmehr gilt der Grundsatz, dass in derartigen Fällen das UWG und das GWB nebeneinander anwendbar sind (vgl. Beispiel 1). Jedoch lässt sich nunmehr mit guten Gründen die Auffassung vertreten, dass eine unlautere gezielte Behinderung in Form des Preiskampfes gem. § 3 Abs. 1 UWG i.V.m. § 4 Nr. 10 UWG schon dann vorliegt, wenn lediglich die Voraussetzungen des § 20 Abs. 4 S. 2 GWB erfüllt sind. Auf diese Weise können nämlich

kartellrechtliche Beurteilung

Wertungswidersprüche zwischen dem UWG und dem GWB vermieden werden.

2.10.2. Boykott

Unter einem Boykott versteht man die organisierte Aussperrung bestimmter Unternehmer oder sonstiger Personen vom üblichen Geschäftsverkehr. Dabei sind an einem Boykott stets drei Personen beteiligt, nämlich der Verrufer, der Adressat und der Boykottierte. Verrufer ist derjenige, der zum Boykott aufruft. Adressat ist derjenige, der den Boykott gegenüber dem Boykottierten durchführen soll.

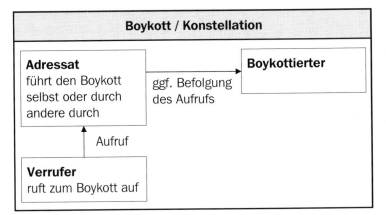

Zu beachten ist, dass der Adressat des Boykotts und derjenige, der den Boykott durchführen soll, nicht notwendig identisch sein müssen.

Beispiel 33 *»Kundenboykott« (nach BGH WuW/E 2069): Tchibo nahm Anfang der achtziger Jahre Billiguhren in das Nebenartikelsortiment. Dadurch sank der Absatz des Uhrenfachhandels beträchtlich. Ein »Brancheninformationsdienst des Fachhandels« kommentierte daraufhin den Verkauf der »Röster-Uhren« mit folgender Bemerkung: »Sollten wir nicht geschlossen den Service für die Röster-Uhren ablehnen? Wenn hier der Fachhandel einig wäre, würden die Kaffeexperten auf lange Sicht keine Freude am Uhrengeschäft haben. Der Uhrenfachhandel formiert sich. Mehrere Fachhändler haben mir gegenüber erklärt, dass sie an Kaffeerösteruhren den Batteriewechsel ablehnen. Immer mehr Kollegen ziehen die Konsequenzen und sagen den Kunden einfach: Für diese Uhr habe ich keine passende Batterie. Wer erst einmal auf den Röster-Service angewiesen ist, dem vergeht sicher bald die Lust, beim Nichtfachmann zu kaufen«.*

Dieser Aufruf zum Boykott im »Brancheninformationsdienst des Fachhandels« stellt eine (heute) nach § 4 Nr. 10 UWG unlautere gezielte

Behinderung von Tchibo dar. Dagegen kann nicht eingewandt werden, dass es am typischen Dreiecksverhältnis eines Boykotts fehle, da erst die Kunden als vierte Personengruppe über die Wirksamkeit der Aktion entscheiden. Der Adressat eines Boykottaufrufes (hier der Fachhandel) muss nicht mit demjenigen identisch sein, der die Liefer- bzw. Bezugssperre verhängen soll (hier die Kunden). Es genügt, dass der Adressat veranlasst wird, seinerseits mit den ihm zu Gebote stehenden Mitteln auf einen Boykott des Wettbewerbers (hier Tchibo) durch dessen Lieferanten oder Kunden hinzuwirken.

Der Boykott erfüllt als Wettbewerbsmaßnahme grundsätzlich die Voraussetzungen des § 4 Nr. 10 UWG, weil der Verrufer seinen Einfluss ausnutzt, um lästige Mitbewerber zu behindern. Allein unter sehr engen Voraussetzungen können Ausnahmen zugelassen werden. So schützt Art. 5 Abs. 1 GG den Boykottaufruf, wenn er als Mittel des Meinungskampfes in einer allgemein interessierenden Frage eingesetzt wird. In Beispiel 33 kann sich der Brancheninformationsdienst nicht auf Art. 5 Abs. 1 GG berufen. Sein Beitrag zum Wettbewerbsverhalten der Uhrenfachhändler geht weit über eine bloße Meinungsäußerung im Rahmen einer Berichterstattung hinaus.

Ausnahmen

2.10.3. Abwerben von Kunden und Mitarbeitern

Grundsätzlich gehört das Abwerben von Kunden und Arbeitskräften zur Erscheinungsform des Wettbewerbs. Das Verhalten umfasst die Fallgruppen des

Ausspannen und Abwerben

a) Veranlassens zur ordnungsgemäßen Vertragsauflösung,

Erste Fallgruppe

Beispiel 34: *Durch ein günstiges Angebot veranlasst der Versicherer A den Kunden K, seine bisherige Versicherung beim Versicherer B fristgemäß zu kündigen und einen neuen Vertrag bei ihm abzuschließen.*

b) des Ausnutzens fremden Vertragsbruches und

Zweite Fallgruppe

Beispiel 35: *Kunde K hat seine Versicherung bei B ohne rechtfertigenden Anlass aus eigenem Entschluss fristlos gekündigt und will nunmehr einen neuen Vertrag mit A abschließen, dem sämtliche Umstände bekannt sind.*

c) des Verleitens zum Vertragsbruch.

Dritte Fallgruppe

Beispiel 36: *Versicherer A bietet dem Kunden K »Sonderkonditionen«*
für den Fall, dass er seine Versicherung bei B sofort vertragswidrig
kündigt und einen neuen Vertrag mit ihm abschließt.

Differenzierte Behandlung
der Fallgruppen

Die Fallgruppen a) und b) sind für sich allein noch nicht unlauter. Sie
können es allenfalls beim Hinzutreten besonderer Umstände werden.
Anders ist es beim Verleiten zum Vertragsbruch. Dabei bedeutet Verleiten allerdings mehr als das Angebot, den Vertragspartner zu wech-
seln. Wettbewerbswidrig werden entsprechende Angebote aber dann
sein, wenn die Verleitung zum Vertragsbruch planmäßig erfolgt oder
der Vertragsbruch zusätzlich, z.B. durch Geldzuwendungen, gefördert
wird. Geschieht dies zu Lasten eines Mitbewerbers, so liegt regelmäßig
eine nach § 4 Nr. 10 UWG unlautere gezielte Behinderung vor. Ansonsten kann sich die Unlauterkeit noch unmittelbar aus § 3 Abs. 1
UWG ergeben.

Beispiel 37 *»Wettbewerbswidrige Kundenabwerbung in der Mobil-*
funkbranche« (nach OLG Celle NJW-RR 1999, S. 550 f.): K ist Ser-
vice-Provider und bietet Nutzungsverträge für die Teilnahme am Mo-
bilfunk der Netze D 1, D 2 und E-plus mit einer Mindestlaufzeit von 24
Monaten an. Diese wurden ihm gegen entsprechende Provisionszah-
lungen durch seinen Vertriebspartner B vermittelt. Nach Kündigung
des Vertriebsvertrags durch K wendet sich B an die von ihm geworbe-
nen Kunden des K und bietet diesen für den Fall des Abschlusses einen
neuen Mobilfunkvertrages bei dem Provider, für den er nunmehr tätig
ist, die Erstattung der Grundgebühren für die Restlaufzeit der mit K
geschlossenen Verträge an.

Dieses Verhalten des B ist gem. § 3 Abs. 1 UWG unlauter. Dies folgt
zwar nicht aus § 4 Nr. 10 UWG, da B und K keine Mitbewerber sind.
Unlauter ist das Verhalten des B jedoch unter dem Gesichtspunkt des
Verleitens zum Vertragsbruch. Zwar verleitet B die Kunden formell
nicht zum Bruch des mit K geschlossenen Vertrages. Sein Vorgehen hat
jedoch vergleichbare Auswirkungen. K hat nämlich die berechtigte
Erwartung, dass seine Kunden das Mobilfunknetz während der Min-
destvertragslaufzeit auch kostenpflichtig nutzen. Das Angebot des B,
den Kunden bei Abschluss eines neuen Mobilfunkvertrages die dem K
geschuldete Grundgebühr zu erstatten, bewirkt eine Verfälschung des
Wettbewerbs zum Vorteil des B und des neuen Service-Providers. Die
von B abgeworbenen Kunden treffen ihre Entscheidung nämlich in
erster Linie aufgrund der finanziellen Zuwendung des B und nicht auf-
grund eines Vergleichs der angebotenen Leistungen. Hinzu kommt,
dass das Handeln des B darauf gerichtet ist, den wirtschaftlichen Er-
folg des mit K geschlossen alten Vertriebsvertrages zu vereiteln.

2.10.4. Kontrollnummernbeseitigung

Zur Betonung der Exklusivität ihrer Erzeugnisse vertreiben die Hersteller bestimmter Markenartikel, z.b. im Kosmetik- oder Modebereich, ihre Produkte im Wege des so genannten selektiven Vertriebs über ein Netz ausgewählter Händler. Diesen Händlern ist die Veräußerung der Waren an Wiederverkäufer üblicherweise vertraglich untersagt. Kartellrechtlich sind derartige selektive Vertriebssysteme grundsätzlich zulässig sofern sie lediglich diskriminierungsfrei angewandte Auswahlkriterien qualitativer Art enthalten, die sich auf die fachliche Eignung des Händlers und seines Personals sowie seine sachliche Ausstattung beziehen.

selektive Vertriebssysteme

Zur Überwachung ihrer Vertriebssysteme können die Hersteller die Ware mit Kontrollnummern versehen. Diese ermöglichen es, den Weg der Ware zu verfolgen. Taucht ein Produkt bei einem nicht autorisierten Händler außerhalb des selektiven Vertriebssystems auf, lässt sich mittels der Kontrollnummern feststellen, bei welchem Händler des Vertriebssystems die »undichte Stelle« zu finden ist. Daher werden die Kontrollnummern des Herstellers vom Veräußerer oder Erwerber der Ware üblicherweise entfernt, bevor diese von nicht autorisierten Händlern in den Verkehr gebracht werden. Dem Hersteller ist es dadurch nicht mehr möglich, die Lücke in seinem Vertriebssystem im Wege des unmittelbaren Rückgriffs auf den vertragsbrüchigen Händler zu stopfen. Vor diesem Hintergrund stellt sich für ihn u.a. die Frage, ob er nach § 3 Abs. 1 UWG i.V.m. § 4 Nr. 10 UWG unmittelbar gegen den nicht autorisierten Händler vorgehen kann. Dies ist jedenfalls dann der Fall, wenn

Kontrollnummern

- das selektive Vertriebssystem kartellrechtlich zulässig ist und

- sämtlichen Händlern des Vertriebssystems die Weiterveräußerung der Produkte an Wiederverkäufer untersagt ist und

- eine vom Hersteller angebrachte Kontrollnummer entfernt wird oder Ware mit entfernter Kontrollnummer erworben und weiter veräußert wird.

Von § 4 Nr. 10 UWG geschützte Vertriebssysteme

Beispiel 38 *»Entfernung der Herstellungsnummer III« (nach BGH WRP 2002, S. 947 ff.): K stellt bekannte Markenparfums her und vertreibt diese über ein nach qualitativen Gesichtspunkten ausgewähltes Netz von Depositären des Parfumeinzelhandels. Den Depositären ist es nach den Depotverträgen untersagt, die von K erworbene Ware an Wiederverkäufer zu veräußern. Das Großhandelsunternehmen B gehört dem Vertriebsbindungssystem des K nicht an, beschafft sich jedoch auf nicht geklärte Weise Parfums des K und veräußert diese an* *von K nicht autorisierte Einzelhändler. Bei den an die Einzelhändler veräußerten Produkten sind die auf den Flaschen und Verpackungen angebrachten Herstellungsnummern entfernt worden. Ist dieses Verhalten des B nach § 4 Nr. 10 UWG unlauter?*

In dem Verhalten des B liegt eine gezielte Behinderung des Vertriebssystems des K. Diese ist nach § 4 Nr. 10 UWG unlauter. Dem K, der ein kartellrechtlich nicht zu missbilligenden Vertriebssystem betreibt, steht es frei, die Vertragstreue seiner Händler durch ein Nummernsystem zu kontrollieren. Dieses Vertriebssystem genießt wettbewerbsrechtlichen Schutz, da K seinen Händlern einheitlich die Veräußerung der Ware an Wiederverkäufer untersagt hat. Wird K durch B bei seiner legitimen Kontrolle der Vertragstreue der Depositäre dadurch behindert, dass dieser entweder selbst die Kontrollnummer entfernt oder Ware, bei der die Kontrollnummer schon entfernt worden ist, erwirbt und weiter veräußert, so stellt dies eine gezielte Behinderung des K durch B dar.

Ausführlich zum Schutz selektiver Vertriebssysteme Schlappa, Wolfgang; Neukonzeption des Wettbewerbsschutzes für Vertriebsbindungen, in: Juristische Arbeitsblätter 2003, S. 809 ff.

2.10.5. Vergleichende Werbung

Behinderung durch vergleichende Werbung

Vergleichende Werbung kann ausnahmsweise eine Form der Behinderung des Mitbewerbers darstellen, wenn dieser oder seine Waren bzw. Dienstleistungen zur Betonung der eigenen Leistungsfähigkeit schlecht gemacht werden. Dabei setzt die vergleichende Werbung in Abgrenzung zu den in § 4 Nr. 7 und 8 UWG geregelten Fällen der Geschäftsehrverletzung und Anschwärzung immer einen Vergleich zwischen zwei Gewerbetreibenden bzw. deren Produkten voraus. Die bloße einseitige Kritik an einem Mitbewerber oder dessen Produkt stellt keine vergleichende Werbung dar.

Grundsätzliche Zulässigkeit

Vergleichende Werbung im vorstehend genannten Sinn wurde von der deutschen Rechtsprechung lange Zeit als eine generell unzulässige unlautere Behinderung der Mitbewerber angesehen. Dahinter steckte die Überlegung, dass es guter kaufmännischer Sitte entspricht, sich ausschließlich mit der eigenen Leistung und nicht mit der Herabwürdigung der Produkte der Mitbewerber am Markt zu profilieren. Diese enge Auffassung gab der Bundesgerichtshof jedoch schon im Jahr 1998 unter dem Eindruck einer schließlich im Jahr 2000 in das UWG umgesetzten EU-Richtlinie zur irreführenden und vergleichenden Werbung auf. Die gesetzliche Regelung hierzu findet sich nunmehr in § 6 UWG und wird später ausführlich behandelt.

Zum besseren Verständnis der derzeit für die vergleichenden Werbung geltenden Rechtslage muss man sich jedoch schon an dieser Stelle vor Augen führen, dass es grundsätzlich vier verschiedene Formen vergleichender Werbung gibt, nämlich

- den System- oder Warenartenvergleich,

- die persönliche vergleichende Werbung,

- die unternehmensbezogene vergleichende Werbung und

- die anlehnende sowie die kritisierende vergleichende Werbung.

Beim System- oder Warenartenvergleich werden System- oder Warenarten, wie z.b. die Vor- und Nachteile ganzer Warengattungen (koffeinfreier Kaffee / koffeinhaltiger Kaffee), Absatzsysteme (genossenschaftlicher Handel / regulärer Handel), technischer Systeme (Ölheizung / Gasheizung) usw. verglichen. Dieser Vergleich wird in einer Weise vorgenommen, bei der jede Bezugnahme auf einen oder mehrere konkrete Mitbewerber oder die von diesen angebotenen Waren oder Dienstleistungen fehlt. Wegen dieser fehlenden Bezugnahme ist der System- oder Warenartenvergleich keine vergleichende Werbung i.S.d. § 6 Abs. 1 UWG. Die Zulässigkeit entsprechender Vergleiche beurteilt sich somit ausschließlich nach §§ 3 Abs. 1, 4 UWG.

Bei der persönlichen vergleichenden Werbung werden persönliche Eigenschaften eines erkennbar gemachten Mitbewerbers, wie z.B. seine Ausländereigenschaft, seine strafrechtliche Vergangenheit oder seine finanzielle Lage mit denjenigen des Handelnden verglichen. Bei der unternehmensbezogenen vergleichenden Werbung bezieht sich dieser Vergleich auf unternehmensbezogene Merkmale, wie etwa das Alter, die Größe oder den Sitz von Unternehmen, die nichts mit den Preisen oder den Eigenschaften der angebotenen Waren oder Dienstleistungen zu tun haben. Derartige persönliche oder unternehmensbezogene vergleichende Werbung ist vergleichende Werbung i.S.d. § 6 Abs. 1 UWG. Problematisch ist aber, dass der in § 6 Abs. 2 UWG enthaltene Zulässigkeitskatalog nicht für diese Formen vergleichender Werbung passt. Daher ist fraglich, ob die bisherige, auf die Fallgruppe der Behinderung gestützte Rechtsprechung zur Zulässigkeit bzw. Unzulässigkeit entsprechender Vergleiche weiterhin anwendbar ist. Dies ist wohl zu verneinen, da § 6 Abs. 2 UWG nach seinem Wortlaut eine abschließende Aufzählung der Fälle enthält, in denen eine vergleichende Werbung i.S.d. § 6 Abs. 1 UWG nicht unlauter ist.

Bei der im Mittelpunkt des Interesses stehenden anlehnenden und kritisierenden vergleichenden Werbung werden Waren oder Dienstleistungen eines ausdrücklich genannten oder aus den Umständen erkennbaren Mitbewerbers mit denjenigen des Handelnden verglichen. Bei der anlehnenden Werbung geschieht dies in der Weise, dass das eigene Produkt auf eine Stufe mit dem des – renommierten – Mitbewerbers gestellt wird. Dagegen setzt die kritisierende vergleichende Werbung das Produkt des Mitbewerbers gegenüber dem eigenen Produkt herab. Die anlehnende bzw. die kritisierende vergleichende Werbung ist vergleichende Werbung i.S.d. § 6 Abs. 1 UWG. Ihre Zulässigkeit bzw. Unzulässigkeit bestimmt sich ausschließlich nach näherer Maßgabe des § 6 Abs. 2 UWG.

Vergleichende Werbung		
System- oder Warenartenvergleich	Persönliche und unternehmensbezogene vergleichende Werbung	Anlehnende und kritisierende vergleichende Werbung
Keine vergleichende Werbung i.S.d. § 6 Abs. 1 UWG	Vergleichende Werbung i.S.d. § 6 Abs. 1 UWG	
Zulässigkeit und Unzulässigkeit ergeben sich aus § 3 Abs. 1 UWG (§ 4 Nr. 10 UWG)	Nur zulässig, wenn Kriterien des § 6 Abs. 2 UWG erfüllt sind (str.)	Nur zulässig, wenn Kriterien des § 6 Abs. 2 UWG erfüllt sind

Da die persönliche und unternehmensbezogene sowie die anlehnende und die kritisierende vergleichende Werbung der abschließenden Regelung des § 6 UWG unterliegen, soll hier lediglich auf die Zulässigkeit des System- oder Warenartenvergleichs eingegangen werden. Dieser ist zulässig, wenn er wahr ist und insgesamt ein zutreffendes Bild von den verglichenen Systemen oder Warenarten vermittelt. Nach § 4 Nr. 10 UWG unlauter ist dagegen die pauschale Herabsetzung fremder System- oder Warenarten.

Verbot der pauschalen Herabsetzung fremder System- oder Wartenarten

Beispiel 39 »*DIE 'STEINZEIT' IST VORBEI!*« *(nach BGH WRP 2002, S. 1138 ff.): B baut Häuser in ökologischer Holzrahmen-Bauweise. Auf einem Baugrundstück stellt er ein Schild mit der plakativen Überschrift »DIE 'STEINZEIT' IST VORBEI!« auf. Darunter werden die Vorzüge der Holzrahmen-Bauweise im Vergleich zur konventionellen Bauweise aufgeführt. Dagegen wendet sich Bauunternehmer K, der Ziegelhäuser herstellt. Er macht geltend, das Schild enthalte eine unzulässige vergleichende Werbung, da es eine Herabsetzung der von seinem Betrieb*

*gepflegten konventionellen Bauweise enthalte, die als »steinzeitlich«
und somit veraltet dargestellt werde. Trifft diese Auffassung zu?*

*Die in der Aufstellung des Schildes liegende Wettbewerbshandlung des
B ist ausschließlich am Maßstab des § 3 Abs. 1 UWG i.V.m. § 4 Nr. 10
UWG zu messen. Die gesetzliche Regelung über die vergleichende
Werbung in § 6 UWG findet dagegen keine Anwendung. Von § 6 Abs. 1
UWG werden nämlich nur solche Werbemaßnahmen erfasst, die den
Werbenden oder seine Produkte in Beziehung zu einem oder mehreren
Mitbewerbern oder den von diesen angebotenen Produkten setzen. Un-
erlässliches Erfordernis hierfür ist, dass ein für den Verkehr erkennba-
rer Bezug zwischen mindestens zwei Wettbewerbern oder deren Waren
oder Dienstleistungen hergestellt wird. Dabei reicht zwar eine mittelbar erkennbare Bezugnahme ohne Namensnennung aus. Nicht ausreichend ist jedoch eine fern liegende, »nur um zehn Ecken gedachte«
Bezugnahme. Vorliegend macht das Schild weder K noch sonstige Mitbewerber des B oder die von ihnen angebotenen Waren oder Leistungen unmittelbar oder mittelbar erkennbar. Um dieses Merkmal zu erfüllen, müsste die Werbung so deutlich gegen einen oder mehrere bestimmte Mitbewerber gerichtet sein, dass sich eine Bezugnahme auf
diese Mitbewerber für die angesprochenen Verkehrskreise förmlich
aufdrängt. Daran fehlt es im vorliegenden Fall. Das Schild enthält
nach seinem Wortlaut von sich aus keinen Bezug zu Mitbewerbern.
Deren Zahl ist auch so groß, dass der Betrachter des Schildes dessen
Aussage nicht auf einen bestimmten Mitbewerber beziehen wird. Danach kann vorliegend nicht von einer Werbung ausgegangen werden,
die die betroffenen Mitbewerber erkennbar macht.*

*Das beanstandete Schild ist auch nicht unter dem Gesichtspunkt einer
pauschalen Herabsetzung ungenannter Mitbewerber nach § 3 Abs. 1
UWG i.V.m. § 4 Nr. 10 UWG unlauter. Für die Beurteilung der Frage,
ob eine wettbewerbswidrige pauschale Herabsetzung ungenannter
Mitbewerber vorliegt, kommt es darauf an, ob die angegriffene Werbeaussage sich noch in den Grenzen einer sachlich gebotenen Erörterung
hält oder bereits eine pauschale Abwertung der fremden Erzeugnisse
darstellt. Letzteres kann nur dann angenommen werden, wenn zu den
mit jedem Werbevergleich verbundenen negativen Wirkungen für die
Konkurrenz besondere Umstände hinzutreten, die den Vergleich in
unangemessener Weise abfällig, abwertend oder unsachlich erscheinen
lassen. Dies ist hier nicht der Fall. Ein unbefangener Leser des Werbe-
satzes »DIE 'STEINZEIT' IST VORBEI!« wird im allgemeinen davon
ausgehen, dass B sein Haus in Holzrahmen-Bauweise anpreisen, nicht
aber behaupten will, dass Häuser aus Stein, weil diese hoffnungslos
»antiquiert, überholt und vorbei wie die geschichtliche Steinzeit« seien,
heute nicht mehr gebaut würden. Für die angesprochenen Verkehrs-*

kreise, die wissen, dass die herkömmliche Bauweise nach wie vor die Steinbauweise ist, liegt ein solches Verständnis auch nicht nahe. Der durchschnittlich informierte und verständige Verbraucher, auf dessen Sicht es maßgebend ankommt, erkennt den in dem Werbesatz enthaltenen Sprachwitz und weiß, dass es sich um ein humorvolles Wortspiel handelt, mit dem die Aufmerksamkeit der Werbeadressaten geweckt werden soll. Das spricht gegen die Annahme, dass der Verkehr den Slogan überhaupt im Sinne einer Sachaussage ernst nimmt.

2.11 Rechtsbruch

Unlauterkeit /
Rechtsbruch

Wenn jemand gegen gesetzliche Vorschriften verstößt, so stellt dies einen Rechtsbruch dar, der sich mittelbar auch auf die Wettbewerbsfähigkeit auswirken kann. Daher kann derjenige, der gegen gesetzliche Vorschriften verstößt, einen gem. § 4 Nr. 11 UWG unter bestimmten Voraussetzungen unlauteren Rechtsbruch begehen.

§ 4 UWG

Beispiele unlauteren Wettbewerbs

Unlauter handelt insbesondere, wer

...

11. einer gesetzlichen Vorschrift zuwider handelt, die auch dazu bestimmt ist, im Interesse der Marktteilnehmer das Marktverhalten zu regeln.

tatbestandsrelevante
Rechtsbrüche

Damit fallen nicht alle Rechtsverstöße automatisch unter § 4 Nr. 11 UWG. Unlauter sind Rechtsbrüche nur, wenn

- die rechtsverletzende Handlung einen Marktbezug aufweist, d.h. im geschäftlichen Verkehr erfolgt, und

- die verletzte Norm zumindest sekundär einen marktregelnden Zweck, d.h. eine auf die Lauterkeit des Wettbewerbs bezogene Schutzfunktion, hat.

Dabei ergibt sich das Erfordernis eines Marktbezuges der Rechtsverletzung schon aus dem Umstand, dass § 3 Abs. 1 UWG eine geschäftliche Handlung voraussetzt. Mit dem Erfordernis, dass die verletzte Norm auch dazu bestimmt sein muss, im Interesse der Marktteilnehmer das Marktverhalten zu regeln, will der Gesetzgeber ausschließen, dass jede gegen eine beliebige gesetzliche Norm verstoßende geschäftliche Handlung zugleich auch als unlauter anzusehen ist.

Beispiel 40 *»Abgasemissionen« (nach BGH NJW 2000, S. 3351 ff.): K und B betreiben Werke zur Herstellung und zum Vertrieb von Holzpro-*

*dukten, wobei B beim Betrieb seiner Anlage die geltenden Immissions-
schutzvorschriften nicht einhält. K möchte wissen, ob der Betrieb des
Werkes und / oder der Vertrieb der Holzprodukte durch B gegen § 3
Abs. 1 UWG i.V.m. § 4 Nr. 11 UWG verstößt.*

*Der Betrieb des Werkes durch B stellt schon keine geschäftliche Hand-
lung i.S.d. § 3 Abs. 1 UWG dar. Hierfür ist nämlich ein Handeln im
geschäftlichen Verkehr erforderlich. Betriebsinterne Vorgänge, wie
hier das Betreiben eines Werkes zur Herstellung von Waren für den
späteren Vertrieb, stellen keine derartige Handlung dar.*

*Auch der im geschäftlichen Verkehr erfolgende Vertrieb der Holzpro-
dukte ist kein unlauterer Rechtsbruch i.S.d. § 3 Abs. 1 UWG i.V.m. § 4
Nr. 11 UWG. Dabei ist zu beachten, dass der Gesetzesverstoß (Betrieb
des Werkes) nicht mit der geschäftlichen Handlung (Vertrieb der Produkte) zusammenfällt. Daher muss hier geprüft werden, ob der Nor-
menverstoß des B gerade auch in Bezug auf das Wettbewerbsgeschehen als i.S.d. § 3 Abs. 1 UWG unlauter anzusehen ist. Dies wäre nach
§ 4 Nr. 11 UWG nur dann der Fall, wenn die den Betrieb des Werkes
regelnden gesetzlichen Umweltschutzvorschriften zumindest auch dazu
bestimmt wären, das Marktverhalten des B im Interesse der Marktteilnehmer zu regeln. Davon kann jedoch nicht ausgegangen werden. Die
gesetzlichen Immissionsschutzvorschriften gelten unabhängig vom
Produktionszweck für alle Betriebe. Für das Wettbewerbsgeschehen
auf dem hier betroffenen Markt haben sie keinerlei regelnde Funktion.*

Eine unlautere geschäftliche Handlung kommt daher vor allem dann in
Betracht, wenn der Verstoß gegen eine Norm mit marktregelndem
Zweck zugleich die geschäftliche Handlung darstellt. In diesen Fällen
indiziert die Normverletzung zugleich die Unlauterkeit der betreffenden Handlung.

*Zusammenhang zwischen
Rechtsbruch und
Wettbewerbshandlung*

Beispiel 41: *In Beispiel 38 dienen die vom Hersteller angebrachten
Kontrollnummern zugleich der nach § 4 Abs. 1 KosmetikVO erforderlichen Identifizierung des Herstellers. In dem Weitervertrieb der Ware
ohne Kontrollnummer liegt daher ein nach § 3 Abs. 1 UWG i.V.m. § 4
Nr. 11 UWG unlauterer Rechtsbruch. § 4 Abs. 1 KosmetikVO regelt
nämlich im Interesse der Volksgesundheit und damit der Marktteilnehmer die Kennzeichnungspflicht beim Vertrieb von kosmetischen
Artikeln.*

Als Normen, die zumindest auch im Interesse der Marktteilnehmer
dazu bestimmt sind, das Marktverhalten zu regeln, kommen z.B. die
Preisangabenverordnung, die Ladenschlussgesetze der Länder, das
Arzneimittelgesetz, das Heilmittelgesetz, die Kosmetikverordnung und
lebensmittelrechtliche Vorschriften in Betracht. Darüber hinaus werden

*Normen mit markt-
regelndem Zweck*

auch Verstöße gegen Gesetze, die den Zugang zum Markt als solchem regeln, jedenfalls dann von § 4 Nr. 11 UWG erfasst, wenn sie eine auf die Lauterkeit des Wettbewerbs bezogene Schutzfunktion haben und somit zugleich auch das Marktverhalten regeln. Ein Beispiel hierfür bilden Gesetze, die die Ausübung einer bestimmten Tätigkeit an eine erforderliche fachliche Qualifikation, z.B. als Arzt, Rechtsanwalt oder Steuerberater, knüpfen.

Dagegen werden Verstöße gegen Gesetze, die ausschließlich im allgemeinen Interesse erlassen worden sind, nicht von § 4 Nr. 11 UWG erfasst. Hierzu zählen z.B. die meisten Vorschriften des Steuerrechts, des Umweltschutzrechts, des Arbeitsrechts und ähnliche Bestimmungen.

Überblick: »Rechtsbruch«

Ist die Wettbewerbshandlung unlauter, weil gegen gesetzliche Vorschriften verstoßen wird (§ 4 Nr. 11 UWG)?

I. Norm muss der Regelung des Marktverhaltens im Interesse der Marktteilnehmer dienen.

II. Normverstoß muss regelmäßig zugleich die geschäftliche Handlung darstellen.

3. Auffangfunktion der Generalklausel

Die in Abschnitt 2 dargestellte Aufzählung von Beispielen unlauteren Wettbewerbs ist, wie aus dem Wort »insbesondere« folgt, nicht abschließend. Daraus folgt zunächst, dass eine unter die beispielhafte Aufzählung in § 4 UWG fallende geschäftliche Handlung stets unlauter ist. Eine geschäftliche Handlung kann jedoch auch dann unlauter sein, wenn sie

- zwar im Grundsatz einem der in § 4 UWG genannten Beispielsfälle entspricht, jedoch nicht alle dort genannten Voraussetzungen erfüllt oder
- keinem der in § 4 UWG genannten Beispielsfälle entspricht, jedoch aus anderen Gründen unlauter ist.

Beispiel 42: In Beispiel 37 erfüllte die Handlung des Vertriebspartners B – die nicht gegen einen Mitbewerber gerichtet war – zwar nicht die Voraussetzung des § 4 Nr. 10 UWG, war aber dennoch nach § 3 Abs. 1 UWG unlauter.

Angesichts der Offenheit der Generalklausel des § 3 Abs. 1 UWG ist eine abschließende Aufzählung derjenigen Fallgestaltungen, die ausschließlich von der Generalklausel und nicht von einem der Regelbeispiele des § 4 UWG erfasst werden, nicht möglich. Eine besondere Bedeutung besitzen aber diejenigen Fallgestaltungen, die vor der UWG-Reform 2004 unter dem Gesichtspunkt der Marktstörung diskutiert wurden. Mit dieser Fallgruppe sollten im Ergebnis Verhaltensweisen erfasst werden, bei denen sich die Unlauterkeit der Wettbewerbshandlung in der Marktwirkung äußerte. Dass diese Fälle bei der UWG-Reform 2004 keine Aufnahme in den Beispielskatalog des § 4 UWG gefunden haben, bedeutet nicht, dass entsprechende Verhaltensweisen seitdem erlaubt sind. Vielmehr kann die Unlauterkeit von geschäftlichen Handlungen, die eine Marktstörung bewirken, nunmehr unmittelbar aus § 3 Abs. 1 UWG abgeleitet werden. Das die Marktstruktur beeinträchtigende Handeln ist nämlich unlauter, weil ein Interesse der Allgemeinheit an einer funktionierenden Wettbewerbsordnung besteht. Eine Störung der Marktstruktur kann dabei vor allen

- durch massenhaftes Verteilen von Originalware,
- durch die Gratisverteilung von Presseerzeugnissen und
- durch Unter-Preis-Schlachten

erfolgen.

3.1. Massenhaftes Verteilen von Originalware

Unternehmen können aus Marketingerwägungen durchaus wirtschaftlich vernünftige Gründe dafür haben, nicht nur Warenproben, sondern auch Originalwaren kostenlos zu verteilen. Eine derartige Werbemaßnahme kann unter § 3 Abs. 1 UWG fallen, wenn sie anderen Mitbewerbern die Möglichkeiten nimmt, am Wettbewerb teilzunehmen und dadurch der Leistungswettbewerb in seinem Bestand gefährdet wird. Dies ist dann der Fall, wenn durch die unentgeltliche Verteilung von Originalwaren eine Sättigung des relevanten Marktes erfolgt bzw. zu befürchten ist, die zur Versperrung des Marktzutritts für Mitbewerber führt bzw. führen kann (Marktverstopfung).

Beispiel 43 »Klinex« (nach BGHZ 43, 279): Die Firma A will in Wiesbaden jedem zweiten Haushalt einen Gutschein überreichen, der zum kostenlosen Bezug einer Originalpackung mit 100 Klinex-Tüchern berechtigt. Ist dieses Vorhaben unlauter i.S.d. § 3 Abs. 1 UWG?

Das Verschenken von Waren zu Werbezwecken ist nicht schlechthin unlauter i.S.d. § 3 Abs. 1 UWG. Dies gilt vor allen Dingen nicht beim Verschenken von Probepackungen (Warenproben). Auch wenn eine Werbemaßnahme zur Sättigung des Marktes und zur Verdrängung der Mitbewerber vom Markt führt, kann sie nicht alleine aus diesem Grund als unlauter angesehen werden. Dies gilt auch dann, wenn mittlere und kleinere Konkurrenten wirtschaftlich nicht in der Lage sind, sich derselben Wettbewerbsmethode zu bedienen. Sittenwidrigkeit des Verschenkens von Originalware kommt jedoch unter zwei Aspekten in Betracht:

- *wenn die Werbemaßnahme geeignet ist, den Bestand des Wettbewerbes in nicht unerheblichem Ausmaß aufzuheben oder*

- *wenn die unentgeltliche Verteilung die Gefahr einer Gewöhnung mit der Folge beinhaltet, dass die Verbraucher später von einer Prüfung der Angebote der Mitbewerber absehen.*

Im vorliegenden Einzelfall hat der BGH die Zulässigkeit des Verteilens der Werbegutscheine bejaht, da die Tücher (1961!) innerhalb der Verbraucherschaft noch wenig verbreitet waren und deshalb eine Marktverstopfung nicht zu befürchten war.

3.2. Gratisverteilung von Presseerzeugnissen

Hierbei handelt es sich um einen Unterfall des massenhaften Verteilens von Originalware, der daher grundsätzlich nach den vorstehend dargestellten Gesichtspunkten zu lösen ist. Allerdings rechtfertigt es die besondere Struktur des Pressemarktes, hierfür eine eigene Fallgruppe zu bilden. Presseerzeugnisse finanzieren sich nämlich zum überwiegenden Teil nicht durch den Verkaufspreis, sondern durch den Anzeigenerlös. Der auf dem Anzeigenmarkt erzielbare Preis hängt wiederum von der Auflagenzahl ab. Eine Steigerung der Auflagenzahl kann daher sogar dann wirtschaftlich sinnvoll sein, wenn sie auf Kosten des Verkaufserlöses geht.

Marktstörung durch Gratisverteilung von Presseerzeugnissen

Beispiel 44 »*20 Minuten Köln*« *(nach BGH GRUR 2004, S. 602 ff.): K gibt die Tageszeitungen* »*Kölner Stadt-Anzeiger*«, »*Kölnische Rundschau*« *und den ebenfalls in Köln erscheinenden* »*EXPRESS*« *heraus. B. ist ein Medienkonzern, der Tageszeitungen verlegt, die sich ausschließlich aus Anzeigen finanzieren und an die Leser auf Dauer unentgeltlich abgegeben werden. Er lässt in Köln eine solche für die Leser unentgeltliche Tageszeitung mit dem Titel* »*20 Minuten Köln*« *verteilen. Diese Zeitung mit einer Auflage von 150000 Exemplaren verfügt über einen redaktionellen Teil, der etwa zwei Drittel ihres Inhalts ausmacht und lokale Nachrichten sowie Berichte insbesondere aus Politik, Kultur und Sport enthält. Sie wird montags bis freitags in allen Kölner Straßenbahn- und U-Bahn-Stationen in Zeitungsboxen ausgelegt sowie an belebten Stellen im Kölner Stadtgebiet verteilt. Dadurch geht die Auflagenzahl der von K verkauften Zeitungen zurück. K vertritt die Ansicht, die kostenlose Abgabe einer Tageszeitung verstoße unter dem Gesichtspunkt einer Marktstörung gegen § 3 Abs. 1 UWG. Trifft dies zu?*

Ein aus dem Gesichtspunkt der Marktstörung abzuleitender Wettbewerbsverstoß der B liegt nicht vor, obwohl das Verschenken von Ware wettbewerbswidrig sein kann, wenn es eine allgemeine Marktstörung zur Folge hat. Eine solche Marktstörung ist dann gegeben, wenn das Wettbewerbsverhalten allein oder in Verbindung mit zu erwartenden gleichartigen Maßnahmen von Mitbewerbern die ernstliche Gefahr begründet, das der auf der unternehmerischen Leistung beruhende Wettbewerb in erheblichem Maße eingeschränkt wird. Aus diesem Grund kann die Gratisverteilung von Anzeigenblättern, die über einen redaktionellen Teil verfügen, unter besonderen Umständen unlauter sein. Dies ist insbesondere dann der Fall, wenn der redaktionelle Teil des Anzeigenblattes geeignet ist, für einen nicht unerheblichen Teil des

*Publikums eine Tageszeitung zu ersetzen und wenn die ernstliche Ge-
fahr besteht, dass deshalb die Tagespresse als Institution in ihrem
verfassungsrechtlich garantierten Bestand bedroht wird. Vor diesem
Hintergrund reicht der Absatzrückgang der Zeitungen des K allein
nicht aus, um eine unter dem Gesichtspunkt der Marktstörung unlautere geschäftliche Handlung anzunehmen. Insbesondere kann K aus
der Fallgruppe der Marktstörung keinen Anspruch auf Sicherung
seinen Bestandes – und schon gar nicht auf dem vor Eintritt des
Wettbewerbers gehaltenen Niveau – beanspruchen.*

3.3. Unter-Preis-Schlacht

Marktstörung durch Unter-
Preis-Schlacht

Ein Angebot unter Einstandspreis ist keineswegs wettbewerbswidrig.
Erst dann, wenn eine »Unter-Preis-Schlacht« marktstarker Unternehmen kleine Mitbewerber in ihren Absatzchancen und in ihrer Existenz
gefährdet, kann darin ein Verstoß gegen § 3 Abs. 1 UWG liegen.

Beispiel 45 *»Gegenanzeigen« (nach BGH WuW/E. 2547): B betreibt
ein kleines Schallplattengeschäft. In der Stadt befindet sich auch das
bekannte Filialgeschäft der Firma S (Werbeslogan: »Die größte
Schallplattenshow der Welt«). Die Firma S reagiert auf jede Anzeige
der Firma B mit einer Gegenanzeige, in der sie ihre Preise soweit re-
duziert, dass sie unter ihrem Einstandspreis und knapp unter den Angeboten der Firma B liegen. Dies geschieht in der Absicht, die Firma B
vom Markt zu verdrängen. Verstößt dieses Verhalten gegen § 3 Abs. 1
UWG?*

*Freie Preise sind das Kernstück einer Marktwirtschaft. Ist der für eine
Ware oder gewerbliche Leistung verlangte Preis Ausdruck der Leistungsfähigkeit eines Unternehmens, so ist das Unterbieten auch dann
zulässig, wenn dadurch Mitbewerber wegen ihrer geringen Leistungsfähigkeit zum Ausscheiden aus dem Markt gezwungen werden. Unter
dem Gesichtspunkt des § 3 Abs. 1 UWG wird ein solches Verhalten erst
dann unlauter, wenn ein Unternehmer bestimmte Mitbewerber durch
Unterbieten im Preis gezielt zu verdrängen oder zu vernichten sucht,
um sich auf diese Weise selbst der Kontrolle durch den Wettbewerb zu
entziehen. Bei Verkäufen unter Einstandspreis ist wie folgt zu unterscheiden:*

- *Besteht eine auf bestimmte Mitbewerber zielende Verdrängungs-
oder Vernichtungsabsicht erwiesenermaßen nicht, so ist nicht nur
das einmalige oder gelegentliche, sondern auch das wiederholte
oder ständige Anbieten einer Ware unter dem Selbstkosten- oder
Einstandspreis grundsätzlich zulässig.*

- *Geschieht der an sich zulässige Verkauf unter Einstandspreis mit der erkennbaren Zielsetzung, einen bestimmten Wettbewerber vom Markt zu verdrängen oder zu vernichten, so ist er i.S.d. § 3 Abs. 1 UWG unlauter.*

- *Auch wenn sich – wie in der Praxis im Regelfall – eine Vernichtungsabsicht nicht nachweisen aber auch nicht ausschließen lässt, sind Verkäufe unter Einstandspreis dann unlauter i.S.d. § 3 Abs. 1 UWG, wenn sie dazu führen, allgemein die Mitbewerber vom Markt zu verdrängen, sofern dadurch der Wettbewerb auf diesem Markt völlig oder nahezu völlig aufgehoben wird.*

Danach ist im vorliegenden Fall das Verhalten der Firma S unlauter, weil der Verkauf unter Einstandspreis in Verdrängungsabsicht erfolgt.

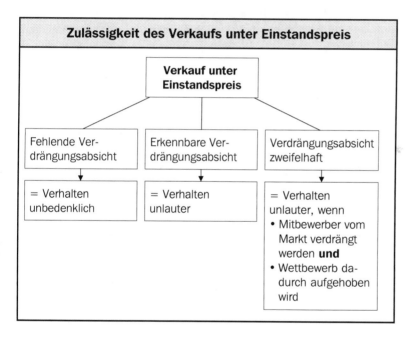

Abgrenzung zum
Preiskampf

Bei der Fallgruppe der »Unter-Preis-Schlacht« stellt sich die berechtigte Frage nach der Abgrenzung zum Preiskampf, der unter dem Gesichtspunkt der Behinderung unlauter sein kann. M.E. ist folgende am Schwerpunkt des Unlauterkeitsvorwurfes orientierte Unterscheidung sinnvoll: In erster Linie ist danach zu differenzieren, ob die Auswirkungen der Wettbewerbshandlungen individuell einen oder mehrere Mitbewerber treffen ohne sich auf dem Markt als solchen wesentlich auszuwirken (dann Behinderung) oder ob der Schwerpunkt des Unlauterkeitsvorwurfes in der Marktwirkung der Maßnahme begründet liegt (dann Marktstörung). Darüber hinaus ist zu beachten, dass die Fallgruppe der Behinderung, anders als die der Marktstörung, nicht notwendigerweise einen Verkauf unter Einstandspreis voraussetzt.

Überblick: »Marktstörung«

Ist die geschäftliche Handlung unlauter, weil sie die Marktstruktur beeinträchtigt?

I. Massenhaftes kostenloses Verteilen von Originalware ist zur Marktverstopfung geeignet.

II. Massenhaftes kostenloses Verteilen von Presseerzeugnissen mit herkömmlichem redaktionellen Teil bedroht die Presse in ihrem Bestand.

III. Verkäufe marktstarker Unternehmen unter Einstandspreis

- erfolgen mit gezielter Verdrängungs- oder Vernichtungsabsicht oder

- sind geeignet, die Mitbewerber vom Markt zu verdrängen und den Wettbewerb dadurch nahezu oder völlig aufzuheben.

4. Verbotstatbestände des Anhangs zu § 3 Abs. 3 UWG

Im Anhang, auf den § 3 Abs. 3 UWG verweist, werden diejenigen irreführenden und aggressiven geschäftlichen Handlungen aufgeführt, die als so genannte per-se-Verbote unter allen Umständen unlauter und stets unzulässig sind. Dabei betreffen

- die Nr. 1 bis 24 des Anhangs zu § 3 Abs. 3 UWG irreführende und
- die Nr. 25 bis 30 aggressive geschäftliche Handlungen.

Die im Anhang zu § 3 Abs. 3 UWG aufgelisteten Einzeltatbestände gelten, wie schon gesagt, nur für geschäftliche Handlungen, die sich unmittelbar an Verbraucher richten. Eine Relevanzprüfung ist bei diesen Verboten ohne Wertungsvorbehalt nicht vorzunehmen, so dass es nicht mehr auf eine Beurteilung des Einzelfalls ankommt. Aus diesem Grund ist die speziellere Regelung des § 3 Abs. 3 UWG vor derjenigen des § 3 Abs. 1 UWG zu prüfen, sofern eine geschäftliche Handlung gegenüber einem Verbraucher vorgenommen wird und das Vorliegen einer im Anhang zum UWG aufgeführten geschäftlichen Handlung ernsthaft in Betracht kommt. Praktische Bedeutung gewinnt die Regelung des § 3 Abs. 3 UWG bei unlauteren Verhaltensweisen, welche die Erheblichkeitsschwelle des § 3 Abs. 1 und 2 UWG nicht überschreiten. Solche Verhaltensweisen sind gleichwohl unzulässig, wenn sie gegen die Verbotstatbestände des Anhangs zu § 3 Abs. 3 UWG verstoßen. Durch die dort enthaltene Auflistung von Handlungen, die unter allen Umständen als unlauter einzustufen sind, sollen diese leichter identifiziert werden können, um auf diese Weise die Rechtssicherheit zu erhöhen.

Nachfolgend finden Sie zunächst eine Auflistung der in Nr. 1 bis Nr. 24 des Anhangs zu § 3 Abs. 3 UWG genannten irreführenden Handlungen.

Nr.	Unzulässige geschäftliche Handlung	Beispiel/Abgrenzung
1.	Unwahre Angabe eines Unternehmers, zu den Unterzeichnern eines Verhaltenskodexes zu gehören	Zum Begriff des Verhaltenskodex siehe § 2 Abs. 1 Nr. 5 UWG Bsp.: Unwahre Angabe, eine Verpflichtung über die Abschaffung illegaler Kinderarbeit in der Teppichindustrie unterzeichnet zu haben.
2.	Verwendung von Gütezeichen, Qualitätskennzeichen oder Ähnlichem ohne die erforderliche Genehmigung	Bsp.: Verwendung des RuGMark – Siegels, das den Verbrauchern die Herstellung eines Teppichs ohne Kinderarbeit garantiert, ohne Genehmigung des RuGMark – Organisation.
3.	Unwahre Angabe, ein Verhaltenskodex sei von einer öffentlichen oder anderen Stelle gebilligt	Zum Begriff des Verhaltenskodex siehe § 2 Abs. 1 Nr. 5 UWG Soll Täuschung über wesentliche Eigenschaft der Selbstverpflichtung verhindern.
4.	Unwahre Angabe, ein Unternehmer, eine von ihm vorgenommene geschäftliche Handlung oder eine Ware oder Dienstleistung sei von einer öffentlichen oder privaten Stelle bestätigt, gebilligt oder genehmigt worden, oder die unwahre Angabe, den Bedingungen für die Bestätigung, Billigung oder Genehmigung werde entsprochen	Bsp.: Unwahre Behauptung eines Vertreters für Schülerlexika, der Leiter der örtlichen Schule empfehle den Kauf seiner Produkte.
5.	Waren- oder Dienstleistungsangebote im Sinne des § 5a Abs. 3 zu einem bestimmten Preis, wenn der Unternehmer nicht darüber aufklärt, dass er hinreichende Gründe für die Annahme hat, er werde nicht in der Läge sein, diese oder gleichartige Waren oder Dienstleistungen für einen angemessenen Zeitraum in angemessener Menge zum genannten Preis bereitzustellen oder bereitstellen zu lassen (Lockangebote). Ist die Bevorratung kürzer als zwei Tage, obliegt es dem Unternehmer, die Angemessenheit nachzuweisen	Bsp.: Werbung eines Möbelhändlers für ein voraussichtlich stark nachgefragtes Ausstellungsstück ohne Hinweise wie z.B. »Einzelstück aus unserer Ausstellung«.

6.	Waren- oder Dienstleistungsangebote im Sinne des § 5a Abs. 3 zu einem bestimmten Preis, wenn der Unternehmer sodann in der Absicht, stattdessen eine andere Ware oder Dienstleistung abzusetzen, eine fehlerhafte Ausführung der Ware oder Dienstleistung vorführt oder sich weigert zu zeigen, was er beworben hat, oder sich weigert, Bestellungen dafür anzunehmen oder die beworbene Leistung innerhalb einer vertretbaren Zeit zu erbringen	Bsp.: Werbung eines Möbelhändlers für ein stark reduziertes Ausstellungsstück in der Absicht, Interessenten statt der beworbenen Ware angeblich »genauso preiswerte« Neuware anzubieten.
7.	Unwahre Angabe, bestimmte Waren oder Dienstleistungen seien allgemein oder zu bestimmten Bedingungen nur für einen sehr begrenzten Zeitraum verfügbar, um den Verbraucher zu einer sofortigen geschäftlichen Entscheidung zu veranlassen, ohne dass dieser Zeit und Gelegenheit hat, sich auf Grund von Informationen zu entscheiden	Bsp.: Unzutreffende Aussage eines Verkäufers, der Kunde müsse sich sofort entscheiden, da es sich bei dem Produkt um sein letztes Exemplar handele und ein anderer Interessent schon unterwegs sei.
8.	Kundendienstleistungen in einer anderen Sprache als derjenigen, in der die Verhandlungen vor dem Abschluss des Geschäfts geführt worden sind, wenn die ursprünglich verwendete Sprache nicht Amtssprache des Mitgliedstaats ist, in dem der Unternehmer niedergelassen ist; dies gilt nicht, soweit Verbraucher vor dem Abschluss des Geschäfts darüber aufgeklärt werden, dass diese Leistungen in einer anderen als der ursprünglich verwendeten Sprache erbracht werden	Nicht erfasst ist der Fall, dass das Geschäft in der Landessprache des Unternehmers angebahnt worden ist, dann aber in einer anderen Sprache abgewickelt wird. Hier bedarf es einer Unterscheidung danach, ob die Leistung in einer dem Verbraucher geläufigen oder in einer dritten Sprache erbracht wird, weshalb für ein Verbot ohne Wertungsmöglichkeit kein Raum ist.
9.	Unwahre Angabe oder das Erwecken des unzutreffenden Eindrucks, eine Ware oder Dienstleistung sei verkehrsfähig	Betrifft z.B. Waren, deren Besitz oder bestimmungsgemäße Benutzung oder Entgegennahme gegen ein gesetzliches Verbot verstößt, wie dies z.B. bei einer fehlenden Betriebserlaubnis für ein technisches Gerät der Fall sein kann.

10.	Unwahre Angabe oder das Erwecken des unzutreffenden Eindrucks, gesetzlich bestehende Rechte stellten eine Besonderheit des Angebots dar	Bsp.: Werbung für Schuhe mit dem Hinweis: Nur bei uns! Innerhalb von 2 Jahren nach Kauf bessern wir eventuelle Mängel Ihres Schuhs kostenlos aus oder Sie erhalten neue Schuhe«. (vgl. §§ 437 Nr. 1, 439 BGB)
11.	Vom Unternehmer finanzierte Einsatz redaktioneller Inhalte zu Zwecken der Verkaufsförderung, ohne dass sich dieser Zusammenhang aus dem Inhalt oder aus der Art der optischen oder akustischen Darstellung eindeutig ergibt (als Information getarnte Werbung)	Vgl. die Erörterungen zum Kundenfang durch Irreführung über die Werbeeigenschaften einer Aussage.
12.	Unwahre Angaben über Art und Ausmaß einer Gefahr für die persönliche Sicherheit des Verbrauchers oder seiner Familie für den Fall, dass er die angebotene Ware nicht erwirbt oder die angebotene Dienstleistung nicht in Anspruch nimmt	Es handelt sich um eine geschäftliche Handlung, bei der das Gefühl der Angst ausgenutzt wird. Das ist wegen der damit verbundenen Verdrängung der rationalen Erwägungen des Verbrauchers unzulässig.
13.	Werbung für eine Ware oder Dienstleistung, die der Ware oder Dienstleistung eines Mitbewerbers ähnlich ist, wenn dies in der Absicht geschieht, über die betriebliche Herkunft der beworbenen Ware oder Dienstleistung zu täuschen	Vgl. § 4 Nr. 9 Buchstabe a) und die Ausführungen dazu. Anknüpfungspunkt für die Irreführung ist ausschließlich die Ähnlichkeit der Ware bzw. Dienstleistung / Täuschung über die betriebliche Herkunft muss beabsichtigt sein.
14.	Einführung, Betrieb oder Förderung eines Systems zur Verkaufsförderung, das den Eindruck vermittelt, allein oder hauptsächlich durch die Einführung weiterer Teilnehmer in das System könne eine Vergütung erlangt werden (Schneeball- oder Pyramidensystem)	Schneeballsysteme sind Systeme, bei denen ein Veranstalter zunächst mit einem unmittelbar geworbenen Erstkunden und dann mit den durch dessen Vermittlung geworbenen weiteren Kunden Verträge schließt. Pyramidensysteme sind Systeme, bei denen unmittelbar vom Veranstalter geworbene Erstkunden selbst gleichlautende Verträge mit anderen Verbrauchern schließen.

15.	Unwahre Angabe, der Unternehmer werde demnächst sein Geschäft aufgeben oder seine Geschäftsräume verlegen	Die Unlauterkeit besteht in der Herbeiführung der irrigen Vorstellung, der Unternehmer werde seine Warenbestände aus dem genannten Anlass besonders günstig abgeben. Unerheblich ist, ob der die unwahre Angabe machende Unternehmer mit besonders günstigen Angeboten geworben hat.
16.	Angabe, durch eine bestimmte Ware oder Dienstleistung ließen sich die Gewinnchancen bei einem Glücksspiel erhöhen	Glücksspiele sind Spiele, bei denen der Gewinn vom Zufall abhängt und die – anders als z.B. Preisausschreiben – einen geldwerten Einsatz voraussetzen.
17.	Unwahre Angabe oder Erwecken des unzutreffenden Eindrucks, der Verbraucher habe bereits einen Preis gewonnen oder werde ihn gewinnen oder werde durch eine bestimmte Handlung einen Preis gewinnen oder einen sonstigen Vorteil erlangen, wenn es einen solchen Preis oder Vorteil tatsächlich nicht gibt, oder wenn jedenfalls die Möglichkeit, einen Preis oder sonstigen Vorteil zu erlangen, von der Zahlung eines Geldbetrags oder der Übernahme von Kosten abhängig gemacht wird	Vgl. § 4 Nr. 5 UWG.
18.	Unwahre Angabe, eine Ware oder Dienstleistung könne Krankheiten, Funktionsstörungen oder Missbildungen heilen	Vgl. § 5 Abs. 1 S. 2 Nr. 1 UWG.
19.	Unwahre Angabe über die Marktbedingungen oder Bezugsquellen, um den Verbraucher dazu zu bewegen, eine Ware oder Dienstleistung zu weniger günstigen Bedingungen als den allgemeinen Marktbedingungen abzunehmen oder in Anspruch zu nehmen	Sonderfall der Irreführung über die Preiswürdigkeit eines Angebotes.
20.	Angebot eines Wettbewerbs oder Preisausschreibens, wenn weder die in Aussicht gestellten Preise noch ein angemessenes Äquivalent vergeben werden	Während Nr. 17 des Anhangs die Täuschung über einen schon als sicher hingestellten (existenten) Gewinn oder sonstigen Vorteil betrifft, erfasst Nr. 20 die Täuschung über die Existenz des Preises.

21.	Angebot einer Ware oder Dienstleistung als »gratis«, »umsonst«, »kostenfrei« oder dergleichen, wenn hierfür gleichwohl Kosten zu tragen sind; dies gilt nicht für Kosten, die im Zusammenhang mit dem Eingehen auf das Waren- oder Dienstleistungsangebot oder für die Abholung oder Lieferung der Ware oder die Inanspruchnahme der Dienstleistung unvermeidbar sind	Vgl. § 5 Abs. 2 Nr. 2 UWG.
22.	Übermittlung von Werbematerial unter Beifügung einer Zahlungsaufforderung, wenn damit der unzutreffende Eindruck vermittelt wird, die beworbene Ware oder Dienstleistung sei bereits bestellt	Vgl. auch § 4 Nr. 3 UWG. Bsp.: Rechnungsähnlich aufgemachtes Angebotsschreiben.
23.	Unwahre Angabe oder das Erwecken des unzutreffenden Eindrucks, der Unternehmer sei Verbraucher oder nicht für Zwecke seines Geschäfts, Handels, Gewerbes oder Berufs tätig	Unzulässig sind danach unwahre Angaben zur Verschleierung unternehmerischen Handelns. Erfasst wird auch die wahrheitswidrige Behauptung, der Vertrieb einer Ware oder Dienstleistung diene sozialen oder humanitären Zwecken.
24.	Die unwahre Angabe oder das Erwecken des unzutreffenden Eindrucks, es sei im Zusammenhang mit Waren oder Dienstleistungen in einem anderen Mitgliedstaat der Europäischen Union als dem des Warenverkaufs oder der Dienstleistung ein Kundendienst verfügbar	Regelung dient der Verhinderung der Irreführung im grenzüberschreitenden Rechtsverkehr.

Im Anschluss daran findet sich in den Nr. 25 bis Nr. 30 des Anhangs zu § 3 Abs. 3 UWG eine Auflistung verbotener aggressiver Handlungen.

Nr.	Unzulässige geschäftliche Handlung	Beispiel/Abgrenzung
25.	Erwecken des Eindrucks, der Verbraucher könne bestimmte Räumlichkeiten nicht ohne vorherigen Vertragsabschluss verlassen	Unerheblich ist, ob der Eindruck falsch oder zutreffend ist oder die Voraussetzungen einer Nötigung nach § 240 StGB erfüllt.
26.	Bei persönlichem Aufsuchen in der Wohnung die Nichtbeachtung einer Aufforderung des Besuchten, diese zu verlassen oder nicht zu ihr zurückzukehren, es sei denn, der Besuch ist zur rechtmäßigen Durchsetzung einer vertraglichen Verpflichtung gerechtfertigt	Unerheblich ist, ob die Voraussetzungen des Hausfriedensbruchs nach § 123 StGB oder der Nötigung nach § 240 StGB erfüllt sind.
27.	Maßnahmen, durch die der Verbraucher von der Durchsetzung seiner vertraglichen Rechte aus einem Versicherungsverhältnis dadurch abgehalten werden soll, dass von ihm bei der Geltendmachung seines Anspruchs die Vorlage von Unterlagen verlangt wird, die zum Nachweis dieses Anspruchs nicht erforderlich sind, oder dass Schreiben zur Geltendmachung eines solchen Anspruchs systematisch nicht beantwortet werden	Regelung dient der Verhinderung der aggressiven Abwehr berechtigter Ansprüche aus Versicherungsverhältnissen.
28.	In eine Werbung einbezogene unmittelbare Aufforderung an Kinder, selbst die beworbene Ware zu erwerben oder die beworbene Dienstleistung in Anspruch zu nehmen oder ihre Eltern oder andere Erwachsene dazu zu veranlassen	Erfasst nur unmittelbare Aufforderungen an Kinder. Bsp.: »Holt sie euch« oder »Jetzt gleich bestellen«.
29.	Aufforderung zur Bezahlung nicht bestellter Waren oder Dienstleistungen oder eine Aufforderung zur Rücksendung oder Aufbewahrung nicht bestellter Sachen, sofern es sich nicht um eine nach den Vorschriften über Vertragsabschlüsse im Fernabsatz zulässige Ersatzlieferung handelt	Vgl. auch § 4 Nr. 3 UWG und § 241 a BGB. Unlauterkeit folgt daraus, dass der Eindruck einer schon bestehenden vertraglichen Beziehung erweckt wird bzw. daraus, dass es dem Verbraucher unangenehm oder lästig ist, einmal erhaltene Sachen zurückzugeben.
30.	Ausdrückliche Angabe, dass der Arbeitsplatz oder Lebensunterhalt des Unternehmers gefährdet sei, wenn der Verbraucher die Ware oder Dienstleistung nicht abnehme	Vgl. § 4 Nr. 1 UWG Fall des psychologischen Kaufzwangs

5. Wiederholungsfragen

○ In welchem Verhältnis steht das Verbot unlauterer geschäftlicher Handlungen nach § 3 Abs. 1 UWG zu den in § 4 UWG geregelten Beispielen unlauterer geschäftlicher Handlungen? Lösung S. 44

○ Nennen Sie einige typische Fälle unangemessener unsachlicher Einflussnahme auf die Entscheidungsfreiheit von Verbrauchern und sonstigen Marktteilnehmern? Lösung S. 46 f.

○ § 4 UWG enthält in drei Fällen Regelungen zu so genannten Transparenzgeboten. Um welche Fälle handelt es sich dabei? Lösung S. 55 ff.

○ Wann können Kopplungsgeschäfte unlauter sein? Lösung S. 60 f.

○ Ist es zulässig, zur Förderung des eigenen Absatzes an die Hilfsbereitschaft potentieller Kunden zu appellieren? Lösung S. 49 f.

○ Werden im wirtschaftlichen Verkehr geäußerte Meinungen durch Art. 5 Abs. 1 GG geschützt? Lösung S. 63

○ Dürfen Kontrollnummern an Waren aus selektiven Vertriebssystemen vor Weiterveräußerung entfernt werden? Lösung S. 73

○ Wann sind kreditschädigende Tatsachenbehauptungen unlauter? Lösung S. 64

○ Welchen Schutz bietet das UWG gegen die Nachahmung von Waren? Lösung S. 66

○ In welchen Fällen kann ein Rechtsbruch eine unlautere geschäftliche Handlung sein? Lösung S. 78

○ Wann kann das kostenlose Verteilen von Originalware gegen § 3 Abs. 1 UWG verstoßen? Lösung S. 82

○ Unter welcher Voraussetzung ist der Verkauf von Waren unter Einstandspreis unlauter? Lösung S. 84

○ Grenzen Sie die »Unter-Preis-Schlacht« von dem »Preiskampf« ab. Lösung S. 86

Weitere Tatbestände unlauterer geschäftlicher Handlungen

1. Irreführungstatbestände nach §§ 5, 5a UWG

Irreführende Handlungen und Unterlassungen sind nach §§ 5, 5a unlauter. Dabei regelt

- § 5 UWG die Irreführung durch aktives Tun und
- § 5a UWG die Irreführung durch Unterlassen.

Da die §§ 5, 5a UWG kein eigenständiges Verbot aussprechen, sondern lediglich den Begriff der Unlauterkeit definieren, folgt die Unzulässigkeit von i.S.d. §§ 5, 5a UWG irreführenden Handlungen und Unterlassungen unmittelbar aus dem in § 3 Abs. 1 UWG enthaltenen Verbot unlauterer geschäftlicher Handlungen. Somit müssen neben dem durch §§ 5 bzw. 5a ausgefüllten Tatbestandsmerkmal der Unlauterkeit i.S.d. § 3 Abs. 1 UWG auch die weiteren tatbestandlichen Voraussetzungen des § 3 Abs. 1 UWG erfüllt sein. Daher sind für einen Anspruch aus § 3 Abs. 1 i.V.m. § 5 (§ 5a) UWG folgende Voraussetzungen zu prüfen:

1. Vorliegen einer geschäftlichen Handlung
   (vgl. § 2 Abs. 1 Nr. 1 UWG)

2. Irreführende geschäftliche Handlung durch Angaben (§ 5 UWG)
   oder Unterlassen (§ 5a UWG)
   (vgl. zu beiden Vorschriften nachfolgend diesen Abschnitt)

3. Eignung zur spürbaren Beeinträchtigung der Interessen eines Marktteilnehmers
   (vgl. dazu den Abschnitt zu § 3 Abs. 1 UWG).

Unter bestimmten Voraussetzungen ist darüber hinaus als vierter Prüfungspunkt noch eine Interessenabwägung vorzunehmen.

1.1. Irreführende geschäftliche Handlungen nach § 5 UWG

Das in § 3 Abs. 1 UWG enthaltene Verbot unlauterer geschäftlicher Handlungen wird durch das in § 5 UWG geregelte Verbot irreführender geschäftlicher Handlungen ergänzt.

§ 5 UWG

Irreführende geschäftliche Handlungen

(1) Unlauter handelt, wer eine irreführende geschäftliche Handlung vornimmt. Eine geschäftliche Handlung ist irreführend, wenn sie un-

wahre Angaben enthält oder sonstige zur Täuschung geeignete Angaben über folgende Umstände enthält:

...

Eine geschäftliche Handlung ist dabei nur dann irreführend, wenn die in ihr enthaltenen Angaben geeignet sind, einen nicht unerheblichen Teil der betroffenen Verkehrskreise über das Angebot irrezuführen und Fehlvorstellungen von maßgeblicher Bedeutung für den Kaufentschluss hervorzurufen. Daher werden von § 5 UWG nur solche Angaben erfasst, die für den Kaufentschluss von Bedeutung sein können.

Relevante Angaben

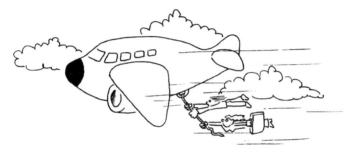

»*LAST-MINUTE-REISE*«

Beispiel 46 *»Last-Minute-Reise« (nach BGH NJW 2000, S. 588 f.): Der Begriff der »Last-Minute-Reise« enthält zwei Aussagen. Er bedeutet einerseits, dass die Reise kurzfristig angeboten wird. Andererseits kann ihm entnommen werden, dass die Reise besonders preisgünstig ist.*

Wird eine »Last-Minute-Reise« zu reduzierten Preisen schon drei Monate vor Reisebeginn angeboten, so liegt darin keine im Sinne des § 5 UWG relevante irreführende Angabe. Die für den Kaufentschluss maßgebliche Vorstellung des Verbrauchers von der besonderen Preiswürdigkeit der Reise trifft nämlich zu. Die Täuschung bezüglich des zwischen dem Angebot und dem Reisebeginn liegenden Zeitraums ist für den Buchungsentschluss nicht von Bedeutung. Der Verbraucher bucht die Reise nämlich ausschließlich wegen ihrer Preiswürdigkeit. Die kurze Zeitspanne zwischen der möglichen Buchung der Reise und ihrem Antritt erscheint für ihn eher als Nachteil.

1.1.1 Irreführende Angaben

Geschäftliche Handlungen können nach § 5 UWG nur dann unlauter sein, wenn sie unwahre oder sonstige zur Täuschung geeignete Anga-

Irreführende Angaben

ben enthalten. Somit muss bei der Prüfung des § 5 UWG stets erörtert werden, ob tatsächlich Angaben vorliegen. Darüber hinaus ist stets die Feststellung erforderlich, dass die betreffenden Angaben unwahr oder sonst zur Täuschung geeignet und damit irreführend sind.

Definition Angaben

Angaben im Sinne des § 5 UWG sind Aussagen des Werbenden über geschäftliche Verhältnisse, die einen objektiv nachprüfbaren Inhalt besitzen und somit eine sachliche Information über das beworbene Produkt vermitteln. Derartige Angaben sind von bloßen Werturteilen abzugrenzen, die nicht unwahr oder sonst zur Täuschung geeignet sein können und deshalb auch nicht von § 5 UWG erfasst werden.

Ausdruckmittel der Angabe

Liegen Angaben i.S.d. § 5 Abs. 1 UWG vor, so stellt § 5 Abs. 3 UWG klar, dass auch solche Angaben erfasst werden, die im Rahmen vergleichender Werbung gemacht werden. Diese Angaben unterliegen neben der Regelung des § 6 UWG somit auch dem Irreführungsverbot des § 5 UWG. Zudem ist das vom Werbenden für seine Angabe verwandte Ausdruckmittel nach § 5 Abs. 3 UWG gleichgültig. Im Regelfall wird es die Sprache sein. Darauf ist der Begriff der Angabe jedoch nicht beschränkt. Als Angaben kommen z.B. auch Ton, Bild und Form in Betracht.

§ 5 UWG

Irreführende geschäftliche Handlungen

(3) Angaben im Sinne von Absatz 1 Satz 2 sind auch Angaben im Rahmen vergleichender Werbung sowie bildliche Darstellungen und sonstige Veranstaltungen, die darauf zielen und geeignet sind, solche Angaben zu ersetzen.

Beispiel 47 *»Hühnergegackere« (nach BGH GRUR 1961, S. 544): Wenn bei einer Rundfunkwerbung für Eierteigwaren Hühnergegackere ertönt, so weist dies auf die Verwendung von Frischeiern – im Gegensatz zu Trockenei – hin.*

Abgrenzung Tatsachenbehauptung / Anpreisung

Nachprüfbare Aussagen und damit Angaben i.S.d. § 5 Abs. 1 UWG sind zunächst die sog. Tatsachenbehauptungen, wie etwa die Aussage »A-Produkt kostet weniger als B-Produkt«.

Den Gegensatz dazu bilden bloße Anpreisungen, die keine nachprüfbare Aussage enthalten, wie z. B. die Anpreisung »Ein wunderbares Erzeugnis« oder »Mutti gibt mir immer nur das Beste«.

Problemfälle

Problematisch sind Äußerungen, die sich zunächst als Werturteil darstellen, aber auf einen nachprüfbaren Tatsachenkern zurückzuführen sind. Diese werden im Rahmen des § 5 UWG wie Angaben behandelt.

Beispiel 48 *»Unschlagbar« (nach BGH NJW 1975, S. 215): Für eine Spezialbaumaschine wird in Fachzeitschriften und auf Plakaten bei* *einer Fachausstellung mit dem Slogan »Unschlagbar« geworben. Liegt darin eine Angabe i.S.d. § 5 Abs. 1 UWG?*

Obwohl es sich bei dem Slogan »Unschlagbar« bei oberflächlicher Betrachtung um ein Werturteil zu handeln scheint, ist zu bedenken, dass die Werbung sich an Fachleute richtet. Da diese wissen, dass es für technische Erzeugnisse objektive Leistungsmaßstäbe gibt, die eine konkrete Nachprüfung ermöglichen, ist hier von einer nachprüfbaren Angabe auszugehen.

Für die Beurteilung der Frage, ob eine Angabe irreführend ist, kommt es nicht darauf an, wie der Werbende selbst seine Angabe verstanden wissen will oder wie sie von Fachleuten nach sorgfältiger Prüfung tatsächlich verstanden wird. Maßgeblich ist nach dem neuen Verbraucherleitbild des BGH (vgl. dazu Beispiel 5) vielmehr das Verständnis, das ein situationsadäquat durchschnittlich aufmerksamer, informierter und verständiger Verbraucher tatsächlich von der Angabe hat bzw. haben darf. Zur Ermittlung dieses Verständnisses ist folgende Prüfungssystematik anzuwenden:

Irreführung

- Es ist festzustellen, wer die Zielgruppe der Angabe ist.
- Es ist festzustellen, welche Bedeutung die Zielgruppe der Angabe beimisst.
- Es ist zu prüfen, ob das Verständnis der Angabe durch die Zielgruppe mit der Wirklichkeit in Einklang steht.

Prüfungssystematik

Adressat einer Angabe können

- das breite Publikum (Laienwerbung)
- Fachleute (z. B. Werbung für Medikamente in einer Ärztezeitschrift)
- Fachleute und Laien (z. B. Werbung für alkoholische Getränke, die sich an Fachhändler und Letztverbraucher richtet)

sein.

Feststellung Zielgruppe

Abzustellen ist auf das Verständnis, das ein situationsadäquat durchschnittlich aufmerksamer, informierter und verständiger Angehöriger der angesprochenen Zielgruppe von der Werbeaussage hat bzw. haben darf. Es kommt daher ebenso wenig auf die Bewertung der besonders begabten, besonders feinfühligen und besonders erfahrenen Mitglieder der Zielgruppe an wie auf die Bewertung der besonders unbegabten, besonders grob empfindenden und besonders unerfahrenen Mitglieder dieser Zielgruppe.

Verständnis des Durchschnittsadressaten

Wenn die Angabe – wie meistens – nicht völlig eindeutig ist, kann es zum Streit darüber kommen, wie die Zielgruppe die Angabe versteht. In der Vergangenheit wurde dieser Streit grundsätzlich empirisch, z.B.

durch eine Meinungsumfrage, entschieden. Um eine Irreführung bejahen zu können, war es danach nicht erforderlich, dass alle Mitglieder
der Zielgruppe dasselbe (falsche) Verständnis von der Angabe entwickelten. Entscheidend war vielmehr, welche Wirkung die Angabe auf
einen prozentual nicht völlig unbedeutenden Teil der Zielgruppe hatte.
Die maßgebliche Höhe des Prozentsatzes der Zielgruppe, der irregeführt werden musste, richtete sich stets nach den Umständen des Einzelfalls. Im Gesundheitswesen z.B. war besondere Strenge angebracht.
Hier reichte eine Quote von fünf Prozent aus. Im Regelfall konnte von
einer Relevanzschwelle von 10 Prozent ausgegangen werden, wobei im
Fall der Irreführung durch objektiv wahre Angaben auch eine Irrefüh-
rungsquote von 15 Prozent noch unterhalb der Relevanzschwelle lag.

Normative Feststellung

Im Zusammenhang mit dem Übergang zum neuen Leitbild des verständigen Durchschnittsverbrauchers rückt der BGH immer mehr von
der empirischen Feststellung des tatsächlichen Verständnisses der von
der Werbung angesprochenen Verbraucherkreise ab und beantwortete
die Frage, wie die entsprechende Angabe verstanden werden muss,
zunehmend normativ.

Beispiel 49 *(im Anschluss an Beispiel 5): Der BGH lehnt es ab, die
Frage, ob durch die gemeinsame Versendung des Elterninfos der
Sparkasse Bremen mit den Elternbriefen der Stadt Bremen bei den
Adressaten der Eindruck einer Empfehlung der Produkte der Spar-
kasse Bremen durch die Stadt Bremen hervorgerufen wird, durch eine
Meinungsumfrage klären zu lassen. Da für die Beantwortung der
Frage die Vorstellung eines situationsadäquat aufmerksamen Durch-
schnittsverbrauchers maßgeblich ist, kommt es nämlich nach Ansicht
des BGH auf eine hiervon möglicherweise abweichende Auffassungen
einer Minderheit nicht an.*

**Weiterhin empirische
Feststellung**

Dies darf jedoch nicht in dem Sinne missverstanden werden, dass
nunmehr eine Irreführung nur noch bejaht werden kann, wenn sämtliche Adressaten der Angabe diese falsch verstehen. Da auch situationsadäquat aufmerksame Durchschnittsverbraucher eine Werbeangabe
unterschiedlich auffassen können, genügt es für die Annahme einer
Irreführung weiterhin, dass ein nicht unerheblicher Teil dieser
Verbraucher irregeführt wird. Vor diesem Hintergrund dürfte die empirische Feststellung der Irreführung und die hierfür relevanten Irrefüh-
rungsquoten auch noch in Zukunft ihre Bedeutung zumindest in den
Fällen behalten, in denen der Richter nicht zur Zielgruppe der Angabe
gehört. In diesen Fällen kann er das tatsächliche Verständnis der Zielgruppe von der Angabe im Streitfall nämlich nur auf empirische Weise
ermitteln.

Eine Diskrepanz zwischen der Angabe und dem Verständnis der Zielgruppe von dieser Aussage kann schon nach dem Wortlaut des § 5 UWG, der zwischen unwahren Angaben einerseits und sonstigen zur Täuschung geeigneten Angaben andererseits unterscheidet, aus zwei Gründen bestehen:

Abweichung von Verständnis und Wirklichkeit

- Die Angabe ist unwahr, d.h. objektiv unrichtig.

Beispiel 50: *Eine Sitzgarnitur aus Kunstleder wird mit dem Gütezeichen »Echt Leder« versehen.*

Objektiv unrichtige Aussage

- Die Werbeaussage ist objektiv richtig, aber zur Täuschung geeignet. Das ist dann der Fall, wenn die Aussage von der Zielgruppe falsch verstanden wird, weil sie so mehrdeutig oder unvollständig ist, dass auch ein situationsadäquat aufmerksamer Durchschnittsverbraucher zu Fehlinterpretationen der Angabe kommt.

Mehrdeutige oder unvollständige Aussage

Beispiel 51 *»Weingeist« nach BGH GRUR 1973, S. 481 ff.): Auf dem Etikett einer Spirituosenflasche steht »Boonekamp mit feinem Weingeist«. Wie Fachleute wissen, besagt die Angabe »Weingeist« lediglich, dass das angebotene Getränk aus Äthylalkohol hergestellt ist oder solchen enthält. Die Bezeichnung »Weingeist« ist daher objektiv richtig. Auch ein situationsadäquat aufmerksamer Durchschnittsverbraucher aus der Zielgruppe der Konsumenten, an die sich die Werbung richtet, nimmt jedoch an, dass die schlagwortartige Hervorhebung des Wortes »Weingeist« auf dem Etikett darauf hindeutet, dass der Alkohol aus Wein oder Weintrauben hergestellt ist. Da dies für Boonekamp nicht zutrifft, ist die Werbung irreführend.*

Feststellung der Irreführung
1. Wer ist Zielgruppe der Angabe?   • Laien   • Fachleute   • Laien und Fachleute
2. Wie versteht die Zielgruppe die Angabe?   • Maßgeblich ist grundsätzlich das Verständnis eines situationsadäquat aufmerksamen Durchschnittsverbrauchers   • (Falsches) Verständnis der Mitglieder der Zielgruppe erforderlich (regelmäßige Relevanzschwelle rd. 10 %)
3. Besteht eine Diskrepanz zwischen Wirklichkeit und Verständnis der Zielgruppe von der Angabe?   • Angabe ist objektiv unrichtig.   • Angabe ist objektiv richtig, wird wegen Mehrdeutigkeit oder Unvollständigkeit jedoch falsch verstanden.

1.1.2. Interessenabwägung

Der weite Tatbestand des § 5 UWG ist nicht unproblematisch. Schon die Vorstellung, die ein nicht völlig unbeachtlicher Teil der Zielgruppe einer Angabe mit deren Aussage verbindet, ist im Rahmen des § 5 UWG schutzfähig. Dies gilt auch dann, wenn die Vorstellungen dieser Gruppe mit den tatsächlichen Gegebenheiten nicht übereinstimmen, obwohl die Angabe objektiv richtig ist. Hier hilft die Rechtsprechung mit einer Interessenabwägung im Einzelfall. Untersucht wird dabei, ob die festgestellte Irreführungsgefahr aus besonderen Gründen dennoch

hinzunehmen ist. In der Regel wird das Interesse der Allgemeinheit, vor irreführenden Angaben geschützt zu werden, so gewichtig sein, dass es gegenüber den Individualinteressen von Gewerbetreibenden an der Beibehaltung einer irreführenden Angabe vorrangig ist. Nur unter besonders engen Voraussetzungen kann ausnahmsweise eine andere Wertung gerechtfertigt sein.

Beispiel 52 »Emaillelack« (nach BGHZ 27, 1 ff.): Die Bezeichnung »Emaillelack« wird seit über einem halben Jahrhundert von der Lackindustrie für einen Lack bestimmten Aussehens und bestimmter Eigenart verwendet. Dies ist in Fachkreisen bekannt. Dagegen kann auch bei situationsadäquat durchschnittlich aufmerksamen Laien durch die Verwendung dieses Begriffes in der Werbung der Eindruck entstehen, der Lack weise weitgehende Eigenschaftsübereinstimmungen mit Emaille auf. Da sich die fragliche Werbung des Herstellers sowohl an Fachleute als auch an Laien richtet, ist sie somit zur Irreführung geeignet. Dennoch ist ein unlauteres Handeln nach § 5 UWG aufgrund einer Interessenabwägung abzulehnen. Selbst wenn zunehmend nicht fachkundige Laien selbst Anstreicherarbeiten ausführen, muss von dem nicht handwerklich vorgebildeten Laien, der solche Arbeiten vornehmen will, erwartet werden, dass er sich beim Erwerb der für diese Arbeiten erforderlichen Arbeitsmittel fachlich beraten und anleiten lässt und sich nicht etwa durch eine nach ihrem allgemeinen Wortsinn mehrdeutige Warenbezeichnung für ein Spezialprodukt dieses Fachgebietes in seinem Kaufentschluss beeinflussen lässt. Ein schutzwürdiges Interesse der Allgemeinheit, den Nichtfachmann vor einer Irreführung durch handelsübliche Bezeichnungen für Spezialprodukte zu bewahren, deren sachgemäße Verarbeitung erfahrungsgemäß gewisse Vorkenntnisse voraussetzt, kann nicht anerkannt werden. Der gegenteilige Standpunkt würde zu dem unhaltbaren Ergebnis führen, dass der Fachwelt eingebürgerte Bezeichnungen nur deshalb entzogen werden können, weil nicht vorgebildete Laien mehr und mehr dazu übergehen, das unter der fraglichen Bezeichnung auf dem Markt befindliche Erzeugnis selbst zu verarbeiten. Das aber würde die Vernichtung eines wertvollen Besitzstandes der Fachwelt an der fraglichen Bezeichnung, einen erheblichen Kostenaufwand für die Umbenennung sowie eine Verkehrsverwirrung bei der fachkundigen Abnehmerschaft, die das fragliche Erzeugnis weiterhin unter der handelsüblichen Bezeichnung verlangt, zur Folge haben, ohne dass dies durch schutzwürdige Interessen der fachunkundigen Abnehmer, die bei der ihnen zumutbaren Aufmerksamkeit vor Irreführungen bewahrt bleiben, gerechtfertigt wäre.

1.1.3. Typische Irreführungsfälle

Eine nicht abschließende Aufzählung von zur Irreführung geeigneten Angaben findet sich in § 5 Abs. 1 Satz 2 sowie in den Absätzen 2 und 4 des § 5 UWG.

Beispiele irreführender Angaben

Irreführende geschäftliche Handlungen

§ 5 UWG

(1) ...

1. die wesentlichen Merkmale der Ware oder Dienstleistung wie Verfügbarkeit, Art, Ausführung, Vorteile, Risiken, Zusammensetzung, Zubehör, Verfahren oder Zeitpunkt der Herstellung, Lieferung oder Erbringung, Zwecktauglichkeit, Verwendungsmöglichkeit, Menge, Beschaffenheit, Kundendienst und Beschwerdeverfahren, geographische oder betriebliche Herkunft, von der Verwendung zu erwartende Ergebnisse oder die Ergebnisse oder wesentlichen Bestandteile von Tests der Waren oder Dienstleistungen;

2. den Anlass des Verkaufs wie das Vorhandensein eines besonderen Preisvorteils, den Preis oder die Art und Weise, in der er berechnet wird, oder die Bedingungen, unter denen die Ware geliefert oder die Dienstleistung erbracht wird;

3. die Person, Eigenschaften oder Rechte des Unternehmers wie Identität, Vermögen einschließlich der Rechte des geistigen Eigentums, den Umfang von Verpflichtungen, Befähigung, Status, Zulassung, Mitgliedschaften oder Beziehungen, Auszeichnungen oder Ehrungen, Beweggründe für die geschäftliche Handlung oder die Art des Vertriebs;

4. Aussagen oder Symbole, die im Zusammenhang mit direktem oder indirektem Sponsoring stehen oder sich auf eine Zulassung des Unternehmers oder der Waren oder Dienstleistungen beziehen;

5. die Notwendigkeit einer Leistung, eines Ersatzteils, eines Austauschs oder einer Reparatur;

6. die Einhaltung eines Verhaltenskodexes, auf den sich der Unternehmer verbindlich verpflichtet hat, wenn er auf diese Bindung hinweist, oder

7. Rechte des Verbrauchers, insbesondere solche auf Grund von Garantieversprechen oder Gewährleistungsrechte bei Leistungsstörungen.

(2) Eine geschäftliche Handlung ist auch irreführend, wenn sie im Zusammenhang mit der Vermarktung von Waren oder Dienstleistungen einschließlich vergleichender Werbung eine Verwechslungsgefahr mit einer anderen Ware oder Dienstleistung oder mit der Marke oder einem anderen Kennzeichen eines Mitbewerbers hervorruft.

(3) ...

(4) Es wird vermutet, dass es irreführend ist, mit der Herabsetzung eines Preises zu werben, sofern der Preis nur für eine unangemessen kurze Zeit gefordert worden ist. Ist streitig, ob und in welchem Zeitraum der Preis gefordert worden ist, so trifft die Beweislast denjenigen, der mit der Preisherabsetzung geworben hat.

Von dieser etwas verwirrenden Auflistung potentiell irreführender Angaben werden u.a.

- Angaben über die Merkmale der Ware oder Dienstleistung (Produktbezogene Irreführung, § 5 Abs. 1 Satz 2 Nr. 1 UWG),

- Angaben über den Anlass des Verkaufs (§ 5 Abs. 1 Satz 2 Nr. 2 UWG),

- Angaben über den Preis (§ 5 Abs. 1 Satz 2 Nr. 2 UWG),

- Angaben über geschäftliche Verhältnisse (Unternehmensbezogene Irreführung, § 5 Abs. 1 Satz 2 Nr. 3 UWG) und

- die Werbung mit Mondpreisen (§ 5 Abs. 4 UWG)

erfasst.

Produktbeschaffenheit

Angaben über die Beschaffenheit der Ware oder Dienstleistung können nach § 5 Abs. 1 Satz 2 Nr. 1 UWG zur Irreführung geeignet sein. Zur Beschaffenheit einer Ware oder Dienstleistung gehört alles, was nach Auffassung des Verkehrs für die Würdigung einer Ware oder Leistung von Bedeutung ist. Damit erfasst der Begriff der Beschaffenheit als Oberbegriff die in § 5 Abs. 1 Satz 2 Nr. 1 UWG genannten einzelnen Merkmale der Ware oder Dienstleistung. Beschaffenheitsangaben sind danach z. B. falsche Stoffbezeichnungen, etwa die Anpreisung von Halbleinen als »Leinen« und von »Heilbrunnen« für ein künstliches Mineralwasser. Auch Qualitätsaussagen können eine irreführende Beschaffenheitsangabe enthalten. Dies ist z.B. dann der Fall, wenn für Herrenbekleidung durchschnittlicher Qualität mit »Luxusklasse« geworben wird.

Angaben über die geographische Herkunft können als produktbezogene Angaben nach § 5 Abs. 1 Satz 2 Nr. 1 UWG ebenfalls zur Irreführung geeignet sein. Dabei ist jedoch zu beachten, dass der Schutz geographischer Herkunftsangaben in erster Linie in den §§ 126 ff. des Markengesetzes (MarkenG) geregelt ist. Was geographische Herkunftsangaben sind, kann § 126 Abs. 1 MarkenG entnommen werden. Danach kommen als geographische Herkunftsangaben in Betracht:

Herkunftsangaben

- Namen von Orten, etwa Meißener Porzellan und Lübecker Marzipan
- Namen von Ländern, wie etwa Scotch Whisky, Made in Germany
- Sonstige Angaben oder Zeichen, die zur geographischen Herkunftskennzeichnung verwendet werden. Wenn auf einer Ware der Kölner Dom abgebildet ist, so verbindet das Publikum damit die Herkunft aus Köln. Beim Lübecker Holstentor wird auf Lübeck geschlossen.

Die unzutreffende Verwendung geographischer Herkunftsangaben ist nach näherer Maßgabe des § 127 MarkenG untersagt.

Sowohl durch die Regelung des § 5 Abs. 1 Satz 2 Nr. 1 UWG als auch durch die Vorschrift des § 2 MarkenG, nach der der Schutz von Marken nach anderen Vorschriften aufgrund der Regelungen des MarkenG nicht ausgeschlossen wird, könnte der unzutreffende Eindruck entstehen, dass neben der Regelung des § 127 MarkenG auch die Regelung des § 5 UWG generell auf irreführende geographische Herkunftsangaben anwendbar ist. Dies ist jedoch nicht der Fall.

Keine generelle Anwendung des § 5 UWG bei irreführenden Herkunftsangaben

Beispiel 53 *»Warsteiner II« (nach BGH NJW 1998, S. 3489 ff.): B betreibt seit 1753 in Warstein eine Brauerei und vertreibt sein Bier ausschließlich unter der auch als Marke eingetragenen Bezeichnung »Warsteiner«, obwohl er seit 1990 auch in Paderborn eine Brauerei betreibt. Liegt darin eine irreführende Angabe über die geographische Herkunft des Bieres i.S.d. § 5 Abs. 1 Satz 2 Nr. 1 UWG?*

Nach Auffassung des BGH hat der Schutz geographischer Herkunftsangaben in den §§ 126 ff. MarkenG eine abschließende Regelung erfahren. Neben dieser speziellen Regelung eines seiner Natur nach wettbewerbsrechtlichen Tatbestandes in den §§ 126 ff. MarkenG können die Vorschriften der (jetzt) §§ 3, 5 UWG nur noch ergänzend für solche Sachverhalte herangezogen werden, die nicht unter die § 126 ff. MarkenG fallen. Dies ist hier nicht der Fall.

Von den geographischen Herkunftsangaben sind nach § 126 Abs. 2 MarkenG die markenrechtlich nicht geschützten sog. »Gattungsbezeichnungen« zu unterscheiden. Das sind Bezeichnungen, die zwar Angaben über die geographische Herkunft enthalten oder von einer solchen Angabe abgeleitet sind, jedoch ihre ursprüngliche Bedeutung verloren haben und nunmehr lediglich eine bestimmte Art von Waren bezeichnen. So kommt niemand auf die Idee, dass »Leipziger Allerlei« aus Leipzig stammen muss. Es handelt sich dabei lediglich um eine Gattungsbezeichnung für ein aus bestimmten Bestandteilen bestehendes Mischgemüse. Wird diese Bezeichnung für ein in Dresden hergestelltes, ausschließlich aus Erbsen und Möhren bestehendes Mischgemüse verwandt, so wird dadurch zwar nicht über die geographische Herkunft getäuscht, wohl aber eine irreführende Beschaffenheitsangabe i.S.d. 5 Abs. 1 Satz 2 Nr. 1 UWG gemacht.

Gattungsbezeichnungen

Angaben über den Anlass des Verkaufs können nach § 5 Abs. 1 Satz 2 Nr. 2 UWG ebenfalls irreführend eingesetzt werden. Nach dem Wegfall der Sonderveranstaltungen und Räumungsverkäufe betreffenden wettbewerbsrechtlichen Beschränkungen wird der Schutz der Verbraucher gegen irreführende Angaben über den Anlass eines durchgeführten Sonderverkaufes u.a. durch das Verbot entsprechender irreführender Angaben gewährleistet.

Angaben über den Verkaufsanlass

Auch Angaben über den Preis können nach § 5 Abs. 1 Satz 2 Nr. 2 UWG irreführend sein. Niedrige Preise sind nämlich häufig das entscheidende Kaufargument. Daher hat der Gesetzgeber in der Preisangabenverordnung (PAngV) Regelungen getroffen, die dem Schutz der Verbraucher bei der Werbung mit Preisen dienen sollen. Die PAngV enthält ausdrückliche Regelungen darüber, wie Preise anzugeben sind. Verstöße gegen die PAngV können daher unter dem Gesichtspunkt des Rechtsbruchs (§ 4 Nr. 11 UWG) eine nach § 3 Abs. 1 UWG verbotene unlautere geschäftliche Handlung darstellen.

Preisangaben

Darüber hinaus können Preisangaben nach § 5 Abs. 1 Satz 2 Nr. 2 UWG selbst dann irreführend sein, wenn sie den »technischen« Anforderungen, die nach der PAngV an die Angabe eines Preises zu stellen sind, genügen. Dies ist beispielsweise dann der Fall, wenn eine unverbindliche Preisempfehlung vom Hersteller zwischenzeitlich aufgehoben worden ist und der Händler in seiner Werbung auf diesen – üblicherweise durchgestrichenen – Preis Bezug nimmt, ohne durch entsprechende Zusätze, wie z.B. »ehemalige unverbindliche Preisempfehlung« deutlich zu machen, dass der vom Hersteller ehemals empfohlene Preis im Zeitpunkt der Bezugnahme nicht mehr ernsthaft als Verbraucherpreis in Betracht kommt.

Ebenfalls zur Irreführung eingesetzt werden können Angaben über geschäftliche Verhältnisse des Werbenden. Dies wird von § 5 Abs. 1 Satz 2 Nr. 3 UWG erfasst. Zu den danach einschlägigen Angaben zählt u.a. die Alleinstellungs- und die Spitzenstellungswerbung. Bei der Alleinstellungswerbung nimmt der Werbende für sich allein eine Spitzenstellung auf dem Markt in Anspruch. Bei der Spitzenstellungswerbung wird diese Stellung zusammen mit anderen in Anspruch genommen. Eine solche Werbung ist nur dann nicht irreführend, wenn sie sachlich richtig ist und nicht die Wirkung einer unrichtigen Angabe entfaltet. Die behauptete Allein- bzw. Spitzenstellung muss mithin tatsächlich gegeben sein.

Angaben über geschäftliche Verhältnisse

Bei einer behaupteten Alleinstellung ist dies dann der Fall, wenn die Alleinstellung tatsächlich gegeben ist und der mit der Alleinstellungswerbung zum Ausdruck gebrachte Vorsprung beachtlich und dauerhaft ist.

Alleinstellung

Beispiel 54: *Die Werbung eines Möbeleinzelhändlers »Das größte Möbelhaus im Westen« ist als Alleinstellungswerbung irreführend, wenn sich im Einzugsgebiet des Werbetreibenden verschiedene Möbelhäuser mit wesentlich größerer Ausstellungsfläche befinden.*

Eine Spitzengruppenwerbung ist nicht irreführend, wenn sie wahr ist, d.h. wenn es zutrifft, dass der Werbende mit der jeweils in der Werbung angegebenen Eigenschaft in der Spitzengruppe liegt und zudem eine im Wesentlichen geschlossene Spitzengruppe vorhanden ist.

Spitzenstellung

Beispiel 55 *»Kaffeerösterei« (nach BGH BB 1969, S. 418 ff.): Eine Kaffeerösterei wirbt mit: »E ist eine der größten Kaffeeröstereien von ...«. E hat einen Marktanteil von 9 %, ein Mitbewerber einen solchen von 16 % und ein weiterer einen von 20 %. Die restlichen Kaffeeröster halten wesentlich geringere Marktanteile. Mit ihrer Werbung behauptet E, sie gehöre zu einer Spitzengruppe. Zwar liegt E mit einem Marktanteil von 9 % absolut gesehen an dritter Stelle. Dies allein genügt jedoch für die Zulässigkeit einer Spitzengruppenwerbung nicht. Es muss vielmehr eine Gruppe von Unternehmen vorliegen, die untereinander einen relativ geringen Abstand halten und E muss zu dieser Gruppe gehören. Dies ist jedoch nicht der Fall. E liegt hinter den beiden Marktführern um etwa die Hälfte zurück. Wenn er sich dennoch in die Gruppe der Größten einreiht, liegt hierin eine Irreführung.*

In Ergänzung zu § 5 Abs. 1 Satz 2 Nr. 2 UWG regelt § 5 Abs. 4 UWG die Werbung mit »Mondpreisen«, d.h. den Vergleich des aktuell geforderten eigenen Preises mit einem – üblicherweise durchgestrichenen – älteren eigenen Preis, den der Werbende jedoch nur für eine kurze Zeit gefordert hat.

Mondpreise

Damit trägt der Gesetzgeber der Tatsache Rechnung, dass der Werbung mit einer Preissenkung insbesondere nach Aufhebung des Sonderveranstaltungsverbotes des § 7 Abs. 1 UWG a.F. ein hohes Irreführungspotential zukommt. Dabei sind Missbräuche insbesondere in der Form denkbar, dass kurzfristig überhöhte Preise nur deshalb gefordert werden, um kurz darauf mit einer Preissenkung werben zu können. Zu beachten ist, dass der Werbende nach § 5 Abs. 4 Satz 2 UWG im Streitfall zu beweisen hat, für welche Zeitdauer er den ursprünglichen Preis gefordert hat.

Beispiel 56 »*20 % auf Alles!*« *(nach BGH NJW 2009, S. 2541 ff.): Eine Betreiberin von Bau- und Hobbymärkten wirbt mit einer Rabattaktion »20 % auf alles – ausgenommen Tiernahrung«. Für einige der so beworbenen Artikel hatte die Betreiberin in der Woche vor der Rabattaktion die Preise gesenkt. Mit Beginn der Rabattaktion verlangt sie nunmehr wieder den ursprünglichen Preis, auf den sie sodann den Rabatt von 20 Prozent gewährt. Handelt es hierbei um einen Fall der irreführenden Werbung nach § 5 Abs. 4 UWG?*

Nach § 5 Abs. 4 UWG wird vermutet, dass es irreführend ist, mit der Herabsetzung eines Preises zu werben, sofern der Preis nur für eine unangemessen kurze Zeit gefordert worden ist. Die Werbeaussage »20 % auf alles – ausgenommen Tiernahrung« ist eine solche Werbung mit einer Preisherabsetzung. Diese wird vom Verkehr so verstanden, dass sich die Preissenkung auf den unmittelbar vorher geltenden Preis bezieht. Dies ist hier jedoch nicht der Fall. Somit liegt hier ein Fall der irreführenden Werbung nach § 5 Abs. 4 UWG vor.

1.2. Irreführung durch Unterlassung nach § 5a UWG

Irreführung durch verschwiegene oder lückenhafte Information

Eine nach den vorstehenden Ausführungen relevante Irreführung der Zielgruppen wird regelmäßig durch aktives Tun erfolgen. Es ist jedoch nicht ausgeschlossen, einen Irrtum durch Verschweigen oder Auslassen von Informationen zu erregen. Ein Verschweigen oder Auslassen von Informationen ist als Irreführung allerdings nur dann tatbestandsmäßig, wenn den Werbenden eine Aufklärungspflicht trifft. Diese kann sich gegenüber sämtlichen Marktteilnehmern, d.h. gegenüber Verbrauchern, Mitbewerbern und sonstigen Marktteilnehmern, nach § 5 Abs. 1 UWG aus der Bedeutung der verschwiegenen Tatsache ergeben.

§ 5a UWG

Irreführung durch Unterlassen

(1) Bei der Beurteilung, ob das Verschweigen einer Tatsache irreführend ist, sind insbesondere deren Bedeutung für die geschäftliche Ent-

scheidung nach der Verkehrsauffassung sowie die Eignung des Ver-
schweigens zur Beeinflussung der Entscheidung zu berücksichtigen.

Beispiel 57 »Auslaufmodelle I« (nach BGH NJW 1999, S. 2190 ff.): B
betreibt einen Elektroeinzelhandel und wirbt in einer Zeitungsanzeige
für einen bestimmten Videorecorder ohne Hinweis darauf, dass es sich
bei dem beworbenen Gerät um ein Auslaufmodell handelt. Liegt darin
eine irreführende Werbung durch Unterlassen?

Die Tatsache, dass B verschwiegen hat, dass es sich bei dem beworbe-
nen Videorecorder um ein Auslaufmodell handelt, ist nach § 5a Abs. 1
UWG irreführend. Gerade bei Geräten der Unterhaltungselektronik
besitzt die Frage, ob es sich um aktuelle Modelle oder um Auslaufmo-
delle handelt, eine wesentliche Bedeutung für die Entscheidung zum
Vertragsschluss. Bei diesen Geräten rechnet der Verbraucher nämlich
mit stetigen technischen Verbesserungen und wird daher tendenziell
das neuere gegenüber dem älteren Gerät bevorzugen. Daher ist das
Verschweigen der Tatsache, dass es sich um ein Auslaufmodell han-
delt, auch zur Beeinflussung der Kaufentscheidung geeignet.

In Ergänzung zu der für sämtliche Marktteilnehmer geltenden Regelung des § 5a Abs. 1 UWG schützen die Absätze 2 – 4 des § 5a UWG
nur Verbraucher. Dabei verpflichtet § 5a Abs. 2 UWG dazu, Verbrauchern bestimmte Informationen von sich aus und damit nicht erst auf
Nachfrage zur Verfügung zu stellen.

Irreführung durch Unterlassen § 5a UWG

(2) Unlauter handelt, wer die Entscheidungsfähigkeit von Verbrauchern im Sinne des § 3 Absatz 2 dadurch beeinflusst, dass er eine Information vorenthält, die im konkreten Fall unter Berücksichtigung
aller Umstände einschließlich der Beschränkungen des Kommunikati-
onsmittels wesentlich ist.

Welche Informationen nach Auffassung des Gesetzgebers so wesentlich sind, dass sie Verbrauchern ohne gesonderte Nachfrage zur Verfügung gestellt werden müssen, kann der nicht abschließenden Auflistung in § 5a Abs. 3 und 4 UWG entnommen werden.

Irreführung durch Unterlassen § 5a UWG

(3) Werden Waren oder Dienstleistungen unter Hinweis auf deren
Merkmale und Preis in einer dem verwendeten Kommunikationsmittel
angemessenen Weise so angeboten, dass ein durchschnittlicher
Verbraucher das Geschäft abschließen kann, gelten folgende Informationen als wesentlich im Sinne des Absatzes 2, sofern sie sich nicht
unmittelbar aus den Umständen ergeben:

1. alle wesentlichen Merkmale der Ware oder Dienstleistung in dem dieser und dem verwendeten Kommunikationsmittel angemessenen Umfang;

2. die Identität und Anschrift des Unternehmers, gegebenenfalls die Identität und Anschrift des Unternehmers, für den er handelt;

3. der Endpreis oder in Fällen, in denen ein solcher Preis auf Grund der Beschaffenheit der Ware oder Dienstleistung nicht im Voraus berechnet werden kann, die Art der Preisberechnung sowie gegebenenfalls alle zusätzlichen Fracht-, Liefer- und Zustellkosten oder in Fällen, in denen diese Kosten nicht im Voraus berechnet werden können, die Tatsache, dass solche zusätzlichen Kosten anfallen können;

4. Zahlungs-, Liefer- und Leistungsbedingungen sowie Verfahren zum Umgang mit Beschwerden, soweit sie von Erfordernissen der fachlichen Sorgfalt abweichen, und

5. das Bestehen eines Rechts zum Rücktritt oder Widerruf.

(4) Als wesentlich im Sinne des Absatzes 2 gelten auch Informationen, die dem Verbraucher auf Grund gemeinschaftsrechtlicher Verordnungen oder nach Rechtsvorschriften zur Umsetzung gemeinschaftsrechtlicher Richtlinien für kommerzielle Kommunikation einschließlich Werbung und Marketing nicht vorenthalten werden dürfen.

2. Vergleichende Werbung nach § 6 UWG

Die Voraussetzungen, unter denen eine wahre vergleichende Werbung zulässig ist, werden in § 6 UWG geregelt. Liegt eine vergleichende Werbung i.S.d. § 6 Abs. 1 UWG vor und sind die Voraussetzungen, die nach § 6 Abs. 2 UWG an einen zulässigen Vergleich zu stellen sind, erfüllt, ist die wahre vergleichende Werbung zulässig. Andernfalls stellt auch die wahre vergleichende Werbung eine i.S.d. § 3 Abs. 1 UWG unlautere geschäftlichen Handlung dar.

Da § 6 UWG kein eigenständiges Verbot vergleichender Werbung ausspricht, folgt die Unzulässigkeit von nach § 6 UWG unlauterer vergleichender Werbung unmittelbar aus dem in § 3 Abs. 1 UWG enthaltenen Verbot unlauterer geschäftlicher Handlungen. Somit müssen neben dem durch § 6 UWG ausgefüllten Tatbestandsmerkmal der Unlauterkeit i.S.d. § 3 Abs. 1 UWG auch die weiteren tatbestandlichen Voraussetzungen des § 3 Abs. 1 UWG erfüllt sein. Insgesamt sind daher für einen Anspruch aus § 3 Abs. 1 i.V.m. § 6 UWG folgende Anspruchsvoraussetzungen zu prüfen:

1. Vorliegen einer geschäftlichen Handlung
   (vgl. § 2 Abs. 1 Nr. 1 UWG)
2. Vergleichende Werbung i.S.d. § 6 Abs. 1 UWG
   (vgl. nachfolgend Abschnitt 2.1)
3. Unzulässigkeit des Vergleichs nach § 6 Abs. 2 UWG
   (vgl. nachfolgend Abschnitt 2.2)
4. Eignung zur spürbaren Beeinträchtigung der Interessen eines Marktteilnehmers
   (vgl. dazu den Abschnitt zu § 3 Abs. 1 UWG).

Darüber hinaus ist § 5 Abs. 3 UWG zu beachten. Danach ist eine vergleichende Werbung, die irreführenden Angaben enthält, stets unzulässig. Davon werden insbesondere die Fälle erfasst, in denen eine vergleichende Werbung mit unzutreffenden Tatsachenangaben arbeitet.

Irreführende Angaben

2.1. Begriff der vergleichenden Werbung

Der Begriff der vergleichenden Werbung wird in § 6 Abs. 1 UWG definiert.

§ 6 Abs. 1 UWG

Definition:
Vergleichende Werbung

Vergleichende Werbung

Vergleichende Werbung ist jede Werbung, die unmittelbar oder mittelbar einen Mitbewerber oder die von einem Mitbewerber angebotenen Waren oder Dienstleistungen erkennbar macht.

Formen vergleichender Werbung

Vergleichende Werbung liegt danach nur dann vor, wenn ein Mitbewerber oder die von ihm angebotene Ware oder Dienstleistung unmittelbar oder mittelbar erkennbar gemacht wird. Eine unmittelbare Erkennbarkeit in diesem Sinne ist z.B. bei der namentlichen Erwähnung des in Bezug genommenen Mitbewerbers in einer Werbeanzeige gegeben. Eine mittelbare Erkennbarkeit liegt vor, wenn die Adressaten der Werbung aufgrund der gesamten Umstände, wie z.B. der geringen Anzahl der Mitbewerber, den in Bezug genommenen Mitbewerber oder die von ihm angebotenen Waren oder Dienstleistungen erkennen können. Hierfür reicht jedoch eine fern liegende, »nur um zehn Ecken gedachte« Bezugnahme nicht aus. Daher unterfällt der so genannte System- oder Warenartenvergleich nicht der Regelung des § 6 UWG (vgl. Beispiel 39).

Als vergleichende Werbung kommen somit nur

- die persönliche vergleichende Werbung,
- die unternehmensbezogene vergleichende Werbung und
- die anlehnende sowie die kritisierende vergleichende Werbung.

in Betracht. Diese Formen vergleichender Werbung sind nach zutreffender Auffassung nur dann zulässig, wenn der vorgenommene Vergleich die Anforderungen des § 6 Abs. 2 UWG erfüllt. Dabei besitzt für die Praxis vor allem die Fallgruppe der anlehnenden und der kritisierenden vergleichenden Werbung Bedeutung.

Anlehnende vergleichende Werbung

Anlehnende vergleichende Werbung liegt immer dann vor, wenn in der Werbung ein Bezug zur Ware oder Dienstleistung eines – renommierten – Mitbewerbers hergestellt und die eigene Ware oder Dienstleistung als »ebenso gut« wie diese dargestellt wird.

Kritisierende vergleichende Werbung

Kritisierende vergleichende Werbung liegt immer dann vor, wenn in der Werbung ein Bezug zur Ware oder Dienstleistung eines erkennbaren Mitbewerbers hergestellt und diese in kritischer Weise mit der eigenen Ware oder Dienstleistung verglichen wird.

Von einer anlehnenden oder kritisierenden vergleichenden Werbung i.S.d. § 6 Abs. 1 UWG kann mithin dann nicht gesprochen werden, wenn der Werbende selbst keinen Vergleich vornimmt, sondern diesen den Adressaten überlässt.

Beispiel 58 *»Pepsi-Test« (nach BGH NJW 1987, S. 437 ff.): In einem Werbefilm der Firma Pepsi-Cola wird der so genannte Pepsi-Test gezeigt. Dabei vergleicht eine Testperson Pepsi-Cola mit zwei weiteren nicht namentlich genannten Cola-Limonaden. Pepsi-Cola schmeckt ihr am besten. Der dazu gehörende Werbetext lautet: »Pepsi gewinnt nicht immer, aber Martin steht nicht allein, es gibt noch viele andere, die nicht wissen, wie gut Pepsi-Cola schmeckt, denn jeder hat seinen eigenen Geschmack und jede Cola schmeckt anders«. Die Firma Coca-Cola ist der Meinung, dieser Spot erfülle die Voraussetzungen einer vergleichenden Werbung i.S.d. § 6 Abs. 1 UWG. Trifft diese Auffassung zu?*

Vergleichende Werbung i.S.d. § 6 Abs. 1 UWG liegt nur vor, wenn in dem Werbefilm ein zumindest mittelbarer Bezug zu Coca-Cola herstellt wird und Pepsi-Cola mit Coca-Cola verglichen wird. Dies ist hier jedoch nicht der Fall. Zwar wird die Ware des Mitbewerbers Coca-Cola mittelbar erkennbar gemacht, weil es nahe liegend ist, dass zumindest eine der namentlich nicht genannten Cola-Limonaden diejenige des Marktführers sein muss. Jedoch enthält der Werbefilm keinen Vergleich von Pepsi-Cola und Coca-Cola. Er signalisiert nur, dass Pepsi-Cola einen viele Cola-Trinker ansprechenden Geschmack hat und dass der von der Werbung angesprochene Verbraucher den Pepsi-Test selbst machen soll. Diese allgemein gehaltene Aufforderung an das Publikum zum eigenen Vergleich stellt keinen Vergleich durch Pepsi-Cola dar.

2.2. Zulässigkeit vergleichender Werbung

Die Zulässigkeit oder Unzulässigkeit einer vergleichenden Werbung i.S.d. § 6 Abs. 1 UWG ist in Abs. 2 dieser Vorschrift geregelt.

Zulässigkeit / Unzulässigkeit vergleichender Werbung

Vergleichende Werbung

§ 6 UWG

(2) Unlauter handelt, wer vergleichend wirbt, wenn der Vergleich

1. sich nicht auf Waren oder Dienstleistungen für den gleichen Bedarf oder dieselbe Zweckbestimmung bezieht,

2. nicht objektiv auf eine oder mehrere wesentliche, relevante, nachprüfbare und typische Eigenschaften oder den Preis dieser Waren oder Dienstleistungen bezogen ist,

3. im geschäftlichen Verkehr zu einer Gefahr von Verwechslungen zwischen dem Werbenden und einem Mitbewerber oder zwischen

> den von diesen angebotenen Waren oder Dienstleistungen oder den von ihnen verwendeten Kennzeichen führt,
>
> 4. den Ruf des von einem Mitbewerber verwendeten Kennzeichens in unlauterer Weise ausnutzt oder beeinträchtigt,
>
> 5. die Waren, Dienstleistungen, Tätigkeiten oder persönlichen oder geschäftlichen Verhältnisse eines Mitbewerbers herabsetzt oder verunglimpft oder
>
> 6. eine Ware oder Dienstleistung als Imitation oder Nachahmung einer unter einem geschützten Kennzeichen vertriebenen Ware oder Dienstleistung darstellt.

Zulässigkeit des Vergleichs

Der negativ formulierte § 6 Abs. 2 UWG enthält somit eine Aufzählung von zur Unlauterkeit der vergleichenden Werbung führenden Tatbestandsmerkmalen. Schon das Vorliegen eines dieser Tatbestandsmerkmale führt dazu, dass der vorgenommene Vergleich unlauter ist.

Gleicher Bedarf / Zweckbestimmung

Verglichen werden dürfen nach § 6 Abs. 2 Nr. 1 UWG nur Waren oder Dienstleistungen für den gleichen Bedarf oder dieselbe Zweckbestimmung. Diese Voraussetzung ist auch dann erfüllt, wenn die verglichenen Waren oder Dienstleistungen für die angesprochenen Adressaten funktionsidentisch sind und aus ihrer Sicht als Substitutionsprodukte in Betracht kommen (z.B. Vergleich von Modeschmuck mit »hochwertigem Designer-Modeschmuck« oder Vergleich von Markenware mit »No-name-Produkten«)

Sachlichkeit

Verglichen werden dürfen nach dem Sachlichkeitsgebot des § 6 Abs. 2 Nr. 2 UWG neben dem Preis nur nachprüfbare Eigenschaften, also Tatsachen. Wert- und Geschmacksurteile sind unzulässig.

Bezieht sich der Werbevergleich auf nachprüfbare Eigenschaften, so müssen die verglichenen Eigenschaften zudem wesentlich, relevant und typisch sein. Ein Vergleich von Nebensächlichkeiten ist unzulässig. Verglichen werden dürfen also nur solche Eigenschaften, die für die Kaufentscheidung der Adressaten Bedeutung besitzen können.

Täuschungsverbot

Die vergleichende Werbung darf nicht zu den in § 6 Abs. 2 Nr. 3 UWG genannten Verwechslungen führen. Eine abstrakte Verwechslungsgefahr ist dagegen unschädlich.

Verbot der Rufausbeutung / Verwässerung

Bei einem sich auf Kennzeichen (Marken i.S.d. § 1 MarkenG) beziehenden Vergleich ist eine Rufausbeutung oder Kennzeichenverwässerung i.S.d. § 6 Abs. 2 Nr. 4 UWG nur gegeben, wenn über den anlehnenden oder kritisierenden Werbevergleich hinaus besondere Umstände vorliegen, die den Vergleich in unangemessener Weise abfällig, abwertend oder unsachlich machen.

Verbot der Herabsetzung / Verunglimpfung

Da jeder sich auf den Mitbewerber oder seine Produkte beziehenden kritisierenden vergleichenden Werbung eine gewisse Herabsetzung des

Bezugsobjektes immanent ist, werden durch das Herabsetzungs- und Verunglimpfungsverbot des § 6 Abs. 2 Nr. 5 UWG nur solche Vergleiche erfasst, die über das normale Maß hinaus gehen und den Mitbewerber oder seine Produkte unsachlich und übermäßig angreifen und herabsetzen.

Das Verbot des § 6 Abs. 2 Nr. 6 UWG erstreckt sich nur auf solche Vergleiche, in denen die eigene Ware oder Dienstleistung ausdrücklich als Imitation oder Nachahmung eines geschützten Markenprodukts dargestellt wird. Erfasst werden davon beispielsweise so genannte Duftvergleichslisten, in denen der Duft eigener Parfüme ausdrücklich als Nachahmung oder Imitation eines anderen Parfüms bezeichnet wird.

Verbot der Imitation / Nachahmung

Beispiel 59

a) »Testpreis- Angebot« (nach BGH NJW 1998, S. 2208 ff.): B, der Tennisschläger aus hochwertigen Materialien herstellt, wirbt gegenüber Sportartikeleinzelhändlern mit dem Slogan »Billige Composite Rackets (Graphite-Fiberglas) muten wir ihnen nicht zu«. Dagegen wendet sich K, der, wie den Sportartikelfachhändlern bekannt ist, zu den Herstellern von Composite Rackets gehört. Enthält die Werbung des B einen nach § 6 UWG unlauteren Vergleich?

Die Werbung des B stellt eine kritisierende vergleichende Werbung i.S.d. § 6 Abs. 1 UWG dar. In ihr werden die Produkte des K in kritisierender Weise mit denjenigen des B verglichen. Dass K in der Werbung des B nicht namentlich genannt wird, ist hierfür unerheblich. Es reicht aus, dass die beteiligten Verkehrskreise wissen, dass K zu den Herstellern von Composite Rackets gehört.

Der Vergleich des B verstößt auch gegen § 6 Abs. 2 Nr. 5 UWG, wonach eine vergleichende Werbung die Waren des Mitbewerbers nicht herabsetzen darf. B setzt die als »billig« bezeichnete Ware des K jedoch u.a. dadurch herab, dass er diese – auch wenn es sich im Einzelfall um hochwertige Schläger aus Graphit oder Fiberglas handelt – pauschal als minderwertig hinstellt. Somit enthält die Werbung des B einen nach § 6 UWG unlauteren Vergleich.

b) »Ersetzt« (nach BGH NJW 2003, S. 2680 ff.): B vertreibt Gelenkwellen für Landmaschinen an Reparaturbetriebe, ist jedoch nicht als Erstausrüster tätig. In seinem Ersatzteilkatalog sind zunächst seine eigenen Artikelnummern aufgeführt. Daneben befindet sich in einer Spalte »ersetzt« die jeweilige Artikelnummer des K, der als Erstausrüster Gelenkwellen für Landmaschinen herstellt und diese auch als Originalersatzteile an Reparaturbetriebe vertreibt. Zudem enthält der Katalog den Hinweis »Dies sind B-Teile, die Originalnummern dienen nur zu Vergleichszwecken«. Beinhaltet der Ersatzteilkatalog des B eine nach § 6 UWG unlautere vergleichende Werbung?

Der Ersatzteilkatalog des B enthält eine anlehnende vergleichende Werbung i.S.d. § 6 Abs. 1 UWG. Die Angaben in seinem Katalog ermöglichen es dem Verkehr nicht nur, die Erzeugnisse des K, die denjenigen des B entsprechen, zu identifizieren. Sie enthalten darüber hinaus auch die Behauptung einer Gleichwertigkeit hinsichtlich der technischen Eigenschaften beider Produkte.

Diese anlehnende vergleichende Werbung ist jedoch nicht nach § 6 Abs. 2 UWG unlauter. Der Vergleich bezieht sich auf wesentliche, relevante, nachprüfbare und typische Eigenschaften der Erzeugnisse i.S.d. § 6 Abs. 2 Nr. 2 UWG. Eine Verwechslungsgefahr i.S.d. § 6 Abs. 2 Nr. 3 UWG wird durch ihn bei den fachkundigen Reparaturbetrieben als Adressaten aufgrund des Hinweise im Katalog nicht hervorgerufen. Schließlich sind auch keine Tatsachen ersichtlich, die eine nach § 6 Abs. 2 Nr. 4 UWG unlautere Ausnutzung oder Beeinträchtigung der von K verwendeten Kennzeichen erkennen lassen. Zwar partizipiert B mit der Nennung des Nummernsystems des K von dessen gutem Ruf. Da dies jedoch nicht über den bloßen Vergleich hinausgeht, liegt darin allein jedoch noch keine unlautere Ausnutzung des guten Rufes des K.

3. Unlauterkeit unzumutbarer Belästigungen nach § 7 UWG

Das in § 3 UWG enthaltene Verbot unlauterer geschäftlicher Handlungen wird durch das in § 7 UWG normierte Verbot unzumutbarer Belästigungen ergänzt. Von diesem Verbot werden Handlungen erfasst, die unabhängig von ihrem Inhalt bereits wegen ihrer Art und Weise deshalb als Belästigung empfunden werden, weil dem Adressaten ein Geschäftsabschluss aufgedrängt werden soll.

Unzumutbare Belästigungen   **§ 7 UWG**

(1) Eine geschäftliche Handlung, durch die ein Marktteilnehmer in unzumutbarer Weise belästigt wird, ist unzumutbar. Dies gilt insbesondere für Werbung, obwohl erkennbar ist, dass der angesprochene Marktteilnehmer diese Werbung nicht wünscht.

Dabei führt eine Belästigung des Publikums nicht in jedem Fall zur Unlauterkeit i.S.d. § 7 Abs. 1 UWG. Da vielen Werbemaßnahmen eine gewisse Aufdringlichkeit eigentümlich ist, muss im Einzelfall eine Interessenabwägung erfolgen, ob eine unzumutbare Belästigung vorliegt. Dabei stehen sich das Interesse des Einzelnen, unerwünschte Werbung fernzuhalten und das Interesse des Werbenden an einer wirksamen Werbung gegenüber. Nur wenn das berechtigte Interessen des Einzelnen, unerwünschte Werbung fernzuhalten, das berechtigte Interesse des Werbenden an einer wirksamen Werbung überwiegt, kann vom Vorliegen einer i.S.d. § 7 Abs. 1 UWG einschlägigen unzumutbaren Belästigung gesprochen werden.

Interessenabwägung

Unter dem Gesichtspunkt der unzumutbaren Belästigung ist es z.B. unlauter, wenn Passanten in der Innenstadt durch als solche nicht erkennbare Werber angesprochen werden, um sie zum Geschäftsabschluss zu bewegen. Anders ist dagegen ein Ansprechen durch Standinhaber auf dem Wochenmarkt zu bewerten, wo derartige Verkaufsmethoden üblich sind und wegen der Erkennbarkeit des Verkäufers auch leicht abgewehrt werden können. Unlauter ist auch die Zusendung unbestellter Ware mit der Aufforderung, entweder den Kaufpreis für die Sache zu zahlen oder diese wieder zurückzuschicken. Wettbewerbswidrig handeln weiterhin Bestattungsunternehmer, die im Todesfall unaufgefordert das Trauerhaus besuchen und mit ihren Leistungen werben.

Fallbeispiele

Neben diesen klassischen Fällen haben im Bereich der Direktwerbung in den vergangenen Jahren Probleme der Telefon-, Telefax- und E-Mailwerbung eine besondere Bedeutung erlangt. Insbesondere diese sind nunmehr ausführlich in § 7 Abs. 2 UWG geregelt.

Direktwerbung

3.1. Die Tatbestandsmerkmale unzumutbarer Belästigung

Durch die Verwendung des Wortes »unzulässig« in § 7 Abs. 1 UWG wird klargestellt, dass diese Vorschrift, anders als z.B. die §§ 5, 5a und 6 UWG, ein eigenständiges Verbot enthält. Daraus folgt u.a., dass die Bagatellklausel des § 3 Abs. 1 UWG nicht anwendbar ist. Sachlich ist dies deshalb gerechtfertigt, weil die Einordnung einer Belästigung als unzumutbar zugleich eine Aussage über deren Spürbarkeit enthält. Nicht spürbare Belästigungen werden auch nicht unzumutbar sein!

Damit eine unzumutbare Belästigung nach § 7 Abs. 1 UWG unzulässig ist, müssen folgende Voraussetzungen erfüllt sein.

1. Vorliegen einer geschäftlichen Handlung
   (vgl. § 2 Abs. 1 Nr. 1 UWG)

2. Unzumutbare Belästigung
   (vgl. nachfolgende Abschnitt 3.2).

3.2. Unlauterkeit unzumutbarer Belästigungen

Konkretisierung

Für den Bereich der Werbung enthalten § 7 Abs. 1 Satz 2 und Abs. 2 UWG eine nicht abschließende Konkretisierung von Fallgruppen unzumutbar belästigender Werbung.

§ 7 UWG

Unzumutbare Belästigungen

(2) Eine unzumutbare Belästigung ist stets anzunehmen

1. bei Werbung unter Verwendung eines in den Nummern 2 und 3 nicht aufgeführten, für den Fernabsatz geeigneten Mittels der kommerziellen Kommunikation, durch die ein Verbraucher hartnäckig angesprochen wird, obwohl er dies erkennbar nicht wünscht;

2. bei Werbung mit einem Telefonanruf gegenüber einem Verbraucher ohne dessen vorherige ausdrückliche Einwilligung oder gegenüber einem sonstigen Marktteilnehmer ohne dessen zumindest mutmaßliche Einwilligung,

3. bei Werbung unter Verwendung einer automatischen Anrufmaschine, eines Faxgerätes oder elektronischer Post, ohne dass eine vorherige ausdrückliche Einwilligung des Adressaten vorliegt, oder

4. bei Werbung mit einer Nachricht, bei der die Identität des Absenders, in dessen Auftrag die Nachricht übermittelt wird, verschleiert oder verheimlicht wird oder bei der keine gültige Adresse vorhan-

> den ist, an die der Empfänger eine Aufforderung zur Einstellung
> solcher Nachrichten richten kann, ohne dass hierfür andere als die
> Übermittlungskosten nach den Basistarifen entstehen.

Da die in § 7 Abs. 1 Satz 2 und Abs. 2 UWG erwähnten Beispiele un-
zumutbar belästigender Werbung nicht abschließend sind, muss immer   **Nicht abschließende**
dann, wenn ein unzumutbare Belästigung möglich erscheint, aber kei-   **Aufzählung**
nes der in § 7 Abs. 1 Satz 2 und Abs. 2 UWG genannten Beispiele einschlägig ist, zu einer abschließenden Beurteilung der Frage, ob die
entsprechende geschäftliche Handlung unter dem Gesichtspunkt unzumutbare Belästigung unlauter ist, ergänzend auf § 7 Abs. 1 Satz 1
UWG zurückgegriffen werden.

Beispiel 60 *»Werbung am Unfallort IV« (nach BGH ZIP 2000, S. 254
ff.): B, der in der Nähe einer Unfallstelle einen Kfz-Reparaturbetrieb
unterhält, bietet kurze Zeit nach einem Autounfall unaufgefordert einem Beteiligten seine Abschleppdienste an. Handelt B damit unlauter?*

*Das Verhalten des B ist nicht schon nach § 7 Abs.1 Satz 2 UWG unlau-
ter. Es ist für B nämlich nicht erkennbar, dass das von ihm angesprochene Unfallopfer die Werbung für seine Leistungen nicht wünscht. Im
Gegenteil scheint es generell nicht ausgeschlossen, dass ein Unfallopfer über das kurzfristige Angebot einer Abschleppgelegenheit erfreut
ist. Dennoch liegt eine i.S.d. § 7 Abs. 1 Satz 1 UWG unzulässige unzumutbare Belästigung des Unfallopfers durch B vor. Es ist nämlich
grundsätzlich wettbewerbswidrig, Unfallbeteiligte am Unfallort mit
dem Ziel anzusprechen, sie zum Abschluss eines Rechtsgeschäfts zu
veranlassen, sei es ein Reparaturauftrag, ein Kfz-Mietvertrag oder ein
Abschleppauftrag. Hinsichtlich der Erteilung eines Abschleppauftrags
mag zwar ein aktuelles Bedürfnis zum Vertragsabschluss bereits am
Unfallort entstehen. Dennoch überwiegt auch in diesem Fall das Interesse eines Unfallbeteiligten, vor einem solchen Angebot geschützt zu
werden, das Interesse des Werbenden daran, seine Leistung auch in
einer konkreten Unfallsituation anbieten zu können. Andernfalls bestünde nämlich die Gefahr, dass Unfallbeteiligte bereits kurze Zeit
nach dem Unfall und noch unter dem Unfallschock stehend einer belästigenden massierten Werbung von Abschleppunternehmen oder deren »Schleppern« gegenüberständen, die sie bei der Frage, ob sie ihr
Fahrzeug überhaupt abschleppen lassen sollen, ob dies durch ein ge-
werbliches Unternehmen erfolgen soll und gegebenenfalls welches
Unternehmen die günstigsten Bedingungen bietet, der Gefahr der
Überrumpelung aussetzte. Einer derartigen Gefahr kann nur mit einem
generellen Verbot des unaufgeforderten Ansprechens von Unfallbeteiligten zum Zweck der Erlangung von Abschleppaufträgen begegnet
werden.*

Für die einzelnen in § 7 Abs. 1 Satz 2 und Abs. 2 UWG ausdrücklich angesprochenen Beispielsfällen unzumutbar belästigender Werbung gilt folgendes:

In § 7 Abs. 1 Satz 2 UWG wird klargestellt, dass eine unzumutbar belästigende Werbung jedenfalls dann vorliegt, wenn die Werbung gegen den erkennbaren Willen des Adressaten erfolgt. Hiervon erfasst werden beispielsweise Werbewurfsendungen, wenn der Empfänger durch einen entsprechenden Aufkleber an seinem Briefkasten klargemacht hat, dass er den Einwurf von Werbung nicht wünscht.

Nach § 7 Abs. 2 Nr. 1 UWG ist eine unzumutbare Belästigung stets anzunehmen bei Verwendung eines in § 7 Abs. 2 Nr. 2 bis 3 nicht aufgeführten, für den Fernabsatz geeigneten Mittels der kommerziellen Kommunikation, durch die ein Verbraucher hartnäckig angesprochen wird, obwohl er dies nicht wünscht. Damit ist der in § 7 Abs. 2 Nr. 1 UWG normierte Beispielsfall jedenfalls auf die in § 7 Abs. 2 Nr. 2 und 3 UWG geregelte Werbung mit Telefonanrufen, automatischen Anrufmaschinen, Faxgeräten und elektronischer Post nicht anwendbar. In Betracht kommt dagegen die Werbung mit Briefen, Prospekten und Katalogen. Diese Werbung unterfällt allerdings nur dann der Regelung des § 7 Abs. 2 Nr. 1 UWG, wenn sie ein hartnäckiges und unerwünschtes Ansprechen eines Verbrauchers enthält. Erfasst werden z.B., ebenso wie durch § 7 Abs. 1 Satz 2 UWG, Werbewurfsendungen, wenn der Empfänger durch einen entsprechenden Aufkleber an seinem Briefkasten klargemacht hat, dass er den Einwurf von Werbung nicht wünscht. Während allerdings § 7 Abs. 1 Satz 2 UWG die Belästigung sämtlicher Marktteilnehmer erfasst, ist § 7 Abs. 2 Nr. 1 UWG nur bei der Belästigung von Verbrauchern anwendbar.

Telefonanrufe zu Werbezwecken stellen eine besonders intensive Form der Belästigung dar. Diese in § 7 Abs. 2 Nr. 2 UWG geregelte Form der Direktwerbung geht weit über die mit herkömmlichen Vertreterbesuchen verbundene Belästigung hinaus, da der Anrufer jeden Anruf zunächst annehmen muss, um dessen Zweck festzustellen. Dies stellt bei Privatpersonen einen erheblichen Eingriff in die Individualsphäre des Angerufenen dar und ist auch bei gewerblich oder selbständig Tätigen mit einer Störung der geschäftlichen Tätigkeit verbunden. Entsprechend der unterschiedlichen Schutzbedürftigkeit sind demnach Werbeanrufe bei Verbrauchern nur dann zulässig, wenn diese zuvor tatsächlich ihr Einverständnis hierzu erteilt haben. Im geschäftlichen Bereich können entsprechende Anrufe darüber hinaus auch zulässig sein, wenn aufgrund konkreter tatsächlicher Umstände ein Einverständnis mit dem Anruf vermutet werden kann. Dies ist z.B. dann der Fall, wenn der Anruf zu Werbezwecken im Rahmen schon bestehender

Geschäftsbeziehungen erfolgt oder unmittelbar den Geschäftsgegenstand des Angerufenen betrifft.

Während bei Telefonanrufen zu Werbezwecken zwischen Anrufen im privaten und geschäftlichen Bereich unterschieden wird, ist die Werbung mittels automatischer Anrufmaschinen, Faxgeräten und elektronischer Post nach § 7 Abs. 2 Nr. 3 UWG auch im geschäftlichen Bereich nur beim tatsächlichen Vorliegen einer Einwilligung des Adressaten zulässig. Damit wird dem Umstand Rechnung getragen, dass entsprechende Werbeformen gerade im geschäftlichen Bereich einen stark belästigenden Charakter haben.

Automatisierte Werbung

Beispiel 61 *»Telefaxwerbung« (nach BGH GRUR 1996, S. 208 ff.): B verlegt Zeitschriften. Er richtet an die Firma D, mit der er bisher nicht in Geschäftsbeziehung steht, ein Telefax, in dem er für die Schaltung von Geschäftsanzeigen in seinen Zeitschriften wirbt. Ein entsprechendes Verhalten ist nach Auffassung von B schon deshalb erlaubt, weil die Firma D in anderen Anzeigen unter Angabe ihrer Telefaxnummer geworben hat. Trifft diese Auffassung des B zu?*

Das Verhalten des B stellt eine nach § 7 Abs. 2 Nr. 3 UWG unzumutbare Belästigung der D dar. Anhaltspunkte für ein Einverständnis der Firma D mit der Telefaxwerbung liegen nicht vor. Es kann insbesondere nicht in der Bekanntgabe der Telefaxnummer in anderen Anzeigen, die ausschließlich an potentielle Kunden der Firma D gerichtet waren, gesehen werden.

Die Regelung des § 7 Abs. 2 Nr. 4 UWG erfasst nach § 2 Abs. 1 Nr. 4 UWG nur elektronische Nachrichten. Sie soll dem Adressaten entsprechender Werbenachrichten, selbst wenn er zuvor nach § 7 Abs. 2 Nr. 3 UWG zu deren Übermittlung sein Einverständnis erteilt hat, die Möglichkeit eröffnen, zu zumutbaren Bedingungen der weiteren Übermittlung entsprechender Werbenachrichten widersprechen zu können.

Werbung mit elektronischen Nachrichten

Als Ausnahmetatbestand zu § 7 Abs. 2 Nr. 3 UWG regelt § 7 Abs. 3 UWG die Zulässigkeit von Werbung mittels elektronischer Post ohne ausdrücklicher Einwilligung des Empfängers für diejenigen Fälle, dass der Unternehmer die elektronische Adresse im Zusammenhang mit dem Verkauf einer Ware oder Dienstleistung erhalten hat.

Ausnahme

Unzumutbare Belästigungen

§ 7 UWG

(3) Abweichend von Absatz 2 Nr. 3 ist eine unzumutbare Belästigung bei einer Werbung unter Verwendung elektronischer Post nicht anzunehmen, wenn

1. ein Unternehmer im Zusammenhang mit dem Verkauf einer Ware oder Dienstleistung von dem Kunden dessen elektronische Postadresse erhalten hat,

2. der Unternehmer die Adresse zur Direktwerbung für eigene ähnliche Waren oder Dienstleistungen verwendet,

3. der Kunde der Verwendung nicht widersprochen hat und

4. der Kunde bei Erhebung der Adresse und bei jeder Verwendung klar und deutlich darauf hingewiesen wird, dass er der Verwendung jederzeit widersprechen kann, ohne dass hierfür andere als die Übermittlungskosten nach den Basistarifen entstehen.

4. Wiederholungsfragen

○ Was regelt der § 5 UWG? Lösung S. 96

○ Welche Voraussetzungen müssen erfüllt sein, damit i.S.d. § 5 UWG unlautere Werbung verboten ist? Lösung S. 96 f.

○ Definieren Sie den Begriff »Angaben« i.S.d. § 5 UWG. Lösung S. 98

○ Wie wird ermittelt, ob ein Werbeadressat durch eine Werbeangabe irregeführt wird? Lösung S. 99

○ Welche Fallgruppen gehören zu den irreführenden Angaben nach § 5 Abs. 2 Satz 1 UWG? Erläutern Sie diese näher. Lösung S. 104

○ Was sind sog. Mondpreise und dürfen diese für Werbemaßnahmen verwendet werden? Lösung S. 107

○ Welche Tatbestandsmerkmale müssen erfüllt sein, damit eine vergleichende Werbung unlauter i.S.d. § 3 Abs. 1 UWG ist? Lösung S. 111

○ Liegt bei Zusendung unbestellter Ware verbunden mit der Aufforderung, diese entweder zu bezahlen oder sonst zurückzuschicker, Unlauterkeit vor? Lösung S. 117

○ Erläutern Sie die Beispielsfälle des § 7 Abs. 2 UWG näher. Lösung S. 120

Privatrechtliche Verfolgung von Wettbewerbsverstößen

1. Rechtsfolgen unlauteren Wettbewerbs

Sieht man von den Straf- und Bußgeldtatbeständen ab (vgl. dazu §§ 16-20 UWG), obliegt die Durchsetzung der Ansprüche nach dem UWG ausschließlich den durch die Wettbewerbshandlung verletzten Mitbewerbern und bestimmten im Gesetz ausdrücklich genannten Verbänden und Institutionen. Anders als im Kartellrecht gibt es somit keine staatliche Behörde, die die Einhaltung des UWG überwacht und bei eventuellen Verstößen mit hoheitlichen Mitteln eingreift. Stattdessen werden den Klagebefugten zivilrechtliche Unterlassungs- und Schadensersatzansprüche gegen den unlauter Handelnden an die Hand gegeben. Diese Ansprüche müssen erforderlichenfalls im Zivilrechtsweg geltend gemacht werden.

1.1. Unterlassungsansprüche

Im Falle eines Verstoßes gegen § 3 oder § 7 UWG können die von der Wettbewerbshandlung betroffenen Mitbewerber und die in § 8 Abs. 3 UWG genannten Verbände und Institutionen nach § 8 Abs. 1 UWG einen Anspruch auf Unterlassung der wettbewerbswidrigen Handlung geltend machen.

Beseitigung und Unterlassung

(1) Wer eine nach § 3 oder § 7 unzulässige geschäftliche Handlung vornimmt, kann auf Beseitigung und bei Wiederholungsgefahr auf Unterlassung in Anspruch genommen werden. Der Anspruch auf Unterlassung besteht bereits dann, wenn eine derartige Zuwiderhandlung gegen § 3 oder § 7 droht.

Die Geltendmachung des Unterlassungsanspruches ist nach § 8 Abs. 4 UWG ausnahmsweise dann ausgeschlossen, wenn dies missbräuchlich wäre.

Beseitigung und Unterlassung

(4) Die Geltendmachung der in Absatz 1 bezeichneten Ansprüche ist unzulässig, wenn sie unter Berücksichtigung der gesamten Umstände missbräuchlich ist, insbesondere wenn sie vorwiegend dazu dient, gegen den Zuwiderhandelnden einen Anspruch auf Ersatz von Aufwendungen oder Kosten der Rechtsverfolgung entstehen zu lassen.

Ausdrücklich erwähnt wird der Fall, dass der Unterlassungsanspruch vorwiegend geltend gemacht wird, um gegen den Zuwiderhandelnden einen Anspruch auf Ersatz von Aufwendungen entstehen zu lassen. Damit soll dem Unwesen der so genannten Abmahnvereine entgegengewirkt werden, denen es, häufig in Zusammenarbeit mit einem Rechtsanwalt, nicht auf die Wahrung der Lauterkeit des Wettbewerbs, sondern auf die Erzielung von Einnahmen ankommt. Nach § 12 Abs. 1 Satz 2 UWG besteht nämlich bei einer außergerichtlichen Abmahnung ein Anspruch auf Ersatz der hierfür erforderlichen Aufwendungen. Dazu gehören ggf. auch die Kosten eines anwaltlichen Abmahnschreibens.

ABMAHNUNG

Ein weiteres Beispiel für die missbräuchliche Geltendmachung eines Unterlassungsanspruchs sind die Fälle der missbräuchlichen Mehrfachverfolgung, bei denen es den Inhabern des Unterlassungsanspruchs vorwiegend darauf ankommt, den Verpflichteten durch eine sachlich nicht gerechtfertigte Belastung mit Kosten und Gebühren zu schädigen.

Missbräuchliche
Mehrfachverfolgung

Beispiel 62 *»Missbräuchliche Mehrfachverfolgung« (nach BGH NJW 2000, S. 3566 ff.): B, ein bundesweit tätiges Unternehmen, wird anlässlich eines nicht besonders schwerwiegenden Wettbewerbsverstoßes nahezu zeitgleich von 14 Mitbewerbern auf Unterlassung in Anspruch genommen. Sämtliche Mitbewerber sind rechtlich selbständige Gesellschaften, die zum Konzern des K gehören. Dieser koordiniert die Mehrfachabmahnungen der durch denselben Rechtsanwalt vertretenen*

14 Konzernunternehmen. Liegt darin ein Missbrauch i.S.d. § 8 Abs. 4 UWG?

Nach Auffassung des BGH ist die Mehrfachverfolgung eines Wettbewerbsverstoßes durch verschiedene Mitbewerber grundsätzlich hinzunehmen. Eine solche Mehrfachverfolgung kann jedoch im konkreten Einzelfall missbräuchlich sein. Ein Missbrauch ergibt sich hier daraus, dass die in einem Konzern verbundenen und durch einen Rechtsanwalt vertretenen Mitbewerber ihre Rechte in einem von der Konzernzentrale koordinierten Verfahren nicht gemeinsam geltend machen, sondern ohne sachlichen Grund – für B wesentlich kosten- und arbeitsintensiver – vierzehn selbständige Verfahren betreiben. Dies rechtfertigt den Schluss, dass es ihnen zumindest auch darum geht, den B in missbräuchlicher Weise durch die Belastung mit Kosten und Gebühren zu schädigen und ihn dadurch im Wettbewerb zu behindern.

1.1.1. Inhalt des Unterlassungsanspruchs

Formen des
Unterlassungs-
anspruchs

Der in § 8 Abs. 1 UWG erwähnte Unterlassungsanspruch kann in drei verschiedenen Ausprägungen geltend gemacht werden, nämlich

- als einfacher Unterlassungsanspruch,

- als vorbeugender Unterlassungsanspruch und

- als Beseitigungsanspruch.

Einfacher Unterlassungs-
anspruch als Grundfall

Der einfache Unterlassungsanspruch setzt

- einen in der Vergangenheit liegenden, also schon geschehenen, tatbestandsmäßigen Verstoß gegen § 3 oder § 7 UWG und

- Wiederholungsgefahr

voraus. Dabei bedeutet Wiederholungsgefahr die Gefahr, dass der in der Vergangenheit begangene Verstoß gegen § 3 oder § 7 UWG in der Zukunft noch einmal wiederholt wird. Die Wiederholungsgefahr wird aufgrund der schon begangenen Zuwiderhandlung im Wettbewerbsrecht prinzipiell vermutet. Diese Vermutung kann dadurch entkräftet werden, dass sich der Störer gegenüber dem Berechtigten verpflichtet, für jeden weiteren Fall der Zuwiderhandlung eine Vertragsstrafe zu zahlen (§§ 336 ff. BGB).

Vorbeugender
Unterlassungs-
anspruch

Der in § 8 Abs. 1 Satz 2 UWG erwähnte vorbeugende Unterlassungsanspruch richtet sich gegen Wettbewerbsverstöße, die zwar noch nicht erfolgt sind, jedoch für die Zukunft drohen. Der vorbeugende Unterlassungsanspruch setzt eine tatbestandsmäßige Verletzung wettbewerbsrechtlicher Pflichten und eine Erstbegehungsgefahr voraus. Zu prüfen ist daher, ob eine zu erwartende Wettbewerbshandlung im Falle ihrer

Begehung tatsächlich einen Verstoß gegen § 3 oder § 7 UWG darstellen würde.

Da ein entsprechender Verstoß noch nicht erfolgt ist, kann beim vorbeugenden Unterlassungsanspruch die Erstbegehungsgefahr zugunsten des Anspruchstellers nicht vermutet werden. Dieser muss daher eine entsprechende Gefahr darlegen und ggf. auch beweisen.

Keine Vermutung der Erstbegehungsgefahr

Einfache und vorbeugende Unterlassungsansprüche geben lediglich ein Recht auf die Unterlassung zukünftiger Handlungen. Diese Unterlassungsansprüche genügen den Interessen des Verletzten oft nicht. Hat der Störer z.B. in einem Katalog unrichtige Behauptungen über den Verletzten aufgestellt, so nützt es dem Verletzten nichts, wenn der Störer in Zukunft vergleichbare Handlungen unterlässt. Der Störer muss vielmehr verpflichtet werden, die Folgen des ersten Eingriffs, der sich als Quelle fortlaufender weiterer Störungen erweist, zu beseitigen. Dies kann z.B. dadurch geschehen, dass die Katalogangaben berichtigt werden oder dass der Katalog eingezogen wird. Grundlage hierfür ist der in § 8 Abs. 1 Satz 1 UWG erwähnte Beseitigungsanspruch.

Beseitigungsanspruch

Der Beseitigungsanspruch setzt keine Wiederholungsgefahr voraus. Erforderlich ist neben der tatbestandsmäßigen Verletzung wettbewerbsrechtlicher Pflichten jedoch, dass die schädigende Wirkung der Pflichtverletzung noch andauert.

1.1.2. Anspruchsinhaber

Nach § 8 Abs. 3 Nr. 1 UWG sind zunächst alle Mitbewerber, also diejenigen, die zum Verletzer in einem konkreten Wettbewerbsverhältnis stehen, zur Geltendmachung der sich aus § 8 Abs. 1 UWG ergebenden Ansprüche befugt. Darüber hinaus können auch die in § 8 Abs. 3 Nr. 2 - 4 UWG aufgeführten Verbände und Institutionen Unterlassungsklage erheben.

Mitbewerber

Verbände und Institutionen

Beseitigung und Unterlassung §8 UWG

(3) Die Ansprüche aus Absatz 1 stehen zu:

1. jedem Mitbewerber;

2. rechtsfähigen Verbänden zur Förderung gewerblicher oder selbständiger beruflicher Interessen, soweit ihnen eine erhebliche Zahl von Unternehmern angehört, die Waren oder Dienstleistungen gleicher oder verwandter Art auf demselben Markt vertreiben, soweit sie insbesondere nach ihrer personellen, sachlichen und finanziellen Ausstattung imstande sind, ihre satzungsmäßigen Aufgaben der Verfolgung gewerblicher oder selbständiger beruflicher Inte-

ressen tatsächlich wahrzunehmen und soweit die Zuwiderhandlung die Interessen ihrer Mitglieder berührt;

3. qualifizierten Einrichtungen, die nachweisen, dass sie in die Liste qualifizierter Einrichtungen nach § 4 des Unterlassungsklagengesetzes oder in dem Verzeichnis der Kommission der Europäischen Gemeinschaften nach Artikel 4 der Richtlinie 98/27/EG des Europäischen Parlaments und des Rates vom 19. Mai 1998 über Unterlassungsklagen zum Schutz der Verbraucherinteressen (ABl. EG Nr. L 166 S. 51) eingetragen sind;

4. den Industrie- und Handelskammern oder den Handwerkskammern.

Klagebefugnis Mitbewerber

Nach § 8 Abs. 3 Nr. 1 UWG sind nur Mitbewerber i.S.d. § 2 Abs. 1 Nr. 3 UWG (vgl. dazu Beispiele 12-13) klagebefugt. Daraus folgt u.a., dass Verbraucher und sonstige Marktteilnehmer, deren Schutz das UWG nach § 1 ausdrücklich bezweckt, nicht zur Erhebung einer Unterlassungsklage befugt sind. Mit dieser Einschränkung des Kreises der Klagebefugten will der Gesetzgeber eine zu hohe Belastung der Wirtschaft mit potentiellen Unterlassungsklagen vermeiden. Verbraucher und sonstige Marktteilnehmer können ihre Interessen nach Auffassung des Gesetzgebers dadurch wahren, dass sie einen anspruchsberechtigten Wirtschafts- oder Verbraucherverband zur Bekämpfung des Wettbewerbsverstoßes einschalten.

Klagebefugnis Verbände

Die in § 8 Abs. 3 Nr. 2 UWG genannten Verbände sind zur Geltendmachung von Unterlassungsansprüchen nur berechtigt

*   soweit ihnen eine erhebliche Zahl von Unternehmen angehören, die Waren oder Dienstleistungen gleicher oder verwandter Art auf demselben Markt vertreiben und

*   soweit sie insbesondere nach ihrer personellen, sachlichen und finanziellen Ausstattung im Stande sind, ihre satzungsmäßigen Aufgaben der Verfolgung gewerblicher oder selbständiger beruflicher Interessen tatsächlich wahrzunehmen.

»Erhebliche Zahl« betroffener Unternehmen

Dabei ist das Erfordernis, dass dem klagenden Verband eine »erhebliche Zahl« von betroffenen Unternehmen angehören muss, nicht wörtlich zu verstehen. Insbesondere kommt es nicht darauf an, wie sich die Zahl der Mitglieder des klagenden Verbandes zur Zahl der insgesamt auf dem betreffenden Markt Tätigen verhält. Entscheidend ist vielmehr, ob dem betroffenen Verband Unternehmen angehören, die auf dem fraglichen Markt nach Anzahl und Gewicht ein gemeinsames Interesse der Angehörigen der betroffenen Branche repräsentieren. Dafür reicht es aus, dass die Angehörigen der betroffenen Branche über eine bloße mittelbare Mitgliedschaft ihres Verbandes in einem Spitzenverband vertreten werden.

Durch das Erfordernis einer ausreichenden personellen, sachlichen und finanziellen Ausstattung soll vermieden werden, dass lediglich pro Forma existierende Abmahnvereine, die ihr gesamtes Geschäft nur durch Anwälte erledigen lassen, ausschließlich zum Zwecke der Gebührenbeschaffung tätig werden.

Keine Abmahnvereine

Die Vorschrift des § 8 Abs. 3 Nr. 3 UWG regelt die Klagebefugnis der Verbraucherverbände. Dabei ist nur zu prüfen, ob der entsprechende Verband in die Liste qualifizierter Einrichtungen nach § 4 des Unterlassungsklagengesetzes oder in dem Verzeichnis der Kommission der Europäischen Gemeinschaften eingetragen ist. Die entsprechenden Voraussetzungen hierfür, nämlich dass es zu den satzungsgemäßen Aufgaben des Verbandes gehört, die Interessen der Verbraucher durch Aufklärung und Beratung nicht gewerbsmäßig und nicht nur vorübergehend wahrzunehmen, werden nur bei der Eintragung in die Liste und nicht mehr im anschließenden Rechtsstreit geprüft.

Klagebefugnis Verbraucherverbände

Klagebefugt nach § 8 Abs. 3 Nr. 4 UWG sind nur die Industrie- und Handelskammern sowie die Handwerkskammern. Die Klagebefugnis sonstiger öffentlich-rechtlicher Berufsverbände, wie z.b. der Rechtsanwalts- oder Steuerberaterkammern, kann sich jedoch aus § 8 Abs. 3 Nr. 2 UWG ergeben.

Klagebefugnis IHK und Handwerkskammer

1.1.3. Anspruchsgegner

Der Unterlassungsanspruch richtet sich zunächst gegen den, der den Verstoß gegen die Vorschriften des UWG vorgenommen hat. Daneben haftet der Inhaber eines Unternehmens neben seinen Angestellten oder Beauftragten.

Adressat des Unterlassungsanspruchs

Beseitigung und Unterlassung

§ 8 UWG

(2) Werden die Zuwiderhandlungen in einem Unternehmen von einem Mitarbeiter oder Beauftragten begangen, so sind der Unterlassungsanspruch und der Beseitigungsanspruch auch gegen den Inhaber des Unternehmens begründet.

1.2. Schadensersatzansprüche

Im Falle eines schuldhaften Verstoßes gegen § 3 oder § 7 UWG kann ein durch die Wettbewerbshandlung verletzter Mitbewerber statt oder neben dem Unterlassungsanspruch nach § 9 UWG auch Schadensersatz fordern. Dieser Anspruch steht den in § 8 Abs. 3 Nr. 2 bis 4 UWG genannten Verbänden nicht zu.

Schadensersatz

Wer vorsätzlich oder fahrlässig eine nach § 3 oder 7 unzulässige geschäftliche Handlung vornimmt, ist den Mitbewerbern zum Ersatz des daraus entstehenden Schadens verpflichtet. Gegen verantwortliche Personen von periodischen Druckschriften kann der Anspruch auf Schadensersatz nur bei einer vorsätzlichen Zuwiderhandlung geltend gemacht werden.

Schuldner des Schadensersatzanspruches ist der Verletzer, d.h. derjenige, der den Wettbewerbsverstoß begangen hat. Dazu gehört auch der Inhaber eines Unternehmens, dem der Wettbewerbsverstoß seines Angestellten oder Beauftragten über §§ 31, 831 BGB zugerechnet werden kann.

Im Falle eines Wettbewerbsverstoßes durch Zeitungsanzeigen etc. können neben dem Werbenden grundsätzlich auch die die Werbung veröffentlichenden Medien unter dem Gesichtspunkt der Förderung fremden Wettbewerbs in Anspruch genommen werden. Um diese nicht mit übermäßigen Haftungsrisiken zu belasten, ist für einen Anspruch gegen die verantwortlichen Personen von periodischen Druckschriften, wie z.B. Zeitungen und Zeitschriften, nach § 9 Satz 2 UWG zusätzlich erforderlich, dass ein vorsätzlicher Verstoß gegen § 3 oder § 7 UWG vorliegt. Dabei greift das Haftungsprivileg des § 9 Satz 2 UWG nach seinem Sinn und Zweck nur ein, wenn es um die Veröffentlichung fremder Anzeigen in einem periodischen Druckwerk geht. In den Fällen wettbewerbswidriger Eigenwerbung bestimmt sich auch die Haftung der verantwortlichen Personen von periodischen Druckschriften ausschließlich nach § 9 Satz 1 UWG.

1.3. Gewinnabschöpfungsanspruch

Verstöße gegen § 3 oder § 7 UWG können bei einer Vielzahl von Abnehmern Bagatellschäden verursachen. In diesen Fällen ist zwar der einzelne Schaden so gering, dass der jeweils Betroffene erfahrungsgemäß nicht aus Vertrag oder Delikt gegen den Schädiger vorgeht. Insgesamt kann sich für den gegen § 3 oder § 7 UWG Verstoßenden aus entsprechenden Handlungen jedoch ein erheblicher Gewinn ergeben. Der in § 10 UWG geregelte Gewinnabschöpfungsanspruch soll es den in § 8 Abs. 3 Nr. 2-4 UWG Genannten ermöglichen, diese sog. Streuschäden zu Gunsten des Bundeshaushaltes abzuschöpfen. Voraussetzung hierfür ist, dass

- der Schuldner vorsätzlich gegen § 3 oder § 7 UWG verstoßen hat und

- hierdurch zu Lasten einer Vielzahl von Abnehmern einen Gewinn erzielt hat.

Gewinnabschöpfung　　　　　　　　　　　　　　　　**§ 10 UWG**

(1) Wer vorsätzlich eine nach § 3 oder § 7 unzulässige geschäftliche Handlung vornimmt und hierdurch zu Lasten einer Vielzahl von Abnehmern einen Gewinn erzielt, kann von den gem. § 8 Abs. 3 Nr. 2-4 zur Geltendmachung eines Unterlassungsanspruchs Berechtigten auf Herausgabe dieses Gewinns an den Bundeshaushalt in Anspruch genommen werden.

Gegebenenfalls geleistete Schadensersatzleistungen an die Geschädigten sowie Geldstrafen auf Grund von Strafvorschriften des UWG sind nach § 10 Abs. 2 S. 1 UWG vom Gewinnabschöpfungsanspruch abzuziehen.

Berechnung des Gewinnabschöpfungsanspruchs

Gewinnabschöpfung　　　　　　　　　　　　　　　　**§ 10 UWG**

(2) Auf den Gewinn sind die Leistungen anzurechnen, die der Schuldner auf Grund der Zuwiderhandlung an Dritte oder an den Staat erbracht hat...

1.4. Verjährung

Für die Verjährung wettbewerbsrechtlicher Ansprüche enthält § 11 UWG eine Sonderregelung.

Verjährung　　　　　　　　　　　　　　　　　　　**§ 11 UWG**

(1) Die Ansprüche aus den §§ 8, 9 und 12 Abs. 1 Satz 2 verjähren in sechs Monaten.

(2) Die Verjährungsfrist beginnt, wenn

1.　der Anspruch entstanden ist und
2.　der Gläubiger von den den Anspruch begründenden Umständen und der Person des Schuldners Kenntnis erlangt oder ohne grobe Fachlässigkeit erlangen müsste.

(3) Schadensersatzansprüche verjähren ohne Rücksicht auf die Kenntnis oder grob fahrlässige Unkenntnis in zehn Jahren von ihrer Entstehung, spätestens in 30 Jahren von der den Schaden auslösenden Handlung an.

(4) Andere Ansprüche verjähren ohne Rücksicht auf die Kenntnis oder grob fahrlässige Unkenntnis in drei Jahren von der Entstehung an.

2. Anspruchsdurchsetzung

Schadensersatz- und Unterlassungsansprüche können mit einer gerichtlichen Klage geltend gemacht werden. Wegen der üblichen Verfahrensdauer unserer Gerichte würden entsprechende Urteile jedoch regelmäßig erst nach Ablauf mehrerer Monate ergehen. Der Verletzte hat jedoch ein Interesse daran, eine ihn beeinträchtigende Werbemaßnahme sofort stoppen zu lassen. Daher hat in der Praxis der mit der einstweiligen Verfügung durchgesetzte Unterlassungsanspruch besondere Bedeutung. Dementsprechend soll nachfolgend ausschließlich auf dieses Verfahren eingegangen werden.

Gerichtliche Klage

Einstweilige Verfügung als Regelfall

2.1. Außergerichtliches Vorgehen

Bevor der Gläubiger eines Unterlassungsanspruches das Gericht wegen eines Wettbewerbsverstoßes anruft, soll er den Anspruchsschuldner nach § 12 Abs. 1 UWG zunächst abmahnen.

Abmahnung

Anspruchsdurchsetzung, ... **§ 12 UWG**

(1) Die zur Geltendmachung eines Unterlassungsanspruchs Berechtigten sollen den Schuldner vor der Einleitung eines gerichtlichen Verfahrens abmahnen und ihm Gelegenheit geben, den Streit durch Abgabe einer mit einer angemessenen Vertragsstrafe bewehrten Unterlassungsverpflichtung beizulegen. Soweit die Abmahnung berechtigt ist, kann der Ersatz der erforderlichen Aufwendungen verlangt werden.

Eine Rechtspflicht zur Abmahnung wird durch die Sollvorschrift des § 12 Abs. 1 Satz 1 UWG zwar nicht eingeführt. Jedoch entgeht der Gläubiger so der Gefahr der Kostentragungspflicht, welcher er bei unmittelbarer Klageerhebung ausgesetzt wäre, wenn der Anspruchsschuldner den Anspruch sofort anerkennen würde (vgl. § 93 ZPO).

Keine Rechtspflicht zur Abmahnung

Ein § 12 Abs. 1 Satz 1 UWG entsprechendes Abmahnschreiben muss inhaltlich folgende Anforderungen erfüllen:

Inhaltliche Anforderungen

- Darlegung der beanstandeten Verletzungshandlung im Einzelnen mit genau überprüfbaren Angaben (Datum, Ort und Umstände)

- Rechtliche Einordnung der geschäftlichen Handlung

- Aufforderung zur Abgabe einer strafbewehrten Unterlassungserklärung mit Fristsetzung

- Androhung gerichtlicher Schritte.

Abmahnung mit vorformulierter strafbewehrter Unterlassungsverspflichtung

An die Firma

Hydro — Hydraulik GmbH

Bandstahlstraße 12

Hagen

Betr.: Ihre Werbung in den VDI — Nachrichten vom 20.12.2010

Sehr geehrte Damen und Herren,

die Firma Nirosta — Hydraulik AG, Bochum, hat uns ausweislich der beigefügten Vollmacht mit der Wahrnehmung ihrer Interessen beauftragt und uns gebeten, Ihnen folgendes mitzuteilen:

In den VDI — Nachrichten vom 20.2.2010 werben sie für ihre Produkte mit einer Anzeige, in der sich Abbildungen einer Hydraulik-Komponente unserer Mandantin befinden. Die Abbildung zeigt die branchenbekannte Komponente unserer Mandantin unter der Überschrift „Die neue Hydro-Hydraulik Ventilreihe ist 100% austauschbar". Dabei wird eine alte und verschmutzte Hydraulik-Komponente unserer Mandantin mit Einsatz eines neuen Hydro-Hydraulik Ventils abgebildet, wobei insbesondere das neue, glänzende Hydro-Hydraulik Ventil einem alten, angerosteten Ventil unserer Mandantin gegenübergestellt wird. Darunter findet sich die Formulierung: „Hydro-Hydraulik Ventile — Die bessere Alternative!"

Diese Werbeanzeige verstößt gegen § 3 Abs. 1 i.V.m. § 6 Abs. 2 Nr. 5 UWG und stellt aus diesem Grund eine unlautere Wettbewerbshandlung dar. Bei dem in Bezug genommenen Werbeprospekt handelt es sich um vergleichende Werbung im Sinne des § 6 Abs. 1 UWG. Diese vergleichende Werbung erfolgt in einer die Produkte unserer Mandantin herabsetzenden Art und Weise.

Zur Vermeidung einer gerichtlichen Auseinandersetzung haben wir Sie deshalb aufzufordern, bis zum

15.03.2010

die in der Anlage beigefügte strafbewehrte Unterlassungserklärung an uns zurück zu senden.

Darüber hinaus sind Sie nach § 12 Abs. 1 Satz 2 UWG verpflichtet, unserer Mandantin die durch unsere Inanspruchnahme entstandenen Kosten, die unten angeführt sind, zu ersetzen. Der Eingang des Kostenbetrages wird ebenfalls bis zum 15.03.2010 erwartet.

Mit freundlichen Grüßen

(es folgt eine Aufstellung der Kosten für das Abmahnschreiben)

1. Anlagen

2. Vollmacht

Verpflichtungserklärung

Die Firma Hydro — Hydraulik GmbH, Hagen, verpflichtet sich gegenüber der Firma Nirosta — Hydraulik AG, Bochum,

1. es zu unterlassen, in der Werbung für ihre Produkte die Produkte der Firma Nirosta — Hydraulik AG, Bochum, in herabsetzender und verunglimpfen-der Weise mit ihren eigen Produkten zu vergleichen, wie dies in den VDI — Nachrichten vom 20.02.2010 geschehen ist;

2. für jeden Fall der Zuwiderhandlung unter Ausschluss des Fortset-zungszusammenhangs eine Vertragsstrafe in Höhe von 5.001 Euro an die Firma Nirosta — Hydraulik AG, Bochum, zu zahlen,

3. der Firma Nirosta — Hydraulik AG, Bochum, die durch die Abmahnung entstanden Kosten zu ersetzen.

Mit der Abgabe der strafbewehrten Unterlassungserklärung einschließlich eines angemessenen Vertragsstrafeversprechens entfällt die für einen Unterlassungsanspruch erforderliche Wiederholungsgefahr. Auf diese Weise werden die meisten Wettbewerbsstreitigkeiten erledigt.

2.2. Gerichtliches Vorgehen

Führt die Abmahnung nicht zur Erledigung der Angelegenheit, so wird in der Praxis regelmäßig eine einstweilige Verfügung beantragt (§§ 935 ff. ZPO). Diese setzt einen

- Verfügungsanspruch und einen

- Verfügungsgrund

voraus. Verfügungsanspruch ist regelmäßig der sich aus § 8 UWG ergebende Unterlassungsanspruch. Ein Verfügungsgrund liegt vor, wenn die Durchführung des einstweiligen Verfahrens zur Abwendung einer Gefährdung der Gläubigerinteressen geboten ist. Dies wird im Wettbewerbsprozess nach § 12 Abs. 2 UWG vermutet.

Wird die einstweilige Verfügung antragsgemäß erlassen, kann der Störer dagegen Widerspruch einlegen (§§ 936, 924 ZPO). Dann findet ein »normales« Gerichtsverfahren statt, das durch Endurteil endet.

Rührt der Störer sich trotz Erlass einer einstweiligen Verfügung nicht, so ist es Sache des Anspruchstellers, das Verfahren mit einem sog. »Abschlussschreiben« zu Ende zu bringen. In diesem Abschlussschreiben wird der Störer unter Fristsetzung aufgefordert, sich dahingehend zu erklären, dass er auf die Einlegung des Widerspruches sowie bestimmter aus §§ 926, 927 ZPO folgender Rechte verzichtet. Wird diese Erklärung vom Störer nicht abgegeben, so wird der Anspruchsteller nun seinerseits Klage zur Hauptsache erheben.

Die »normale« Hauptsacheklage vor den Gerichten hat weniger für Unterlassungsansprüche als für Schadensersatz- bzw. Auskunftsansprüche zur Vorbereitung von Schadensersatzansprüchen Bedeutung.

Margin notes:

Voraussetzungen der einstweiligen Verfügung

Widerspruch

Erlass der einstweiligen Verfügung

Bedeutung des Klageverfahrens im UWG-Prozess

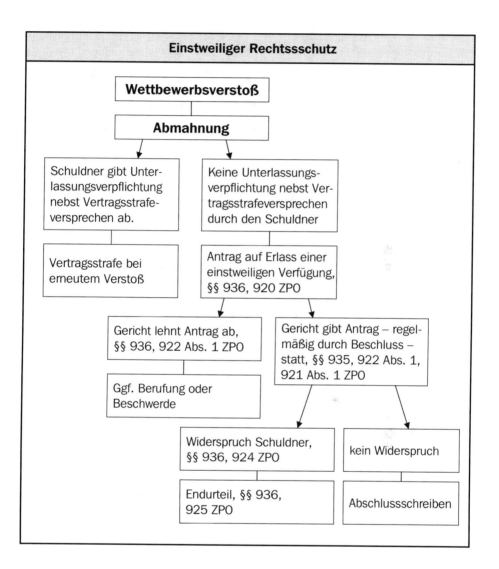

2.3. Einigungsstellen

Auch ohne Anrufung des Gerichts können die Beteiligten versuchen, ihre Wettbewerbsstreitigkeit beizulegen. Dem dienen die nach § 15 Abs. 1 UWG bei der Industrie- und Handelskammer errichteten Einigungsstellen.

Einigungsstellen

(1) Die Landesregierungen errichten bei Industrie- und Handelskammern Einigungsstellen zur Beilegung von bürgerlichen Rechtsstreitigkeiten, in denen ein Anspruch auf Grund dieses Gesetzes geltend gemacht wird (Einigungsstellen).

3. Wiederholungsfragen

○ Wem obliegt die Durchsetzung der Ansprüche nach dem UWG? Lösung S. 126

○ Wann ist die Geltendmachung von Beseitigungs- und Unterlassungsansprüche i.S.d. § 8 Abs. 1 UWG unzulässig? Lösung S. 126

○ Nennen Sie die verschiedenen Ausprägungen des Unterlassungsanspruchs aus § 8 Abs. 1 UWG. Lösung S. 128

○ Sind Verbraucher zur Erhebung einer Unterlassungsklage befugt? Lösung S. 130

○ Wer ist der Adressat eines Unterlassungsanspruchs nach § 8 UWG? Lösung S. 131

○ Stehen Verbraucherverbänden Schadensersatzansprüche nach § 9 UWG zu? Lösung S. 132

○ Kann der Inhaber eines Unternehmens, dessen Angestellter einen Wettbewerbsverstoß begangen hat, schadensersatzpflichtig sein? Lösung S. 132

○ Wie werden Unterlassungsansprüche regelmäßig durchgesetzt? Lösung S. 135

○ Besteht eine Rechtspflicht zur Abmahnung? Lösung S. 135

○ Welche Voraussetzungen müssen für eine einstweilige Verfügung vorliegen? Lösung S. 138

Grundstruktur des GWB

1. Überblick über das GWB

Definition »Wettbewerb«

Das GWB verfolgt das Ziel, die Freiheit des Wettbewerbs gegen wettbewerbsbeschränkende Vereinbarungen und Verhaltensweisen zu sichern. Was exakt unter dem vom Gesetz geschützten Wettbewerb zu verstehen ist, ist in der Volkswirtschaftslehre umstritten und wird im GWB nicht definiert. Nach der für die Rechtspraxis maßgeblichen Auffassung des BGH ist Wettbewerb i.S.d. GWB jede wirtschaftliche Handlung, die darauf gerichtet ist, sich im Wirtschaftsleben auf Kosten eines Mitbewerbers einen Vorteil zu verschaffen.

Zum Schutz der Freiheit des so definierten Wettbewerbs trifft das GWB Regelungen zur Zulässigkeit bzw. Unzulässigkeit bestimmter wettbewerbsbeschränkender Maßnahmen. Soweit hier von Interesse, kann dabei zwischen folgenden Regelungsbereichen unterschieden werden:

Regelungsbereiche des GWB

1. Regelungen zu wettbewerbsbeschränkenden Vereinbarungen finden sich in den §§ 1-3 GWB im ersten Abschnitt des ersten Teils des Gesetzes.

2. Das Verbot des Missbrauchs einer marktbeherrschenden Stellung (Missbrauchsverbot) und das Verbot wettbewerbsbeschränkenden Verhaltens ist in den §§ 19-21 GWB im zweiten Abschnitt des ersten Teils des Gesetzes geregelt.

3. Regelungen über die Kontrolle von Unternehmenszusammenschlüssen (Fusionskontrolle) finden sich in den §§ 35-43 GWB im siebten Abschnitt des ersten Teils.

Vor einer detaillierten Erörterung der mit den jeweiligen Vorschriften verbundenen Einzelprobleme soll an dieser Stelle zunächst ein Überblick über die verschiedenen gesetzlichen Regelungsbereiche erfolgen.

1.1. Wettbewerbsbeschränkende Vereinbarungen

Horizontale und vertikale wettbewerbsbeschränkende Vereinbarungen

§ 1 GWB untersagt wettbewerbsbeschränkende Vereinbarungen. Darunter sind solche vertraglichen Absprachen zu verstehen, die eine Beschränkung des Wettbewerbs bewirken. Bei diesen Absprachen kann es sich entweder um horizontale Vereinbarungen zwischen miteinander im Wettbewerb stehenden Unternehmen der gleichen Marktstufe (Kartelle) oder um vertikale Vereinbarungen zwischen nicht miteinander im Wettbewerb stehenden Unternehmen verschiedener Marktstufen handeln.

Beispiel 63:

1. Die Kopierladenbesitzer einer Stadt vereinbaren einen einheitlichen Kopierpreis (horizontale Vereinbarung).

2. Ein Hersteller von Kopiergeräten verpflichtet die Erwerber seiner Geräte im Kaufvertrag, Kopien nur mit bei ihm gekauften Papier herzustellen (vertikale Vereinbarung).

Derartige horizontale und vertikale Vereinbarungen sind nach § 1 GWB grundsätzlich verboten.

Vom Begriff der Vereinbarung i.S.d. § 1 GWB werden zudem nicht nur vertraglich vereinbarte Wettbewerbsbeschränkungen erfasst. Dem Vereinbarungsbegriff unterfallen auch solche einseitigen Maßnahmen einer Vertragspartei, die im Rahmen bestehender vertraglicher Beziehungen erfolgen und diese durch konkludente Zustimmung der anderen Vertragspartei weiter konkretisieren.

Einseitige Maßnahmen als Vereinbarung

Beispiel 64: *Ein Hersteller übersendet seinen Händlern durchgehend Rechnungen mit dem Aufdruck »Export verboten«. Die Händler halten sich an diese bei Vertragsabschluss nicht vereinbarte Weisung.*

Vom Verbot des § 1 GWB werden weiterhin Beschlüsse von Unternehmensvereinigungen erfasst.

Wettbewerbsbeschränkende Beschlüsse

Beispiel 65 *»Taxi-Besitzvereinigung« (nach BGH NJW 1980, S. 2813): Mehrere Taxiunternehmen schließen sich zum gemeinsamen Betrieb einer Funkzentrale zusammen. Durch Beschluss dieser Taxiunternehmervereinigung wird die Zahl der zulässigen Wagen je Mitglied begrenzt.*

Schließlich verbietet § 1 GWB auch aufeinander abgestimmte wettbewerbsbeschränkende Verhaltensweisen. Damit sind auch die Formen aufeinander abgestimmten Verhaltens, die den Vereinbarungsbegriff nicht erfüllen, untersagt. Eine unzulässige Verhaltensabstimmung in diesem Sinne setzt eine Form der Koordination der beteiligten Unternehmen voraus, die bewusst eine praktische Zusammenarbeit an die Stelle des mit Risiken verbundenen Wettbewerbs treten lässt.

Abgestimmte Verhalten sweisen

Beispiel 66 *(nach BGHSt 24, 54 ff.): Vertreter der bedeutendsten europäischen Farbstoffhersteller treffen sich in Basel zum Erfahrungs- und Informationsaustausch. Nachdem verschiedene Punkte erörtert worden waren, erklärt der Vertreter der Firma Geigy (Schweiz), seine Gesellschaft werde die Preise für Teerfarben in einer Woche um acht Prozent erhöhen. In der folgenden Woche erhöhen die in Basel anwesenden Unternehmen gleichförmig ihre Preise für Teerfarbstoffe um 8 %.*

*Obwohl vorliegend wegen des Fehlens einer gegenseitigen Willensei-
nigung keine Vereinbarung getroffen wurde und auch kein Beschluss
gefasst worden ist, ist das Vorgehen der Farbstoffhersteller als abgestimmte Verhaltensweise nach § 1 GWB verboten.*

PARALLELVERHALTEN

Parallelverhalten

Die § 1 GWB unterfallenden Vereinbarungen, Beschlüsse und aufeinander abgestimmten Verhaltensweisen müssen vom erlaubten Parallelverhalten von Unternehmern abgegrenzt werden.

Beispiel 67: *Die Verbraucherzentrale Hagen veröffentlicht einen Ver-
gleich der Preise der ortsansässigen Elektrofachgeschäfte. Die Firma
Z ist am billigsten. Daraufhin passen sämtliche anderen Firmen ihre
Preise entsprechend an. Verstößt dies gegen § 1 GWB?*

*Dieses Verhalten verstößt in Ermangelung einer Vereinbarung nicht
gegen § 1 GWB. Mangels Austausch von Willenserklärungen kommt
eine vertragliche Vereinbarung der Firmen über ihre Preisgestaltung
ohnehin nicht in Betracht. Es fehlt auch an einer ebenfalls von § 1
GWB erfassten aufeinander abgestimmten Verhaltensweise. Eine Verhaltensabstimmung setzt nämlich ein Zusammenwirken der Unternehmen voraus. Daran fehlt es hier. Vielmehr haben die Unternehmen
ohne gegenseitige Abstimmung ihre Preise lediglich an die Marktlage
angepasst. Die Notwendigkeit, sich in seinem unternehmerischen Verhalten der Marktlage anpassen zu müssen, soll jedoch gerade durch
das GWB geschützt werden. Erfolgt diese Anpassung ohne jede vertragliche oder tatsächliche Absprachen der beteiligten Unternehmen,
so fällt sie als so genanntes (erlaubtes) Parallelverhalten nicht unter
den Begriff der Vereinbarung oder der aufeinander abgestimmten Verhaltensweise i.S.d. § 1 GWB. Dies gilt selbstverständlich auch dann,
wenn die Marktlage alle betroffenen Unternehmen zu einem parallelen
Verhalten zwingt.*

1.2. Missbrauchsverbot für marktbeherrschende Unternehmen

In § 19 Abs. 1 GWB enthält das Gesetz ein unmittelbares Verbot der missbräuchlichen Ausnutzung einer marktbeherrschenden Stellung durch ein oder mehrere Unternehmen. Missbräuchlich ist danach insbesondere die Behinderung der Mitbewerber.

Missbrauchsverbot

Beispiel 68: *Ein marktbeherrschender Sportartikelhersteller weigert sich allein deshalb, ein Sportartikelfachgeschäft zu beliefern, weil dieses nach seiner Auffassung die Waren zu billig verkauft.*

Darüber hinaus enthält der zweite Abschnitt des ersten Teils des GWB weitere Regelungen zu wettbewerbsbeschränkendem Verhalten, die sich nicht nur an marktbeherrschende Unternehmen richten. In diesem Zusammenhang sind zu nennen

Verbot wettbewerbs-beschränkenden Verhaltens

- das in § 20 GWB geregelte Verbot der Diskriminierung und unbilligen Behinderung und

- das in § 21 GWB geregelte Boykottverbot.

1.3. Zusammenschlusskontrolle

Die §§ 35 bis 43 GWB enthalten Regelungen, die verhindern sollen, dass durch Zusammenschlüsse mehrerer Unternehmen unerwünschte Marktmacht entsteht.

Regelungen zu Unternehmens-zusammenschlüssen

Beispiel 69: *Auf dem Markt für bestimmte Spezialmaschinen sind in der Bundesrepublik Deutschland lediglich zwei Unternehmen tätig. Diese wollen fusionieren. Dies würde dazu führen, dass der betreffende Markt in Zukunft nur noch von einem Unternehmen beliefert würde. Dieses Unternehmen wäre dann keinem Preis- und Leistungswettbewerb mehr ausgesetzt.*

2. Anwendbarkeit des GWB

Vor einer detaillierten Befassung mit den vorstehend skizzierten Regelungen des GWB ist es sinnvoll, sich einen Überblick über den personellen, sachlichen und internationalen Anwendungsbereich des Gesetzes sowie dessen Verhältnis zum europäischen Wettbewerbsrecht zu verschaffen. Es handelt sich hierbei nämlich um Problemstellungen, die für nahezu alle Einzelvorschriften des GWB Bedeutung besitzen und daher sinnvollerweise vorab im Zusammenhang dargestellt werden.

2.1. Personeller Anwendungsbereich

Unternehmen i.S.d. GWB

Von wenigen Ausnahmen abgesehen gelten die Vorschriften des GWB nur für Unternehmen bzw. Unternehmensvereinigungen. Unternehmen i.S.d. GWB ist jede selbständige, nicht rein private und außerhalb des Erwerbslebens liegende Tätigkeit einer Person in der Erzeugung oder Verteilung von Waren oder gewerblichen Leistungen. Daraus folgt, dass alle am Wirtschaftsleben teilnehmenden Personen und Personenvereinigungen Unternehmer im Sinne des GWB sind, soweit es sich nicht um

- Letztverbraucher oder

- Arbeitnehmer

Staat als Unternehmen

handelt. Insbesondere ist auch der Staat Unternehmen im Sinne des GWB, soweit er nicht hoheitlich verwaltend sondern als Nachfrager oder Anbieter von Waren oder gewerblichen Leistungen auftritt. Dies folgt aus § 130 Abs. 1 Satz 1 GWB, der die grundsätzliche Anwendung des GWB auf Unternehmen der öffentlichen Hand anordnet.

§ 130 GWB

Unternehmen der öffentlichen Hand, Geltungsbereich

(1) Dieses Gesetz findet auch Anwendung auf Unternehmen, die ganz oder teilweise im Eigentum der öffentlichen Hand stehen oder die von ihr verwaltet oder betrieben werden. ...

Beispiel 70 (nach BGH WUW/E 1469 f.): Eine kassenärztliche Vereinigung und eine Landesärztekammer verbreiten zugunsten der ihnen angehörenden Laborärzte ein Rundschreiben, mit dem sie Ärzte, die Laborleistungen nachfragen, auffordern, den Service eines neu in den Markt eingetretenen Wettbewerbers tunlichst zu meiden. Als der Inhaber des Services die kassenärztliche Vereinigung und die Landesärztekammer nach § 21 Abs. 1 GWB auf Unterlassen des Boykottaufrufs in Anspruch nimmt, verweisen diese auf ihre Eigenschaft als öffentlich-

rechtliche Körperschaften und meinen, sie seien keine Unternehmen im Sinne des GWB. Trifft diese Auffassung zu?

Ärzte und Laborärzte sind Unternehmen im Sinne des GWB. Daraus folgt, dass die kassenärztliche Vereinigung und die Landesärztekammer »Vereinigungen von Unternehmen« sind. Das die Vereinigungen die Rechtsform einer öffentlich-rechtliche Körperschaft haben, steht dem, wie aus § 130 GWB folgt, nicht entgegen.

2.2. Sachlicher Anwendungsbereich

Das GWB gilt nicht unterschiedslos für alle Unternehmen. Auf einige Wirtschaftszweige ist es nur in eingeschränkter oder modifizierter Weise anzuwenden. Entsprechende Tatbestände werden als »Bereichsausnahmen« bezeichnet und sind als »Sonderregeln für bestimmte Wirtschaftsbereiche«, in den §§ 28-30 GWB geregelt.

Bereichsausnahmen

Daneben gibt es Ausnahmen, die – z.B. für die Verkehrswirtschaft, die Telekommunikation und die Energiewirtschaft – in speziellen Gesetzen geregelt sind.

2.3. Internationaler Anwendungsbereich

Sofern ein wettbewerbsbeschränkender Tatbestand Auslandsbeziehungen aufweist, stellt sich die Frage, ob das GWB auf diesen Tatbestand Anwendung findet. Diese Frage wird durch die in § 130 Abs. 2 GWB getroffene Regelung über den internationalen Anwendungsbereich des GWB beantwortet.

Unternehmen der öffentlichen Hand, Geltungsbereich **§ 130 GWB**

(2) Dieses Gesetz findet Anwendung auf alle Wettbewerbsbeschränkungen, die sich im Geltungsbereich dieses Gesetzes auswirken, auch wenn sie außerhalb des Geltungsbereichs dieses Gesetzes veranlasst werden.

Entscheidend für die Anwendbarkeit des GWB ist somit das sog. »Wirkungsprinzip«. Danach kommt es darauf an, ob sich die Wettbewerbsbeschränkung im Geltungsbereich des GWB auswirkt.

Wirkungsprinzip

Daraus folgt zweierlei:

- Das GWB findet auch auf inländische Wettbewerbsbeschränkungen Anwendung, die allein vom Ausland her, namentlich (allein) durch ausländische Firmen, veranlasst werden.

- Das GWB findet grundsätzlich auf die Verhaltensweise inländischer Unternehmen keine Anwendung, wenn der dadurch veranlassten Wettbewerbsbeschränkung die Inlandsauswirkung fehlt.

Beispiel 71:

1. *Vereinbaren zwei japanische Autohersteller, zukünftig auf dem deutschen Markt für bestimmte japanische Kfz-Modelle abgestimmte Preise zu verlangen, so unterliegt diese Absprache nach § 130 Abs. 2 GWB den Vorschriften des GWB und somit auch dem Verbot des § 1 GWB.*

2. *Vereinbaren zwei deutsche Autohersteller, zukünftig auf dem japanischen Markt für bestimmte von ihnen exportierte deutsche PKW-Modelle abgestimmte Preise zu verlangen, so unterliegt diese Absprache mangels Inlandswirkung gemäß § 130 Abs. 2 GWB nicht den Vorschriften des GWB und somit auch nicht dem Verbot des § 1 GWB.*

2.4. Verhältnis zum europäischen Recht

Das Verhältnis des GWB zum europäischen Wettbewerbsrecht ist relativ kompliziert. Um es zu verstehen, muss man sich verdeutlichen, dass ein wettbewerbsrelevantes Verhalten sowohl gegen Regelungen des GWB als auch gegen Regelungen des europäischen Wettbewerbsrechts verstoßen kann.

Möglichkeit des gleichzeitigen Verstoßes gegen GWB und europäisches Wettbewerbsrecht

Beispiel 72: *Ein französischer und ein deutscher Automobilhersteller vereinbaren, künftig keine Autos mehr in das jeweils andere Land zu importieren. Diese Vereinbarung ist sowohl nach § 1 GWB als auch nach Art. 101 Abs. 1 Buchstabe c) AEUV verboten.*

Sofern ein kartellrechtlicher Tatbestand sowohl einer Norm des GWB als auch einer Norm des europäischen Kartellrechts unterfällt, müssen zwei Fragen beantwortet werden:

1. Ist das Wettbewerbsrecht des GWB und/oder das europäische Wettbewerbsrecht anzuwenden?

2. Ist der Wettbewerbsverstoß von den nationalen Kartellbehörden oder von der EU-Kommission zu verfolgen?

2.4.1. Anwendbares Recht

Im Regelungsbereich der Zusammenschlusskontrolle (§§ 35-43 GWB) ist die Nichtanwendbarkeit des GWB durch Art. 21 Abs. 1-3 FusKontr-VO geregelt und zugleich festgelegt, dass insoweit die nationalen Kartellbehörden grundsätzlich nicht zuständig sind.

Nichtanwendbarkeit des GWB bei Eingreifen der FusKontrVO

Anwendungsbereich

Art. 1 FusKontrVO

(1) Unbeschadet des Art. ... gilt diese Verordnung für alle Zusammenschlüsse von gemeinschaftsweiter Bedeutung im Sinne dieses Artikels.

Anwendung dieser Verordnung und Zuständigkeit

Art. 21 FusKontrVO

(2) Vorbehaltlich der Nachprüfung durch den Gerichtshof ist die Kommission ausschließlich dafür zuständig, die in dieser Verordnung vorgesehenen Entscheidungen zu erlassen.

(3) Die Mitgliedstaaten wenden ihr innerstaatliches Wettbewerbsrecht nicht auf Zusammenschlüsse von gemeinschaftsweiter Bedeutung an.

Im Regelungsbereich des Verbotes wettbewerbsbeschränkender Vereinbarungen (§ 1 GWB) ist das Wettbewerbsrecht des AEUV (Art. 101 AEUV) nach Art. 3 Abs. 1 KartellVO von den nationalen Kartellbehörden neben dem GWB anzuwenden. Dazu kann es stets kommen, wenn eine dem GWB unterfallende Handlung zugleich geeignet ist, den Handel zwischen den Mitgliedstaaten zu beeinträchtigen. Dieses Nebeneinander von europäischem und nationalem Kartellrecht ist nunmehr auch in § 22 Abs. 1 GWB ausdrücklich mit der Maßgabe geregelt, dass die nationalen Wettbewerbsbehörden auf entsprechende Vereinbarungen in jedem Fall Art. 81 EGV – die Vorgängervorschrift des Art. 101 AEUV – anzuwenden haben. Daneben können sie auch § 1 GWB anwenden, müssen dies aber nicht zwingend tun.

Gleichzeitige Anwendbarkeit des § 1 GWB und des Art. 101 AEUV

Verhältnis dieses Gesetzes zu den Art. 81 und 82 des Vertrages zur Gründung der Europäischen Gemeinschaft

§ 22 GWB

(1) Auf Vereinbarungen zwischen Unternehmen, Beschlüsse von Unternehmensvereinigungen und aufeinander abgestimmte Verhaltensweisen im Sinne des Artikels 81 Abs. 1 des Vertrages zur Gründung der Europäischen Gemeinschaft, die den Handel zwischen den Mitgliedstaaten der Europäischen Gemeinschaft im Sinne dieser Bestimmung beeinträchtigen können, können auch die Vorschriften dieses Gesetzes angewandt werden...

Im Falle eines Normkonfliktes haben die nationalen Behörden und Gerichte nach Art. 3 Abs. 2 KartellVO dabei grundsätzlich den Vor-

Vorrang des Art. 101 AEUV in Konfliktfällen

rang des Gemeinschaftsrechts zu berücksichtigen. Daraus folgt zweierlei:

1. Aufgrund des § 1 GWB darf eine nach Art. 101 AEUV erlaubte Vereinbarung nicht verboten werden.

2. Eine nach Art. 101 AEUV verbotene Vereinbarung kann nicht aufgrund des nationalen Rechts erlaubt sein.

Dieses europarechtlich vorgegebene Verhältnis zwischen § 1 GWB und Art. 101 AEUV ist nunmehr ausdrücklich auch in § 22 Abs. 2 GWB, der sich noch auf die Vorgängerregelung zu Art. 101 AEUV bezieht, geregelt.

§ 22 GWB

Verhältnis dieses Gesetzes zu den Art. 81 und 82 des Vertrages zur Gründung der Europäischen Gemeinschaft

(2) Die Anwendung der Vorschriften dieses Gesetzes darf gemäß Artikel 3 Abs. 2 Satz 1 der Verordnung (EG) Nr. 1/2003 nicht zum Verbot von Vereinbarungen zwischen Unternehmen, Beschlüssen von Unternehmensvereinigungen und aufeinander abgestimmten Verhaltensweisen führen, welche den Handel zwischen den Mitgliedstaaten der Europäischen Gemeinschaft zu beeinträchtigen geeignet sind, aber den Wettbewerb im Sinne des Artikels 81 Abs. 1 des Vertrages zur Gründung der Europäischen Gemeinschaft nicht beschränken oder die Bedingungen des Artikels 81 Abs. 3 des Vertrages zur Gründung der Europäischen Gemeinschaft erfüllen oder durch eine Verordnung zur Anwendung des Artikels 81 Abs. 3 des Vertrages zur Gründung der Europäischen Gemeinschaft erfasst sind. ... In anderen Fällen richtet sich der Vorrang von Artikel 81 des Vertrages zur Gründung der Europäischen Gemeinschaft nach dem insoweit maßgeblichen europäischen Gemeinschaftsrecht.

Beispiel 73: *In Beispiel 72 hat das Bundeskartellamt als zuständige nationale Wettbewerbsbehörde die Vereinbarung am Maßstab des Art. 101 AEUV zu prüfen. Daneben kann es auf diese Vereinbarung auch § 1 GWB anwenden. In diesem Fall darf die Anwendung des § 1 GWB nicht zu von der Prüfung am Maßstab des Art. 101 AEUV abweichenden Ergebnissen führen.*

Gleichzeitige Anwendbarkeit der §§ 19 ff. GWB und des Art. 102 AEUV

Auch im Regelungsbereich der Missbrauchskontrolle (§§ 19-21 GWB) ist das Wettbewerbsrecht des AEUV (Art. 102 AEUV) nach Art. 3 Abs. 1 KartellVO von den nationalen Kartellbehörden neben dem GWB anzuwenden. Daneben können die nationalen Kartellbehörden auch die §§ 19-21 GWB anwenden, müssen dies aber nicht zwingend tun. Anders als im Falle wettbewerbsbeschränkender Vereinbarungen nach § 1 GWB lässt das Europarecht nach Art. 3 Abs. 2 Satz 2 KartellVO in den Fällen der Missbrauchkontrolle jedoch die Anwendung strengeren nationalen Rechts zu. Dies ist nunmehr in § 22 Abs. 3 GWB ausdrücklich geregelt. Im Falle eines Normkonfliktes können die nationalen Behörden und Gerichte daher einen nach Art. 82 EGV – der Vorgängervorschrift des Art. 102 AEUV – noch zulässigen Missbrauch ggf. nach Maßgabe der §§ 19-21 GWB untersagen.

Kein Vorrang des Art. 102 AEUV in Konfliktfällen

Verhältnis dieses Gesetzes zu den Art. 81 und 82 des Vertrages zur Gründung der Europäischen Gemeinschaft

§ 22 GWB

(3) Auf Handlungen, die einen nach Artikel 82 des Vertrages zur Gründung der Europäischen Gemeinschaft verbotenen Missbrauch darstellen, können auch die Vorschriften dieses Gesetzes angewandt werden. Ist dies der Fall, ist daneben gem. Artikel 3 Abs. 1 Satz 2 der Verordnung (EG) Nr. 1/2003 auch Artikel 82 des Vertrages zur Gründung der Europäischen Gemeinschaft anzuwenden. Die Anwendung weitergehender Vorschriften dieses Gesetzes bleibt unberührt.

2.4.2. Zuständige Behörde

Grundsätzlich sind die nationalen Kartellbehörden nach Art. 5 KartellVO – die sich noch auf die Vorgängerregelungen zum AEUV bezieht – auch zur Verfolgung von Verstößen gegen das Wettbewerbsrecht des AEUV zuständig, da die entsprechenden Vorschriften in der Bundesrepublik Deutschland unmittelbar geltendes Recht sind und so mit von den nationalen Behörden beachtet werden müssen.

Zuständigkeit der Wettbewerbsbehörden der Mitgliedstaaten

Art. 5 KartellVO

Die Wettbewerbsbehörden der Mitgliedstaaten sind für die Anwendung der Artikel 81 und 82 im Einzelfall zuständig...

Dies gilt jedoch dann nicht, wenn das EU-Recht in anderem Zusammenhang selbst anordnet, dass die nationalen Kartellbehörden nicht zuständig sind. Dies ist nach der Neufassung der KartellVO nur noch dann der Fall, wenn ein Zusammenschluss der FusKontrVO unterfällt.

Das Verhältnis des GWB zum europäischen Wettbewerbsrecht

Nationale Wettbewerbsbehörde beachtet:

Nationales Recht (GWB)
(fakultativ bei Verstoß
gegen Europäisches
Wettbewerbsrecht)

Europäisches Wettbe-
werbsrecht (zwingend)

Ausnahmen kraft Europarechts

GWB nicht anwendbar:
Art. 21 FusKontrVO

Rangverhältnis GWB – Europarecht

Grundsätzlicher Vorrang des Europarechts im Bereich
wettbewerbbeschränkenden Verhaltens, (Art. 101 AEUV)
- Art. 3 Abs. 2 S. 1 KartellVO, § 22 Abs. 1, 2 GWB
Strengeres nationales Recht anwendbar bei Miss-
brauchstatbeständen (Art. 102 AEUV)
- Art. 3 Abs. 2 S. 2 KatellVO, § 22 Abs. 3 GWB

3. Verbot wettbewerbsbeschränkender Vereinbarungen

Seit seiner grundlegenden Neuregelung durch die 7. GWB-Novelle im Jahre 2005 unterscheidet sich das in § 1 GWB geregelte Verbot wettbewerbsbeschränkender Vereinbarungen hauptsächlich noch durch die fehlende sog. »Zwischenstaatlichkeitsklausel« von dem entsprechenden Verbot des Art. 101 AEUV. Während Art. 101 AEUV nur eingreift, wenn die wettbewerbsbeschränkende Vereinbarung zur Beeinträchtigung des Handels zwischen den Mitgliedstaaten geeignet ist, erfasst § 1 GWB auch solche wettbewerbsbeschränkende Vereinbarungen, die sich lediglich auf dem nationalen Markt auswirken.

Abgrenzung zu Art. 101 AEUV

3.1. Voraussetzungen

Das GWB verbietet in § 1 wettbewerbsbeschränkende Vereinbarungen zwischen Unternehmen und entsprechende Beschlüsse von Unternehmensvereinigungen.

Verbot wettbewerbsbeschränkender Vereinbarungen

§ 1 GWB

Vereinbarungen zwischen Unternehmen, Beschlüsse von Unternehmensvereinigungen und aufeinander abgestimmte Verhaltensweisen, die eine Verhinderung, Einschränkung oder Verfälschung des Wettbewerbs bezwecken oder bewirken, sind verboten.

Bei einer Prüfung des § 1 GWB sind folgende Tatbestandsmerkmale zu erörtern:

1. Vereinbarung oder aufeinander abgestimmte Verhaltensweise (bzw. Beschlüsse von Unternehmensvereinigungen)

2. Unternehmen (bzw. Unternehmensvereinigung)

3. Wettbewerbsbeschränkung.

Tatbestandsmerkmale des § 1 GWB

Da die Begriffe Vereinbarung und aufeinander abgestimmte Verhaltensweise (Ziff. 1) sowie Unternehmen (Ziff. 2) bereits bekannt sind, soll im Folgenden lediglich der Begriff der Wettbewerbsbeschränkung näher erläutert werden.

Wettbewerbsbeschränkung

Unter einer Wettbewerbsbeschränkung ist jede künstliche Beschränkung der wirtschaftlichen Handlungsfreiheit eines Unternehmens am Markt zu verstehen. Von § 1 GWB wird dabei nicht nur der Wettbewerb auf dem Anbietermarkt (z.B. Absprachen über Verkaufspreise), sondern auch der Wettbewerb auf dem Nachfragemarkt (z.B. Absprache über Einkaufspreise) erfasst. Geschützt wird darüber hinaus nicht nur der aktuelle Wettbewerb. Für die Anwendung des § 1 GWB reicht es aus, dass zwischen den beteiligten Unternehmen potentieller Wettbewerb besteht. Dies ist z.b. dann der Fall, wenn ein Unternehmen auf demselben Markt wie ein anderes Unternehmen tätig sein könnte.

Beispiel 74 *(nach BGHZ 1977, S. 804): Der Fertigbetonhersteller F verpflichtet sich, den zur Herstellung des Betons nötigen Sand ausschließlich bei Sandlieferant S zu beziehen. S verpflichtet sich, jederzeit die gewünschte Sandmenge zu liefern. Außerdem verpflichtet er sich, seinerseits keinen Fertigbeton herzustellen. Handelt es sich dabei um eine wettbewerbsbeschränkende Vereinbarung?*

Soweit S sich verpflichtet hat, keinen Beton herzustellen, haben F und S eine wettbewerbsbeschränkende Vereinbarung über einen Markt getroffen, auf dem S zwar nicht aktueller, wohl aber potentieller Mitbewerber des F ist. Daher enthält der Vertrag eine wettbewerbsbeschränkende Vereinbarung i.S.d. § 1 GWB.

§ 1 GWB enthält keine Aussage zu der Frage, welche Vereinbarungen wettbewerbsbeschränkende Wirkung entfalten können. Demgegenüber findet sich in Art. 101 AEUV eine nicht abschließende Aufzählung von Regelbeispielen wettbewerbsbeschränkender Vereinbarungen. Auf diese Aufzählung kann auch zur Beantwortung der Frage, wann eine Vereinbarung wettbewerbsbeschränkende Wirkung i.S.d. § 1 GWB haben kann, zurückgegriffen werden. Demnach kann eine Wettbewerbsbeschränkung insbesondere erfolgen durch

Beispiele wettbewerbsbeschränkender Vereinbarungen

- die unmittelbare oder mittelbare Festsetzung der An- oder Verkaufspreise oder sonstiger Geschäftsbedingungen;

- die Einschränkung oder Kontrolle der Erzeugung, des Absatzes, der technischen Entwicklung oder der Investitionen;

- die Aufteilung der Märkte oder Versorgungsquellen;

- die Anwendung unterschiedlicher Bedingungen bei gleichwertigen Leistungen gegenüber Handelspartnern, wodurch diese im Wettbewerb benachteiligt werden und

- die an den Abschluss von Verträgen geknüpfte Bedingung, dass die Vertragspartner zusätzliche Leistungen abnehmen, die weder sachlich noch nach Handelsbrauch in Beziehung zum Vertragsgegenstand stehen.

Festsetzung von Preisen oder Geschäftsbedingungen

Die Festsetzung von Preisen oder Geschäftsbedingungen wird seit der 7. GWB-Novelle ausschließlich von § 1 GWB erfasst. Danach sind horizontale und vertikale Vereinbarungen über Fest-, Höchst- oder Mindestverkaufspreise untersagt. Darunter fallen beispielsweise horizontale Vereinbarungen zwischen miteinander im Wettbewerb stehenden Unternehmen über abgestimmte Verkaufspreise, die Festsetzung von Höchstpreisen durch den Lieferanten oder die Aussprache von Preisempfehlungen durch diesen. Entsprechende Beschränkungen der Freiheit der Preisfestsetzung sind, ebenso wie die Beschränkung der Freiheit der Festsetzung von Geschäftsbedingungen, am Maßstab des § 1 GWB zu messen.

Beispiel 75: *Die Vereinbarung aufeinander abgestimmter Neuwagenpreise zwischen zwei Automobilherstellern unterfällt als klassisches Preiskartell dem Verbot des § 1 GWB.*

Eine Einschränkung oder Kontrolle bei der Erzeugung erfolgt beispielsweise durch so genannte Quotenkartelle miteinander im Wettbewerb stehender Unternehmen, mit denen diese die jeweiligen Produktionsquoten der beteiligten Unternehmen festlegen. Vertikale Vertriebsabsprachen zwischen Unternehmen verschiedener Marktstufen, wie z.B. selektive Vertriebssysteme oder Alleinvertriebs- oder Alleinbezugsverpflichtungen, können eine Einschränkung oder Kontrolle des Absatzes enthalten. Eine Einschränkung oder Kontrolle der technischen Entwicklung oder der Investitionen erfolgt beispielsweise durch Vereinbarungen über die gemeinsame Entwicklung von Teilen durch so genannte Spezialisierungskartelle zwischen miteinander im Wettbewerb stehender Unternehmen, wenn diese Vereinbarung zu einer Normung der entwickelten Teile führt.

Einschränkung oder Kontrolle bei der Erzeugung usw.

Eine wettbewerbsbeschränkende Aufteilung der Märkte oder Versorgungsquellen liegt zunächst bei horizontalen Vereinbarungen miteinander im Wettbewerb stehender Unternehmen vor, mit denen ein einheitlicher Markt in verschiedene, einem Unternehmen jeweils exklusiv zugeordnete, Teilmärkte aufgespalten werden soll. Vertikale Vertriebsvereinbarungen zwischen Unternehmen verschiedener Marktstufen können ebenfalls eine wettbewerbsbeschränkende Aufteilung der Märkte oder Versorgungsquellen enthalten. Dies ist z.B. dann der Fall, wenn jedem Einzelhändler durch den Hersteller eines Produkts ein exklusives Vertriebsgebiet zugewiesen wird und ihm zugleich der Verkauf in ein anderes, einem anderen Einzelhändler zugewiesenes Vertriebsgebiet untersagt wird.

Aufteilung der Märkte oder Versorgungsquellen

Während der Missbrauch einer marktbeherrschenden oder marktstarken Stellung durch ein einzelnes Unternehmen in den §§ 19 f. GWB geregelt ist, unterfällt die auf einer horizontalen oder vertikalen Vereinbarung von Unternehmen beruhende Anwendung von unterschiedlichen Bedingungen bei gleichwertigen Leistungen gegenüber Handelspartnern dann dem Verbot des § 1 GWB, wenn die betroffenen Handelspartner dadurch im Wettbewerb benachteiligt werden. Erfasst wird

Anwendung unterschiedlicher Bedingungen bei gleichwertigen Leistungen

insbesondere die willkürliche Diskriminierung von Handelspartnern eines Kartells, z.B. in Bezug auf die Auswahl der Handelspartner, die von diesen verlangten Preise oder die ihnen gewährten Lieferkonditionen.

Bedingung der Abnahme zusätzlicher Leistungen

Auch die an den Abschluss von Verträgen geknüpfte Bedingung, dass die Vertragspartner zusätzliche Leistungen abnehmen, die weder sachlich noch nach Handelsbrauch in Beziehung zum Vertragsgegenstand stehen, ist nach § 1 GWB verboten. Erfasst werden beispielsweise Fälle, in denen der Bezug bestimmter Waren vom Bezug weitere Waren oder Leistungen abhängig gemacht wird.

Spürbarkeit der Wettbewerbsbeschränkung

Erforderlich ist weiterhin, dass sich eine nach den vorstehenden Ausführungen § 1 GWB unterfallende Wettbewerbsbeschränkung auf dem jeweils betroffenen Markt auch spürbar auswirkt. Dabei dient das Merkmal der Spürbarkeit dazu, Bagatellfälle aus dem Anwendungsbereich des § 1 GWB auszuklammern. Das Bundeskartellamt versucht, die Spürbarkeit zu quantifizieren und verneint sie, wenn der von den an einer horizontalen Vereinbarung beteiligten Unternehmen insgesamt gehaltene Marktanteil auf keinem der betroffenen Märkte 10 Prozent überschreitet oder wenn der von jedem an einer vertikalen Vereinbarung beteiligten Unternehmen gehaltene Marktanteil auf keinem der betroffenen Märkte 15 Prozent überschreitet.

Notwendigkeit der Marktabgrenzung

Die Prüfung, ob der für eine Spürbarkeit der Wettbewerbsbeschränkung erforderliche Marktanteil erreicht ist, macht es erforderlich, den durch die jeweilige Vereinbarung betroffenen Markt in sachlicher, räumlicher und ggf. auch zeitlicher Hinsicht abzugrenzen.

Sachliche Marktabgrenzung

Die sachliche Marktabgrenzung erfolgt dabei durchweg nach dem Konzept der funktionellen Austauschbarkeit. Zu einem Markt werden danach sämtliche Waren oder Dienstleistungen gerechnet, die in den Augen des verständigen Durchschnittsverbrauchers zur Befriedigung seiner Bedürfnisse austauschbar sind.

Beispiel 76:

1. *Überregionale Bus- und Bahnreisen gehören zum selben sachlichen Markt, da es sich bei ihnen aus der Sicht des verständigen Durchschnittsverbrauchers um austauschbare Reiseleistungen handelt. Preisabsprachen zwischen Bus- und Bahnunternehmen fallen daher unter § 1 GWB.*

2. *(nach BGH NJW 2009, S. 1212 ff.): Endkunden, die eine Gasheizung betreiben, können aus technischen Gründen nicht auf andere Energieträger, wie z.B. Öl zurückgreifen. Somit beschränkt sich der sachlich relevante Markt eines Gasversorgers auf den Markt für leistungsgebundene Versorgung von Endkunden mit Gas. Die*

Annahme eines einheitlichen Wärmeenergiemarktes würde dem
Konzept der funktionellen Austauschbarkeit nicht gerecht werden.

Demgegenüber ergibt sich der räumlich relevante Markt aus dem
Hauptabsatzgebiet der Ware oder Dienstleistung. Darüber hinaus kann
in Ausnahmefällen noch die Festlegung eines zeitlich relevanten Marktes erforderlich werden. Dies ist z.b. dann der Fall, wenn während eines bestimmten Zeitraums ein besonderer Markt entsteht, wie z.b. bei
Messen oder Volksfesten.

Räumliche Markt-
abgrenzung

Zeitliche Markt-
abgrenzung

Eine Wettbewerbsbeschränkung unterfällt zudem nur dann dem Verbot
des § 1 GWB, wenn sie von den an der Vereinbarung Beteiligten bezweckt oder bewirkt wird. Somit ist es nicht zwingend erforderlich,
dass die Wettbewerbsbeschränkung bezweckt wird. Es reicht auch aus,
dass die Wettbewerbsbeschränkung als bloße Folge des Handelns bewirkt wird, selbst wenn dies nicht Zweck der entsprechenden Vereinbarung gewesen sein sollte.

Bezwecken oder
Bewirken der
Wettbewerbs-
beschränkung

Beispiel 77 (nach BGHZ 65, 30): Drei Zementhersteller richten eine
Verkaufsstelle ein, der sie ihre gesamten Produkte anbieten können.
Die Verkaufsstelle setzt die Preise fest und verkauft die Produkte im
eigenen Namen. Eine Verpflichtung der Zementhersteller, der Ver-
kaufsstelle ihre Erzeugnisse anzubieten (Andienungspflicht), besteht
nicht.

Hier ist die Wettbewerbsbeschränkung nicht Zweck des Vertrages, da
die Zementhersteller nicht verpflichtet sind, ausschließlich der Ver-
kaufsstelle ihre Produkte anzubieten. Tatsächlich wird eine Wettbe-
werbsbeschränkung allerdings durch den Vertrag bewirkt, denn sämt-
liche Zementhersteller gehen übereinstimmend davon aus, dass der
Verkauf in Zukunft nur noch zu einem Einheitspreis über die Zement-
verkaufsstelle erfolgt.

3.2. Restriktionen und Freistellungen

Selbst dann, wenn die tatbestandlichen Voraussetzungen des § 1 GWB
nach dessen Wortlaut scheinbar erfüllt sind, kann die Anwendung dieser Verbotsnorm noch aufgrund tatbestandlicher Restriktionen oder
aufgrund einer ausdrücklichen gesetzlichen Freistellungen ausscheiden.
Dabei schränken tatbestandliche Restriktionen den Anwendungsbereich des § 1 GWB mit der Folge ein, dass die entsprechende Vereinbarung im Ergebnis schon tatbestandlich nicht von § 1 GWB erfasst
wird. Demgegenüber erfolgt eine Freistellung, wenn zwar die tatbestandlichen Voraussetzungen des § 1 GWB erfüllt sind, zugleich
aber die Voraussetzungen einer Freistellungsnorm eingreifen.

3.2.1. Restriktionen

Horizontale
Zusammenarbeit zwischen
Nichtwettbewerbern

Die vorstehend beschriebenen wettbewerbsbeschränkenden Vereinbarungen müssen nicht in jedem Einzelfall tatsächlich eine wettbewerbsbeschränkende Wirkung entfalten. So entsteht z.B. aus der horizontalen Zusammenarbeit zwischen Nichtwettbewerbern keine wettbewerbsbeschränkende Wirkung auf dem Markt.

Beispiel 78: Der räumlich relevante Markt eines Großstadthotels erstreckt sich im Wesentlichen auf das Stadtgebiet und die nähere Umgebung. Vereinbarungen über einheitliche Ausstattungsstandards und Servicemerkmale zwischen den Hotels einer Stadt entfalten daher wettbewerbsbeschränkende Wirkung auf dem Hotelmarkt dieser Stadt und sind nach § 1 GWB verboten. Anderes ist es bei entsprechenden Vereinbarungen zwischen in verschiedenen Städten gelegenen Hotels. Da diese auf verschiedenen Märkten tätig werden, kann ihre Vereinbarung in Ermangelung eines gemeinsamen Marktes keine wettbewerbsbeschränkende Wirkung entfalten.

Arbeitsgemeinschaften

Entsprechendes gilt für die Zusammenarbeit zwischen verschiedenen Wettbewerbern in Form von Arbeitsgemeinschaften für den Fall, dass die einzelnen beteiligten Unternehmen das von der Zusammenarbeit erfasste Projekt alleine nicht durchführen könnten. In diesem Fall wird den beteiligten Unternehmen durch den Zusammenschluss zu einer Arbeitsgemeinschaft die Beteiligung am Wettbewerb nämlich überhaupt erst ermöglicht.

Vertragsimmanente
Wettbewerbsbe-
schränkungen

Darüber hinaus gibt es Vereinbarungen, die zwar bei isolierter Betrachtung wettbewerbsbeschränkend wirken, insgesamt jedoch wettbewerbsfördernd oder zumindest wettbewerbsneutral sind. Dies ist beispielsweise bei für die Vertragsdurchführung unerlässlichen Wettbewerbsverboten in Unternehmensveräußerungsverträgen und in Handelsvertreterverträgen der Fall. So ist der Kauf eines Unternehmens nur sinnvoll, wenn der Veräußerer nicht direkt nach dem Verkauf und in unmittelbarere Nähe zur alten Verkaufsstelle ein neues gleichartiges Unternehmen eröffnet und so seine alten Kunden an sich zieht. Derartige vertragsimmanente Wettbewerbsbeschränkungen sind vom Anwendungsbereich des § 1 GWB ausgenommen.

Beispiel 79 (nach BGH NJW 1982, S. 2000): A kauft von B dessen Betrieb zu Herstellung von Holzpaneelen. In § 5 des Kaufvertrages verpflichtet sich B, innerhalb der nächsten zwei Jahre im Umkreis von 20 km um den Geschäftsort keinen Handel mit Holzpaneelen zu eröffnen. Fällt dieser Vertrag unter § 1 GWB?

Bei der Veräußerung von Unternehmen ist regelmäßig ein Wettbewerbsverbot erforderlich. Dadurch soll verhindert werden, dass der Verkäufer die mitverkauften Kundenbeziehungen anschließend durch seine Konkurrenztätigkeit wieder an sich zieht. Aus diesem Grund sichern A und B mit dem Wettbewerbsverbot lediglich die Durchführung des Kaufvertrages. Darin liegt keine relevante Wettbewerbsbeschränkung i.S.d. § 1 GWB.

3.2.2. Freistellungen

Der weite Wortlaut des § 1 GWB verbietet auch solche wettbewerbsbeschränkenden Vereinbarungen, bei denen sich auch oder sogar überwiegend positive Auswirkungen auf den Wettbewerb ergeben.

Beispiel 80:

1. *Der gemeinsame Einkauf von Unternehmen, beispielsweise in Form einer Einkaufsgenossenschaft, führt zu einer Beschränkung des Nachfragewettbewerbs gegenüber den Anbietern entsprechender Produkte. Die durch den gemeinsamen Einkauf mehrerer kleiner oder mittlerer Unternehmen erzielten Preisnachlässe können jedoch bewirken, dass die gemeinsam einkaufenden Unternehmen erst dadurch gegenüber großen Mitbewerbern konkurrenzfähig werden.*

2. *Alleinvertriebs- und Alleinbezugsverpflichtungen beinhalten zwar eine Kontrolle des Absatzes, können aber die wirtschaftliche Effizienz innerhalb des Vertriebes erhöhen und so die Versorgung des Marktes mit diesen Produkten verbessern.*

§ 2 Abs. 1 GWB regelt die Voraussetzungen, unter denen wettbewerbsbeschränkende Vereinbarungen wegen ihrer positiven Wirkung vom Verbot des § 1 GWB freigestellt sind.

Freistellungen nach
§ 2 Abs. 1 GWB

Freigestellte Vereinbarungen

§ 2 GWB

(1) Vom Verbot des § 1 freigestellt sind Vereinbarungen zwischen Unternehmen, Beschlüsse von Unternehmensvereinigungen oder aufeinander abgestimmte Verhaltensweisen, die unter angemessener Beteiligung der Verbraucher an dem entstehenden Gewinn zur Verbesserung der Warenerzeugung oder -verteilung oder zur Förderung des technischen oder wirtschaftlichen Fortschritts beitragen, ohne dass den beteiligten Unternehmen

1. Beschränkungen auferlegt werden, die für die Verwirklichung dieser Ziele nicht unerlässlich sind oder

2. Möglichkeiten eröffnet werden, für einen wesentlichen Teil der betreffenden Waren den Wettbewerbs auszuschalten.

Voraussetzungen

Die danach kraft Gesetzes ohne jede weitere Verwaltungsentscheidung eintretende Freistellung vom Verbot des § 1 GWB hängt vom kumulativen Vorliegen zweier positiver und zweier negativer Voraussetzungen ab. Zum einen muss in positiver Hinsicht ein Beitrag zur Verbesserung der Warenerzeugung oder -verteilung oder zur Förderung des technischen oder wirtschaftlichen Fortschritts geleistet werden. Zum anderen muss eine angemessene Beteiligung der Verbraucher an dem entstehenden »Gewinn«, womit die sich aus der Vereinbarung ergebenden wirtschaftlichen Vorteile gemeint sind, gewährleistet sein. In negativer Hinsicht ist zunächst die Unerlässlichkeit der auferlegten Wettbewerbsbeschränkung erforderlich. Darüber hinaus darf die Vereinbarung nicht dazu führen, dass für einen wesentlichen Teil der betreffenden Waren der Wettbewerb ausgeschaltet werden kann.

Beispiel 81: Fünf kleine Unternehmen vereinbaren die Gründung einer gemeinsamen Einkaufsorganisation (vgl. Beispiel 80, Ziff. 1) und verpflichten sich zur Abnahme einer Mindestmenge. Die Beteiligten können von der Organisation auch mehr als diese Mindestmenge beziehen, dürfen diese jedoch auch bei jedem Dritten einkaufen. Jeder Beteiligte hat einen Marktanteil von 5 Prozent auf dem Einkaufs- und Verkaufsmarkt. Dies verleiht ihnen insgesamt einen Marktanteil von 25 Prozent. Es gibt zwei andere bedeutende Einzelhändler mit Marktanteilen von 20 bis 25 Prozent und eine Anzahl kleinerer Händler mit Marktanteilen unter fünf Prozent.

Obwohl der Zusammenschluss zu einer Einkaufsorganisation eine Vereinbarung mit wettbewerbsbeschränkender Wirkung auf dem Einkaufsmarkt ist, ist die Einkaufsorganisation nicht nach § 1 GWB verboten. Es liegen nämlich die Voraussetzungen für eine Freistellung nach § 2 Abs. 1 GWB vor. Durch den gemeinsamen Einkauf können sich die Beteiligten sowohl auf dem Einkaufs- als auch auf dem Verkaufsmarkt eine Stellung verschaffen, die sie in die Lage versetzt, den Wettbewerb mit den beiden größeren Einzelhändlern aufzunehmen (Verbesserung der Warenverteilung). Da zwei Anbieter mit vergleichbarer Marktstellung vorhanden sind, ist davon auszugehen, dass die Leistungsgewinne der Vereinbarung an die Verbraucher weitergegeben werden (angemessene Beteiligung der Verbraucher). Zu diesem Zweck ist die Gründung der Einkaufsorgansation unerlässlich. Angesichts der Konkurrenzsituation mit zumindest zwei gleich starken Nachfragern auf dem Einkaufsmarkt führt die Gründung der Einkaufskooperation auch nicht dazu, dass der Nachfragewettbewerb für einen wesentlichen Teil der Ware ausgeschaltet wird.

Im Anwendungsbereich des europäischen Gemeinschaftsrechts ist die Frage, in welchen Fällen die sachlich § 2 Abs. 1 GWB entsprechenden Voraussetzungen des Art. 101 Abs. 3 AEUV erfüllt sind, zudem für bestimmte Formen wettbewerbsbeschränkender Vereinbarungen in so genannten Gruppenfreistellungsverordnungen geregelt. Diesen Verordnungen kann jeweils für bestimmte Kategorien (Gruppen) von wettbewerbsbeschränkenden Vereinbarungen entnommen werden, ob und unter welchen Voraussetzungen diese zulässig sind. Wettbewerbsbeschränkende Vereinbarungen, die nach einer dieser Gruppenfreistellungsverordnungen zulässig sind, gelten kraft ausdrücklicher gesetzlicher Anordnung in § 2 Abs. 2 GWB, der sich noch auf Art. 81 EGV bezieht, auch nach § 2 Abs. 1 GWB vom Verbot des § 1 GWB freigestellt.

Freistellungen nach
§ 2 Abs. 2 GWB

Freigestellte Vereinbarungen

§ 2 Abs. 2 GWB

Bei der Anwendung von Absatz 1 gelten die Verordnungen des Rates oder der Kommission der Europäischen Gemeinschaft über die Anwendung von Artikel 81 Abs. 3 des Vertrages zur Gründung der Europäischen Gemeinschaft auf bestimmte Gruppen von Vereinbarungen, Beschlüsse von Unternehmensvereinigungen und aufeinander abgestimmte Verhaltensweisen (Gruppenfreistellungsverordnungen) entsprechend. Dies gilt auch, soweit die dort genannten Vereinbarungen, Beschlüsse und Verhaltensweisen nicht geeignet sind, den Handel zwischen den Mitgliedstaaten der Europäischen Gemeinschaft zu beeinträchtigen.

Beispiel 82: Die Voraussetzungen, unter denen Alleinvertriebs- und Alleinbezugsverpflichtungen (Beispiel 80, Ziff. 2) im Anwendungsbereich des Art. 101 Abs. 1 AEUV nach Art. 101 Abs. 3 AEUV freigestellt sind, ist in der Verordnung der Kommission über die Anwendung von Art. 101 Abs. 3 AEUV auf Gruppen von vertikalen Vereinbarungen und abgestimmten Verhaltensweisen vom 20. April 2010 (ABl. Nr. L 102/1) geregelt. Rein national wirkende Alleinvertriebs- und Alleinbezugsverpflichtungen, die dieser Verordnung entsprechen, gelten gem. § 2 Abs. 2 GWB als vom Verbot des § 1 GWB freigestellt.

Von den derzeit existierenden Gruppenfreistellungsverordnungen kommt folgenden Verordnungen eine besondere Bedeutung zu:

Bedeutende Gruppenfrei-
stellungsverordnungen

- für horizontale Vereinbarungen:

  Verordnung (EG) Nr. 2658/2000 vom 29. November 2000 über die Anwendung von Art. 81 Abs. 3 EGV auf Gruppen von Spezialisierungsvereinbarungen (ABl. Nr. L 304/3); Verordnung (EG) Nr. 2659/2000 vom 29. November 2000 über die Anwendung von Art.

81 Abs. 3 EGV auf Gruppen von Vereinbarungen über Forschung und Entwicklung (ABl. Nr. L 304/7).

- für vertikale Vereinbarungen:

  Verordnung (EU) Nr. 330/2010 vom 20. April 2010 über die Anwendung von Art. 101 Abs. 3 AEUV auf Gruppen von vertikalen Vereinbarungen und abgestimmten Verhaltensweisen (ABl. Nr. L 102/1).

- für einzelne Sachgebiete:

  Verordnung (EU) Nr. 267/2010 vom 24. März 2010 über die Anwendung von Art. 101 Abs. 3 AEUV auf Gruppen von Vereinbarungen, Beschlüssen und abgestimmten Verhaltensweisen im Versicherungssektor (ABl. Nr. L 83/1);

  Verordnung (EU) Nr. 461/2010 vom 27. Mai 2010 über die Anwendung von Art. 101 Abs. 3 AEUV auf Gruppen von vertikalen Vereinbarungen und abgestimmten Verhaltensweisen im Kraftfahrzeugsektor (ABl. Nr. L 129/52).

Freistellungen nach § 3 GWB

Unter dem Gesichtspunkt der Mittelstandsförderung sind zudem horizontale Vereinbarungen zwischen miteinander im Wettbewerb stehenden Unternehmen nach § 3 Abs. 1 GWB vom Verbot des § 1 GWB freigestellt, wenn diese den Wettbewerb auf dem Markt nicht wesentlich beeinträchtigen und außerdem dazu dienen, die Leistungsfähigkeit kleinerer oder mittlerer Unternehmen zu fördern.

§ 3 GWB   Mittelstandskartelle

Vereinbarungen zwischen miteinander im Wettbewerb stehenden Unternehmen und Beschlüsse von Unternehmensvereinigungen, die die Rationalisierung wirtschaftlicher Vorgänge durch zwischenbetriebliche Zusammenarbeit zum Gegenstand haben, erfüllen die Voraussetzungen des § 2 Abs. 1, wenn

1. dadurch der Wettbewerb auf dem Markt nicht wesentlich beeinträchtigt wird und

2. die Vereinbarung oder der Beschluss dazu dient, die Wettbewerbsfähigkeit kleiner oder mittlerer Unternehmen zu verbessern.

Prüfungsschema zu § 1 GWB

1) Vereinbarung zwischen Unternehmen oder Unternehmensvereinigungen

    a) Beteiligte

        – Unternehmen oder

        – Unternehmensvereinigungen

    b) Vorliegen

        – einer Vereinbarung (zwischen Unternehmen) oder

        – eines Beschlusses (einer Unternehmensvereinigung) oder

        – einer abgestimmten Verhaltensweise

        (Abgrenzung: Erlaubtes Parallelverhalten)

2) Eignung zur Beschränkung des Wettbewerbs

    a) Wettbewerbsbeschränkung
        Nicht abschließender Beispielskatalog des Art. 101 Abs. 1 AEUV kann entsprechend herangezogen werden

    b) Fehlen tatbestandlicher Restriktionen
        - horizontale Zusammenarbeit zwischen Nichtwettbewerbern
        - Arbeitsgemeinschaften mehrerer Unternehmen bei Unmöglichkeit der Projektdurchführung durch ein Unternehmen
        - Wettbewerbsverbote in Unternehmenskauf- und Handelsvertreterverträgen soweit zur Vertragsdurchführung unerlässlich

    c) Bagatellschwelle
        Mind. 10 Prozent Marktanteil für horizontale und 15 Prozent Marktanteil für vertikale wettbewerbsbeschränkende Vereinbarungen erforderlich

    d) Bezwecken oder Bewirken der Wettbewerbsbeschränkung

3) Keine Freistellung vom Verbot des § 1 GWB

    a) Gesetzliche Einzelfreistellung nach § 2 Abs. 1 GWB

    b) Voraussetzungen einer EU-Gruppenfreistellungsverordnung sind erfüllt, § 2 Abs. 2 GWB

    c) Mittelstandskartelle nach § 3 GWB

4. Marktbeherrschung und wettbewerbsbeschränkendes Verhalten

Das GWB enthält in den §§ 19-23 GWB Regelungen, die teils nur für marktbeherrschende Unternehmen (§ 19 GWB), teils für marktbeherrschende und marktstarke Unternehmen (§ 20 GWB) und teils für sämtliche Unternehmen (§ 21 GWB) gelten.

MARKTBEHERRSCHUNG

4.1. Marktbeherrschung

§ 19 Abs. 2 GWB definiert zunächst, welche Unternehmen als marktbeherrschend anzusehen sind.

§ 19 GWB

Missbrauch einer marktbeherrschenden Stellung

(2) Ein Unternehmen ist marktbeherrschend, soweit es als Anbieter oder Nachfrager einer bestimmten Art von Waren oder gewerblichen Leistungen auf dem sachlichen und räumlich relevanten Markt

1. ohne Wettbewerber ist oder keinem wesentlichen Wettbewerb ausgesetzt ist oder

2. eine im Verhältnis zu seinen Wettbewerbern überragende Marktstellung hat; hierbei sind insbesondere sein Marktanteil, seine Finanzkraft, sein Zugang zu den Beschaffungs- oder Absatzmärkten, Verflechtungen mit anderen Unternehmen, rechtliche oder tatsäch-

liche Schranken für den Marktzutritt anderer Unternehmen, der tatsächliche oder potenzielle Wettbewerb durch innerhalb oder außerhalb des Geltungsbereichs dieses Gesetzes ansässige Unternehmen, die Fähigkeit, sein Angebot oder seine Nachfrage auf andere Waren oder gewerbliche Leistungen umzustellen, sowie die Möglichkeit der Marktgegenseite, auf andere Unternehmen auszuweichen, zu berücksichtigen.

Zwei oder mehr Unternehmen sind marktbeherrschend, soweit zwischen ihnen für eine bestimmte Art von Waren oder gewerblichen Leistungen ein wesentlicher Wettbewerb nicht besteht und soweit sie in ihrer Gesamtheit die Voraussetzungen des Satzes 1 erfüllen. Der räumlich relevante Markt im Sinne dieses Gesetzes kann weiter sein als der Geltungsbereich dieses Gesetzes.

In § 19 Abs. 2 Satz 1 Nr. 1 GWB werden die seltenen Monopolfälle und die in der Praxis häufigeren Quasi-Monopole behandelt. Auch Unternehmen mit überragender Marktstellung sind gem. § 19 Abs. 2 Satz 1 Nr. 2 GWB marktbeherrschend im Sinne des § 19 GWB. Schließlich gelten nach § 19 Abs. 2 Satz 2 GWB auch Oligopole als marktbeherrschend.

Begriff der Marktbeherrschung

Nach § 19 Abs. 2 Satz 1 GWB kann ein Unternehmen niemals als solches marktbeherrschend sein, sondern stets nur bezogen auf bestimmte Arten von Waren oder gewerblichen Leistungen. Daraus folgt die Notwendigkeit, den relevanten Markt in räumlicher und sachlicher sowie ggf. in zeitlicher Hinsicht abzugrenzen. Dazu sind dieselben Kriterien anzuwenden wie bei § 1 GWB. Zu beachten ist, dass der räumliche Markt nach § 19 Abs. 2 Satz 3 GWB weiter sein kann als der Geltungsbereich des GWB. Zugrundezulegen ist der räumliche Markt, wie er sich durch die Abgrenzung nach den maßgeblichen Kriterien ergibt (ökonomischer Marktbegriff). Eine normative Begrenzung des Marktes auf das Inland ist damit ausgeschlossen.

Bestimmung des relevanten Marktes

Um den Kartellbehörden die Feststellung einer marktbeherrschenden Stellung zu erleichtern, enthält § 19 Abs. 3 GWB in Satz 1 eine Monopol- und in Satz 2 eine Oligopolvermutung.

Gesetzliche Vermutungen

Missbrauch einer marktbeherrschenden Stellung

§ 19 GWB

(3) Es wird vermutet, dass ein Unternehmen marktbeherrschend ist, wenn es einen Marktanteil von mindestens einem Drittel hat. Eine Gesamtheit von Unternehmen gilt als marktbeherrschend, wenn sie

1. aus drei oder weniger Unternehmen besteht, die zusammen einen Marktanteil von 50 vom Hundert erreichen, oder

2. aus fünf oder weniger Unternehmen besteht, die zusammen einen Marktanteil von zwei Dritteln erreichen,

> es sei denn, die Unternehmen weisen nach, dass die Wettbewerbsbe-
> dingungen zwischen ihnen wesentlichen Wettbewerb erwarten lassen
> oder die Gesamtheit der Unternehmen im Verhältnis zu den übrigen
> Wettbewerbern keine überragende Marktstellung hat.

Diese in § 19 Abs. 2 und 3 GWB getroffenen Regelungen zum Begriff des marktbeherrschenden Unternehmens gelten nicht nur für das in diesem Paragraphen geregelte Missbrauchsverbot. Sie besitzt auch Bedeutung für eine Vielzahl von Vorschriften des GWB, die an die Existenz eines marktbeherrschenden Unternehmens anknüpfen. Dazu zählen z.B.

- das in § 20 Abs. 1 GWB geregelte Diskriminierungsverbot und

- die in den §§ 35 ff. GWB geregelte Kontrolle von Unternehmenszusammenschlüssen.

4.2. Missbrauch

Missbrauchsverbot

Nach § 19 Abs. 1 GWB ist die missbräuchliche Ausnutzung einer marktbeherrschenden Stellung durch ein oder mehrere Unternehmen verboten.

§ 19 GWB

Missbrauch einer marktbeherrschenden Stellung

> (1) Die missbräuchliche Ausnutzung einer marktbeherrschenden Stel-
> lung durch ein oder mehrere Unternehmen ist verboten.

Was missbräuchlich ist, ist insbesondere § 19 Abs. 4 GWB zu entnehmen. Diese Vorschrift enthält vier Beispiele, bei deren Vorliegen ein Missbrauch unwiderleglich vermutet wird.

19 GWB

Missbrauch einer marktbeherrschenden Stellung

> (4) Ein Missbrauch liegt insbesondere vor, wenn ein marktbeherr-
> schendes Unternehmen als Anbieter oder Nachfrager einer bestimmten
> Art von Waren oder Dienstleistungen
>
> 1. die Wettbewerbsmöglichkeiten anderer Unternehmen in einer für
>   den Wettbewerb auf dem Markt erheblichen Weise ohne sachlich
>   gerechtfertigten Grund beeinträchtigt;
>
> 2. Entgelte oder sonstige Geschäftsbedingungen fordert, die von den-
>   jenigen abweichen, die sich bei wirksamen Wettbewerb mit hoher
>   Wahrscheinlichkeit ergeben würden; hierbei sind insbesondere die
>   Verhaltensweisen von Unternehmen auf vergleichbaren Märkten
>   mit wirksamem Wettbewerb zu berücksichtigen;
>
> 3. ungünstigere Entgelte oder sonstige Geschäftsbedingungen fordert,
>   als sie das marktbeherrschende Unternehmen selbst auf vergleich-

baren Märkten von gleichartigen Abnehmern fordert, es sei denn, dass der Unterschied sachlich gerechtfertigt ist;

4. sich weigert, einem anderen Unternehmen gegen angemessenes Entgelt Zugang zu den eigenen Netzen oder anderen Infrastruktureinrichtungen zu gewähren, wenn es dem anderen Unternehmen aus rechtlichen oder tatsächlichen Gründen ohne die Mitbenutzung nicht möglich ist, auf dem vor- oder nachgelagerten Markt als Wettbewerber des marktbeherrschenden Unternehmens tätig zu werden; dies gilt nicht, wenn das marktbeherrschende Unternehmen nachweist, dass die Mitbenutzung aus betriebsbedingten oder sonstigen Gründen nicht möglich oder nicht zumutbar ist.

Als Missbrauchstatbestände kommen nach der nicht abschließenden Aufzählung in § 19 Abs. 4 GWB somit insbesondere

*Missbrauchs-
tatbestände*

1. der Behinderungsmissbrauch (§ 19 Abs. 4 Nr. 1 GWB),

2. der Preis- und Konditionenmissbrauch (§ 19 Abs. 4 Nr. 2 GWB),

3. die Preis- und Konditionenspaltung (§ 19 Abs. 4 Nr. 3 GWB) und

4. die Verweigerung des Zugangs zu wesentlichen Einrichtungen (§ 19 Abs. 4 Nr. 4 GWB)

in Betracht.

Beispiel 83:

1. *Behinderungsmissbrauch (nach BGH NJW 2004, S. 2375 ff.): Die Deutsche Telekom ist auf dem Markt für netzgebunde Fernsprechkommunikation marktbeherrschend. Sie bietet ISDN-Festnetzanschlüsse gekoppelt mit T-Online-Internetanschlüssen ohne zusätzliche Grundgebühr für den Internetanschluss an und behindert auf diese Weise andere Internetprovider.*

2. *Preis- und Konditionenmissbrauch: Verlangt ein in der Bundesrepublik Deutschland auf dem Markt für Beruhigungsmittel marktbeherrschendes Unternehmen ohne sachlich erkennbaren Grund für diese Mittel erheblich höhere Preise, als sie von anderen Unternehmen in Holland oder England auf vergleichbaren Märkten mit wirksamem Wettbewerb für entsprechende Mittel gefordert werden, so kann darin ein Preismissbrauch liegen.*

3. *Preis- und Konditionenspaltung (nach BGH NJW 2004, S. 76 ff.): Die Deutsche Lufthansa AG ist auf dem Markt für Flugreisen von Berlin nach Frankfurt marktbeherrschend und verlangt dort ohne sachlich erkennbaren Grund deutlich höhere Preise als auf dem Markt für Flugreisen von Berlin nach München, wo sie nicht marktbeherrschend ist.*

4. Verweigerung des Zugangs zu wesentlichen Einrichtungen (nach BGH NJW 2003, S. 748 ff.): Die Scandlines GmbH ist Eigentümerin des Fährhafens Puttgarden auf Fehmarn und betreibt eine Fährverbindung zwischen diesem Hafen und Rødby auf Lolland. Sie verweigert anderen Fährgesellschaften grundlos die Mitbenutzung des Hafens Puttgarden, obwohl diese zur Zahlung eines angemessenen Entgelts bereit sind.

4.3. Behinderung und Diskriminierung

Behinderungs- und Diskriminierungsverbot

§ 20 Abs. 1 verbietet bestimmten Unternehmen im Geschäftsverkehr die Behinderung und Diskriminierung anderer Unternehmen. Verpflichtet sind danach marktbeherrschende Unternehmen (§ 20 Abs. 1 GWB) und Unternehmen mit »relativer Marktstärke« (§ 20 Abs. 2 GWB), diese allerdings nur dann, soweit es um die Behinderung kleinerer und mittlerer Unternehmen als Anbieter oder Nachfrager geht, die von einem marktstarken Unternehmen abhängig sind und daher nicht auf andere Unternehmen als Vertragspartner ausweichen können.

§ 20 GWB

Diskriminierungsverbot, Verbot unbilliger Behinderung

(1) Marktbeherrschende Unternehmen, Vereinigungen von miteinander im Wettbewerb stehenden Unternehmen im Sinne der §§ 2, 3 und 28 Abs. 1 und Unternehmen, die Preise nach den §§ 28 Abs. 2 oder 30 Abs. 1 Satz 1 binden, dürfen ein anderes Unternehmen in einem Geschäftsverkehr, der gleichartigen Unternehmen üblicherweise zugänglich ist, weder unmittelbar noch mittelbar unbillig behindern oder gegenüber gleichartigen Unternehmen ohne sachlich gerechtfertigten Grund unmittelbar oder mittelbar unterschiedlich behandeln.

(2) Absatz 1 gilt auch für Unternehmen und Vereinigungen von Unternehmen, soweit von ihnen kleine oder mittlere Unternehmen als Anbieter oder Nachfrager einer bestimmten Art von Waren oder gewerblichen Leistungen in der Weise abhängig sind, dass ausreichende und zumutbare Möglichkeiten, auf andere Unternehmen auszuweichen, nicht bestehen. ...

Fallgruppen der Abhängigkeit

In der Praxis hat sich gezeigt, dass die nach § 20 Abs. 2 GWB erforderliche Abhängigkeit kleinerer und mittlerer Unternehmen regelmäßig in einer von vier Fallgruppen auftritt.

Sortimentsbedingte Abhängigkeit

Sie liegt vor, wenn Händler, um als Anbieter wettbewerbsfähig sein zu können, das Warenangebot eines bestimmten Lieferanten ganz oder teilweise in ihrem Sortiment führen müssen. Dabei geht es insbesondere um die Abhängigkeit von bekannten Markenartikeln.

Beispiel 84 (nach BGH WUW/E 1391): Gute Sportfachgeschäfte in Oberbayern sind darauf angewiesen, Skier der Marke Rossignol zu führen, wenn sie nicht ihren Ruf in Frage stellen wollen. Lehnt die Firma Rossignol ohne Begründung die Belieferung eines dieser Sportfachgeschäfte ab, so verstößt sie gegen § 20 Abs. 2 GWB. Das Sportfachgeschäft kann dann gestützt auf §§ 33 Abs. 3 GWB, 249 Satz 1 BGB Belieferung verlangen.

Unternehmensbedingte Abhängigkeit

Unternehmensbedingte Abhängigkeit ist gegeben, wenn ein Anbieter oder Nachfrager seinen Geschäftsbetrieb im Rahmen langfristiger Vertragsbeziehungen so stark auf ein anderes Unternehmen ausgerichtet hat, dass er nur unter Inkaufnahme gewichtiger Wettbewerbsnachteile auf dem betreffenden Markt auf andere Vertragspartner ausweichen kann. Unternehmensbedingt abhängige Nachfrager sind insbesondere die Vertragshändler der Automobilindustrie.

Mangelbedingte Abhängigkeit

Denkbar ist, dass bei Ölembargos, Streiks usw. die Anbieter gezwungen sind, mit den verknappten Waren gegenüber ihren Nachfragern hauszuhalten. Die knappen Waren sind dann gleichmäßig zu verteilen.

Nachfragebedingte Abhängigkeit

Sie liegt vor, wenn Anbieter von Nachfragern ohne ausreichende und zumutbare Ausweichmöglichkeiten abhängig sind. Zu denken ist hier etwa an Gasinstallateure, die Arbeiten in Privathaushalten nur verrichten dürfen, wenn sie zuvor von den Stadtwerken zugelassen worden sind.

Gemäß § 20 Abs. 4 Satz 1 GWB ist es Unternehmen mit gegenüber kleinen und mittleren Wettbewerbern überlegener Marktmacht zudem verboten, diese Macht dazu auszunutzen, die kleinen und mittleren Wettbewerber unmittelbar oder mittelbar unbillig zu behindern. Nach § 20 Abs. 4 Satz 2 GWB ist eine entsprechende Behinderung insbesondere gegeben, wenn ein Unternehmen, ohne dass dies sachlich gerechtfertigt ist, Waren oder gewerbliche Leistungen nicht nur gelegentlich unter Einstandspreis verkauft.

Unbillige Behinderung

§ 20 GWB   **Diskriminierungsverbot, Verbot unbilliger Behinderung**
(Fassung ab 1.1.2013)

(4) Unternehmen mit gegenüber kleinen und mittleren Wettbewerbern überlegener Marktmacht dürfen ihre Marktmacht nicht dazu benutzen, solche Wettbewerber unmittelbar oder mittelbar unbillig zu behindern. Eine unbillige Behinderung im Sinne des Satzes 1 liegt insbesondere vor, wenn ein Unternehmen Waren oder gewerbliche Leistungen nicht nur gelegentlich unter Einstandspreis anbietet, es sei denn, dies ist sachlich gerechtfertigt.

Verkauf unter
Einstandspreis

Dabei ist die Frage, ob ein Unternehmen überlegene Marktmacht besitzt, anhand der in § 19 Abs. 2 Satz 1 Nr. 2 GWB genannten Kriterien zu ermitteln. Einstandspreis der Ware oder gewerblichen Leistung ist der Netto-Einkaufspreis. Durch das Merkmal »nicht nur gelegentlich« werden Einzelaktionen wie z.B. sporadische Sonderangebote aus dem Anwendungsbereich des § 20 Abs. 4 GWB ausgeschieden.

Beispiel 85 (nach BGH NJW 2003, S. 1736 ff.): Das Handelsunternehmen Wal-Mart verfügt im Verhältnis zu mittleren und kleineren Lebensmitteleinzelhändlern, denen es auf denselben räumlichen Märkten begegnet, über überlegene Marktmacht. Anfang Juni 2000 senkt Wal-Mart die Verkaufspreise für H-Milch unter die bis dahin niedrigeren Preise von Aldi und Lidl. Diese Unternehmen ziehen nach, senken ebenfalls ihre Preise und verkaufen ihre H-Milch fortan unter Einstandspreis. Zum 1.7.2000 erhöht der Lieferant von Wal-Mart seinen Preis für H-Milch über den von Wal-Mart verlangten Verkaufspreis. Dennoch lässt Wal-Mart seine Verkaufspreise unverändert. Verstößt dies gegen § 20 Abs. 4 Satz 2 GWB?

Wal-Mart verkauft seine H-Milch seit dem 1.7.2000 unter Einstandspreis. Dies ist nämlich nicht nur dann der Fall, wenn ein betroffenes Unternehmen seinen Verkaufspreis herabsetzt, sondern auch dann, wenn der Verkaufspreis unverändert bleibt, aber der Einstandspreis auf einen über den Abgabepreis liegenden Betrag steigt. Da Wal-Mart seinen Verkauf unter Einstandspreis unbefristet fortgeführt hat, erfolgt dieser Verkauf auch nicht nur gelegentlich. Darüber hinaus ist der Verkauf unter Einstandspreis auch nicht aufgrund der von Aldi und Lidl betriebenen Untereinstandspreisstrategie sachlich gerechtfertigt. Bei der im Rahmen des § 20 Abs. 4 Satz 2 GWB vorzunehmenden Interessenabwägung kommt es nämlich auf die Beurteilung der Auswirkungen des kartellrechtswidrigen Verhaltens auf die Wettbewerbssituation der betroffenen kleinen und mittleren Lebensmittelhändler und damit nicht vorrangig auf das Verhältnis zwischen Wal-Mart einerseits und Lidl und Aldi andererseits an. Lediglich wenn es Wal-Mart gelingen würde nachzuweisen, dass ihm durch das Verhalten von Lidl und

Aldi ein nicht zumutbarer und auf dem Rechtsweg nicht abwendbarer Schaden entstanden wäre, könnte das Verhalten des Handelsunternehmens sachlich gerechtfertigt sein. Ansonsten verstößt es gegen § 20 Abs. 4 Satz 2 GWB.

5. Zusammenschlusskontrolle

Die Kontrolle von Unternehmenszusammenschlüssen durch das Bundeskartellamt ist in den §§ 35 ff. GWB geregelt. Diese Vorschriften finden nach § 35 Abs. 1 GWB nur Anwendung, wenn die Erlöse der beteiligten Unternehmen bestimmte Größenordnungen überschreiten.

§ 35 GWB

Geltungsbereich der Zusammenschlusskontrolle

(1) Die Vorschriften über die Zusammenschlusskontrolle finden Anwendung, wenn im letzten Geschäftsjahr vor dem Zusammenschluss

1. die beteiligten Unternehmen insgesamt weltweit Umsatzerlöse von mehr als 500 Mio. Euro und

2. im Inland mindestens ein beteiligtes Unternehmen Umsatzerlöse von mehr als 25 Millionen Euro und ein anderes beteiligtes Unternehmen Umsatzerlöse von mehr als 5 Millionen Euro

erzielt haben.

Selbst wenn die vorgenannten Anforderungen an die Höhe der Umsatzerlöse erfüllt sind, scheidet eine Anwendung der Vorschriften über die Zusammenschlusskontrolle nach § 35 Abs. 2 Satz 1 GWB aus, wenn die an dem Zusammenschluss beteiligten Unternehmen oder der vom Zusammenschluss betroffene Markt die dort genannten Schwellenwerte nicht erreichen.

§ 35 GWB

Geltungsbereich der Zusammenschlusskontrolle

(2) Abs. 1 gilt nicht,

1. soweit sich ein Unternehmen, das nicht im Sinne des § 36 Abs. 2 abhängig ist und im letzten Geschäftsjahr weltweit Umsatzerlöse von weniger als 10 Mio. Euro erzielt hat, mit einem anderen Unternehmen zusammenschließt oder

2. soweit ein Markt betroffen ist, auf dem seit mindestens fünf Jahren Waren oder gewerbliche Leistungen angeboten werden und auf dem im letzten Kalenderjahr weniger als 15 Mio. Euro umgesetzt wurden. ...

Abgrenzung zur
FusKontrVO

Schließlich sind die Regelungen des GWB über die Zusammenschlusskontrolle nach § 35 Abs. 3 GW auch dann nicht anwendbar, wenn die FusKontrVO eingreift.

§ 35 GWB

Geltungsbereich der Zusammenschlusskontrolle

(3) Die Vorschriften dieses Gesetzes finden keine Anwendung, soweit die Kommission der Europäischen Gemeinschaft nach der Verordnung

... über die Kontrolle von Unternehmenszusammenschlüssen in ihrer jeweils geltenden Fassung ausschließlich zuständig ist.

Der Zusammenschluss von Unternehmen ist nach dem GWB grundsätzlich erlaubt. Er kann allerdings durch das Bundeskartellamt nach § 36 Abs. 1 GWB untersagt werden. Dies setzt voraus, dass zu erwarten ist, dass durch den Zusammenschluss eine marktbeherrschende Stellung i.S.d. § 19 Abs. 2 und 3 GWB entsteht oder verstärkt wird.

Zulässige und unzulässige Zusammenschlüsse

Grundsätze für die Beurteilung von Zusammenschlüssen **§ 36 GWB**

(1) Ein Zusammenschluss, von dem zu erwarten ist, dass er eine marktbeherrschende Stellung begründet oder verstärkt, ist vom Bundeskartellamt zu untersagen, es sei denn, die beteiligten Unternehmen weisen nach, dass durch den Zusammenschluss auch Verbesserungen der Wettbewerbsbedingungen eintreten und dass diese Verbesserungen die Nachteile der Marktbeherrschung überwiegen.

5.1. Begriff des Zusammenschlusses

Was ein Zusammenschluss im Sinne des GWB ist, wird in § 37 GWB Abs. 1 GWB definiert.

Definition »Zusammenschluss«

Zusammenschluss **§ 37 GWB**

(1) Ein Zusammenschluss liegt in folgenden Fällen vor:

1. Erwerb des Vermögens eines anderen Unternehmens ganz oder zu einem wesentlichen Teil;

2. Erwerb der unmittelbaren oder mittelbaren Kontrolle durch ein oder mehrere Unternehmen über die Gesamtheit oder Teile eines oder mehrerer anderer Unternehmen. ...

3. Erwerb von Anteilen an einem anderen Unternehmen, wenn die Anteile allein oder zusammen mit sonstigen, dem Unternehmen bereits gehörenden Anteilen

   a) 50 vom Hundert oder

   b) 25 vom Hundert

   des Kapitals oder der Stimmrechte des anderen Unternehmens erreichen...

4. jede sonstige Verbindung von Unternehmen auf Grund deren ein oder mehrere Unternehmen unmittelbar oder mittelbar einen wettbewerblich erheblichen Einfluss auf ein anderes Unternehmen ausüben können.

Zusammenschluss durch Vermögenserwerb

Das Gesetz unterscheidet damit drei Einzeltatbestände und einen Auffangtatbestand. Dabei stellt der an erster Stelle in § 37 Abs. 1 Nr. 1 GWB geregelte Vermögenserwerb den Extremfall des Zusammenschlusses dar. In diesen Fällen gerät das Unternehmen nicht nur unter den Einfluss eines anderen. Es verschwindet überhaupt als selbständiges Marktsubjekt.

Zusammenschluss durch Kontrollerwerb

Auch der Erwerb der Kontrolle durch ein oder mehrere Unternehmen über die Gesamtheit oder Teile von einem oder mehreren anderen Unternehmen stellt nach § 37 Abs. 1 Nr. 2 GWB einen Zusammenschluss i.S.d. §§ 35 ff. GWB dar.

Zusammenschluss durch Anteilserwerb

Der praktisch häufigste Fall eines Zusammenschlusses, nämlich der Erwerb von Gesellschaftsanteilen, wird in § 37 Abs. 1 Nr. 3 GWB in zwei Stufen erfasst. Dabei löst jede Stufe die Zusammenschlusskontrolle aus.

Sonstige Zusammenschlusstatbestände

Die Aufzählung in § 37 Abs. 1 GWB wird durch einen Auffangtatbestand in § 37 Abs. 1 Nr. 4 abgerundet.

Beispiel 86:

1)　§ 37 Abs. 1 Nr. 1 GWB: Ein Zementwerk wird an einen Zementhersteller veräußert.

2)　§ 37 Abs. 1 Nr. 2 GWB: Unternehmen A ist an der B-GmbH mit 24,9 % beteiligt. Der Gesellschaftsvertrag wird so geändert, dass wichtige Gesellschafterbeschlüsse nur mit einer qualifizierten Mehrheit von 76 Prozent gefasst werden können, so dass A auf diese Weise die Kontrolle über die B-GmbH erwirbt.

3)　§ 37 Abs. 1 Nr. 3 GWB: Die A-AG erwirbt zunächst eine Viertelbeteiligung an der B-GmbH (1. Zusammenschlusstatbestand) und stockt diesen Anteil später auf 50 Prozent auf (2. Zusammenschlusstatbestand).

4)　§ 37 Abs. 1 Nr. 4 GWB: Die A-AG verfügt über ein erhebliches unternehmerisches Know-how bei der Herstellung von Mikrochips und erwirbt einen zehnprozentigen Anteil an der B-GmbH, die ebenfalls auf diesem Markt tätig ist.

5.2. Anmeldepflicht des Zusammenschlusses

Sofern ein Zusammenschluss vorliegt, ist dieser nach § 39 Abs. 1 GWB beim Bundeskartellamt anzumelden.

Anmelde- und Anzeigepflicht § 39 GWB

(1) Zusammenschlüsse sind vor dem Vollzug beim Bundeskartellamt gemäß den Absätzen 2 und 3 anzumelden.

5.3. Kontrolle des Zusammenschlusses

Unter den Voraussetzungen des § 36 Abs. 1 GWB hat das Bundeskartellamt den Zusammenschluss zu untersagen. Dabei kommt es in erster Linie darauf an, ob durch den Zusammenschluss eine marktbeherrschende Stellung entsteht oder verstärkt wird. Somit nimmt das Gesetz auf den § 19 Abs. 2 und 3 GWB Bezug. Die vor dem Zusammenschluss bestehende Stellung der Unternehmen auf dem Markt ist mit den durch den Zusammenschluss vermutlich entstehenden Wettbewerbsverhältnissen zu vergleichen.

Marktbeherrschung als Zulässigkeitskriterium

Marktbeherrschung führt danach zwar regelmäßig, jedoch nicht automatisch zum Verbot des Zusammenschlusses. Ein Zusammenschluss ist nicht zu untersagen, wenn durch ihn auch Verbesserungen der Wettbewerbsbedingungen eintreten, welche die Nachteile der Marktbeherrschung überwiegen. Darüber hinaus können Zusammenschlüsse im Interesse der Allgemeinheit oder aus Gründen der mit ihnen verbundenen gesamtwirtschaftlichen Vorteile vom Bundesminister für Wirtschaft nach § 42 GWB genehmigt werden.

Prüfschema Zusammenschlusskontrolle

1) Anwendbarkeit der §§ 35 ff. GWB
   a) Umsatzschwellen des § 35 Abs. 1 GWB überschritten
   b) Bagatellschwelle des § 35 Abs. 2 GWB greift nicht ein
   c) Keine Anwendbarkeit der FusKontrVO (§ 35 Abs. 3 GWB)

2) Vorliegen eines Zusammenschlusses i.S.d. § 37 GWB
   a) Vermögenserwerb, § 37 Abs. 1 Nr. 1 GWB
   b) Kontrollerwerb, § 37 Abs. 1 Nr. 2 GWB
   c) Anteilserwerb, § 37 Abs. 1 Nr. 3 GWB
   d) Sonstige Verbindung mit wettbewerblich erheblichem Einfluss, § 37 Abs. 1 Nr. 4 GWB

3) Begründung oder Verstärkung einer marktbeherrschenden Stellung nach § 36 Abs. 1 GWB
   a) Marktbeherrschung i.S.d. § 19 Abs. 2 und 3 GWB
   b) Keine Verbesserung der Wettbewerbsbedingungen
   c) Keine Ministererlaubnis nach § 42 GWB

6. Behörden, Sanktionen und Verfahren

Duales Sanktionssystem

Wettbewerbsbeschränkende Vereinbarungen sind gem. § 1 GWB verboten und damit nach § 134 BGB nichtig. Dennoch kann und darf der Gesetzgeber nicht darauf vertrauen, dass das gesetzliche Verbot des § 1 GWB eingehalten wird und die sich aus § 134 BGB ergebenden Nichtigkeitsfolgen beachtet werden. Er muss vielmehr sicherstellen, dass Verstößen gegen § 1 GWB ebenso wie Verstößen gegen sonstige Verbote und Vorschriften des GWB mit wirksamen Sanktionen begegnet wird. Dies geschieht einerseits

* durch die Einräumung zivilrechtlicher Schadensersatzansprüche und

* andererseits durch öffentlich-rechtliches kartellbehördliches Einschreiten.

Anders als das UWG, dessen Einhaltung nahezu ausschließlich durch die betroffenen Mitbewerber und die im Gesetz ausdrücklich genannten Verbände im Zivilrechtsweg sichergestellt wird, enthält das GWB somit ausführliche Regelungen zu den Kartellbehörden, die die Einhaltung der Vorschriften dieses Gesetzes zu überwachen haben. Damit wird der Rechtsschutz im GWB durch einen Dualismus von öffentlicher Kontrolle und privatrechtlichen Ansprüchen geprägt.

6.1. Schadensersatz und Vorteilsabschöpfung

Wer gegen eine Vorschrift des GWB, gegen die Art. 101 f. AEUV oder gegen eine Verfügung der Kartellbehörde verstößt, kann vom Betroffenen unter den Voraussetzungen des § 33 Abs. 1 GWB, der noch auf die Regelung der Art. 81 f. EGV abstellt, auf Beseitigung und Unterlassung in Anspruch genommen werden. Bei schuldhaften Verstößen besteht ein Anspruch auf Schadensersatz nach § 33 Abs. 3 GWB. Diese privatrechtlichen Ansprüche können erforderlichenfalls gerichtlich durchgesetzt werden.

§ 33 GWB

Unterlassungsanspruch, Schadensersatzpflicht

(1) Wer gegen eine Vorschrift dieses Gesetzes, gegen Artikel 81 oder 82 des Vertrages zur Gründung der Europäischen Gemeinschaft oder eine Verfügung der Kartellbehörde verstößt, ist dem Betroffenen zur Beseitigung und bei Wiederholungsgefahr zur Unterlassung verpflichtet. Der Anspruch auf Unterlassung besteht bereits dann, wenn eine

> Zuwiderhandlung droht. Betroffen ist, wer als Mitbewerber oder sons-
> tiger Marktbeteiligeter durch den Verstoß beeinträchtigt ist.
> ...
>
> (3) Wer einen Verstoß nach Absatz 1 vorsätzlich oder fahrlässig be-
> geht, ist zum Ersatz des daraus entstehenden Schadens verpflichtet.
> Wird eine Ware oder Dienstleistung zu einem überteuerten Preis bezo-
> gen, so ist der Schaden nicht deshalb ausgeschlossen, weil die Ware
> oder Dienstleistung weiterveräußert wurde. ...

Ein Schadensersatzanspruch nach § 33 Abs. 3 GWB ist somit an das Vorliegen folgender Voraussetzungen geknüpft:

Voraussetzungen Schadensersatzanspruch

- Verstoß gegen eine Vorschrift des GWB, die Art. 101 f. AEUV oder einer Verfügung der Kartellbehörde
- Vorsatz oder Fahrlässigkeit
- Schaden des Betroffenen.

Verstoß gegen eine Vorschrift des GWB, die Art. 101 f. AEUV oder einer Verfügung der Kartellbehörde

Ob ein Verstoß gegen eine Vorschrift des GWB vorliegt, ist auf der Grundlage der vorstehenden Ausführungen festzustellen.

Wann ein Verstoß gegen die Art. 101 f. AEUV in Betracht kommt, wird im folgenden Kapitel dargestellt.

Zu den einschlägigen kartellrechtlichen Verfügungen zählen vor allem auch die Missbrauchsverfügungen auf Grund der §§ 19, 20 und 21 i.V.m. § 32 GWB.

Vorsatz oder Fahrlässigkeit

Der Begriff des Vorsatzes stimmt mit dem BGB überein und erfordert Wissen und Wollen der Tatbestandsverwirklichung. Auch für den Fahrlässigkeitsbegriff kann auf das BGB (§ 276 Abs. 1 BGB) zurückgegriffen werden.

Schaden des Betroffenen

Ersatzfähig ist jeder einem Mitbewerber oder sonstigem Marktteilneh-mer entstandene Schaden. Wegen der Regelung des § 33 Abs. 3 Satz 2 GWB – der die Berufung auf die Weiterleitung des Schadens aus-schließt – ist in der Kette mehrerer Geschädigter jedoch nur der unmit-telbar Geschädigte anspruchsberechtigt. Andernfalls käme es zu einer sachlich nicht gerechtfertigten Vervielfältigung von Schadensersatzan-sprüchen.

*Beispiel 87: Die Computerhersteller A und B treffen eine gegen § 1
GWB verstoßende Preisabsprache. Aufgrund dieser Absprache gelingt
es A, dem Computerhändler C mehrere PCs zu einem Preis zu verkaufen, der höher ist als der Preis, den er ohne die mit B getroffene Absprache für seine Ware erzielt hätte. C legt seiner Kalkulation den an
A gezahlten Einkaufspreis zugrunde und verkauft die PCs auf dieser
Grundlage an seine Kunden.*

*In diesem Fall ist der Schadensersatzanspruch des C gegen A aus § 33
Abs. 3 Satz 1 GWB nach § 33 Abs. 3 Satz 2 GWB nicht deshalb ausgeschlossen, weil es dem C gelungen ist, den überhöhten Einkaufspreis
auf seine Kunden abzuwälzen.*

*Obwohl auch auf Seiten der Kunden des C anscheinend alle Voraus-
setzungen für einen Schadensersatzanspruch aus § 33 Abs. 3 Satz 1
GWB erfüllt sind, ist ein derartiger Anspruch nach dem Sinn und
Zweck der Regelung des § 33 Abs. 3 Satz 2 GWB ausgeschlossen.
Diese Vorschrift verfolgt offensichtlich den Zweck, den entstandenen
Schaden dem unmittelbar Geschädigten C zuzurechnen. Wollte man
anders entscheiden und neben C auch dessen Kunden aus § 33 Abs. 3
Satz 1 GWB Ansprüche auf Schadensersatz gewähren, wären A und B
verpflichtet, über den eingetretenen Schaden hinausgehende Zahlun-
gen zu leisten.*

**Umfang des Schadens-
ersatzanspruchs**

Inhalt und Umfang des Schadensersatzanspruchs richten sich nach den
§§ 249 ff. BGB. Diese Vorschriften gehen vom Grundsatz der sog.
»Naturalrestitution« aus. Daher kann der Geschädigte als Schadensersatz

Anders als der in § 33 Abs. 3 GWB geregelte Schadensersatzanspruch
setzt der Unterlassungsanspruch nach § 33 Abs. 1 GWB kein Verschulden voraus. Er kann als

- einfacher Unterlassungsanspruch,

**Voraussetzungen des
Unterlassungsanspruchs**

- vorbeugender Unterlassungsanspruch oder

- Beseitigungsanspruch

geltend gemacht werden. Dazu ist nicht nur der unmittelbar Betroffene
berechtigt. Vielmehr steht der Unterlassungsanspruch auch den in § 33
Abs. 2 GWB genannten Verbänden und qualifizierten Einrichtungen
zu. Wegen der Einzelheiten hierzu kann auf die entsprechenden Ausführungen zu § 8 Abs. 1 und Abs. 3 Nr. 2 und 3 UWG verwiesen werden.

Vorteilsabschöpfung

Darüber hinaus kommen als Sanktionsmöglichkeiten noch die im Ver-
waltungsrechtsweg durchzuführende Vorteilsabschöpfung durch die
Kartellbehörde nach § 34 GWB und die zivilrechtliche Vorteilsabschöpfung durch die in § 33 Abs. 2 Nr. 1 und 2 GWB genannten Ver-

bände und Einrichtungen nach § 34a GWB in Betracht. Die zuletzt genannte Vorteilsabschöpfung ist in ihrer Zielsetzung und Struktur mit dem in § 10 UWG geregelten Gewinnabschöpfungsanspruch vergleichbar. Daher kann auf die dort gemachten Ausführungen verwiesen werden.

6.2. Kartellbehördliche Maßnahmen

Die Kartellbehörden können Verstöße gegen die Art. 101 f. AEUV oder gegen das GWB zunächst im Rahmen eines Verwaltungsverfahrens überprüfen und abstellen. Darüber hinaus haben sie die Möglichkeit, entsprechende Verstöße als Ordnungswidrigkeiten zu verfolgen.

6.2.1. Kartellbehörden

Gemäß §§ 48 Abs. 1 GWB sind Kartellbehörden

- das Bundeskartellamt
- das Bundesministerium für Wirtschaft und Technologie sowie
- die Landeskartellbehörden.

Die grundsätzliche Zuständigkeitsverteilung zwischen diesen Behörden ist in § 48 Abs. 2 GWB geregelt.

Zuständigkeit **§ 48 GWB**

(1) Kartellbehörden sind das Bundeskartellamt, das Bundesministerium für Wirtschaft und Arbeit und die nach Landesrecht zuständigen obersten Landesbehörden.

(2) Weist eine Vorschrift dieses Gesetzes eine Zuständigkeit nicht einer bestimmten Kartellbehörde zu, so nimmt das Bundeskartellamt die in diesem Gesetz der Kartellbehörde übertragenen Aufgaben und Befugnisse wahr, wenn die Wirkung des wettbewerbsbeschränkenden oder diskriminierenden Verhaltens oder einer Wettbewerbsregel über das Gebiet eines Landes hinausreicht. In allen übrigen Fällen nimmt diese Aufgaben und Befugnisse die nach Landesrecht zuständige oberste Landesbehörde wahr.

Bundeskartellamt

Das Bundeskartellamt ist hauptsächlich in den in § 48 Abs. 2 Satz 1 GWB genannten Fällen zuständig. Seine Zuständigkeit ist danach u.a. immer dann gegeben, wenn die Wirkung des wettbewerbsbeschrän-

Zuständigkeitsabgrenzung

kenden oder diskriminierenden Verhaltens oder einer Wettbewerbsregel über das Gebiet eines Bundeslandes hinaus reicht.

Bundesministerium für Wirtschaft

Die Zuständigkeit des Bundesministeriums für Wirtschaft und Technologie als Kartellbehörde beschränkt sich auf Entscheidungen über Sachbereiche, die ihm wegen ihres politischen Charakters zugewiesen sind. Dazu gehört insbesondere die schon bekannte Ministererlaubnis im Rahmen einer Zusammenschlusskontrolle.

Landeskartellbehörden

Die Landeskartellbehörden sind in allen Fällen zuständig, in denen nicht die Zuständigkeit des Bundeskartellamtes oder des Bundesministeriums für Wirtschaft gegeben ist.

6.2.2. Verwaltungsverfahren

**Verbots- und
Beseitigungsverfügung**

Gemäß § 32 GWB, der sich noch auf die Regelung der Art. 81 f. EGV bezieht, hat die Kartellbehörde die Befugnis, Verstöße gegen die Art. 101 f. AEUV oder gegen Vorschriften des GWB abzustellen. Dazu kann sie das beanstandete Verhalten entweder vollständig untersagen oder aber ein zur Beseitigung des Wettbewerbsverstoßes erforderliches Verhalten anordnen.

§ 32 GWB

Abstellung und nachträgliche Feststellung von Zuwiderhandlungen

(1) Die Kartellbehörde kann Unternehmen oder Vereinigungen von Unternehmen verpflichten, eine Zuwiderhandlung gegen eine Vorschrift dieses Gesetzes oder gegen die Artikel 81 oder 82 des Vertrages zur Gründung der Europäischen Gemeinschaft abzustellen.

(2) Sie kann hierzu den Unternehmen oder Vereinigungen von Unternehmen alle Maßnahmen aufgeben, die für eine wirksame Abstellung der Zuwiderhandlung erforderlich und gegenüber dem festgestellten Verstoß verhältnismäßig sind.

**Stellungnahme zur
Unbedenklichkeit**

Die Kartellbehörde kann nach § 32c GWB jedoch auch feststellen, dass aufgrund des ihr bekannten Sachverhalts kein Anlass zum Tätigwerden besteht. Auf diese Weise können z.B. Zweifel darüber beseitigt werden, ob eine Vereinbarung § 1 GWB unterfällt oder ob die Voraussetzungen für eine kraft Gesetzes eintretende Freistellung nach § 2 GWB erfüllt sind.

Kein Anlass zum Tätigwerden § 32c GWB

Sind die Voraussetzungen für ein Verbot nach den §§ 1, 19 bis 21, nach Artikel 81 Abs. 1 oder Artikel 82 des Vertrages zur Gründung der Europäischen Gemeinschaft nach den der Kartellbehörde vorliegenden Erkenntnissen nicht gegeben, so kann sie entscheiden, dass für sie kein Anlass besteht, tätig zu werden. Die Entscheidung hat zum Inhalt, dass die Kartellbehörde vorbehaltlich neuer Erkenntnisse von ihren Befugnissen nach den §§ 32 und 32a keinen Gebrauch machen wird...

Die Entscheidung der Kartellbehörde ergeht aufgrund eines in den §§ 54 ff. GWB geregelten Verwaltungsverfahren. Gegen diese Entscheidung ist gerichtlicher Rechtsschutz möglich.

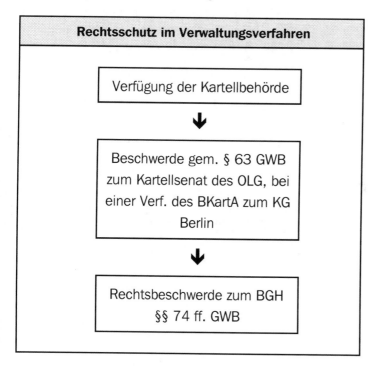

6.2.3. Ordnungswidrigkeitenverfahren

Ordnungswidrigkeiten

Nach § 81 GWB stellen bestimmte Verstöße gegen die Art. 81 f. EGV oder das GWB Ordnungswidrigkeiten dar. Derartige Ordnungswidrigkeiten können zur Verhängung empfindlicher Geldbußen durch die Kartellbehörde führen. Der Rechtsschutz gegen derartige Geldbußen richtet sich im Wesentlichen nach dem OWiG.

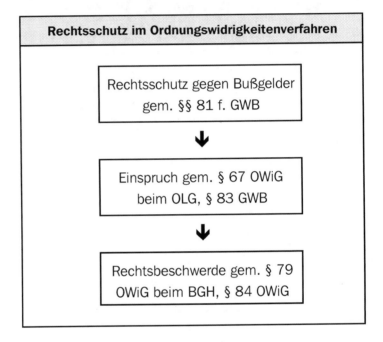

7. Wiederholungsfragen

○ Was versteht man unter einer Vereinbarung i.S.d. § 1 GWB? Lösung S. 144

○ Wie unterscheidet sich die abgestimmte Verhaltensweise von einer Vereinbarung? Lösung S. 145

○ Wird das sog. Parallelverhalten von § 1 GWB erfasst? Lösung S. 146

○ Wer ist Adressat der im GWB getroffenen Regelungen? Lösung S. 148

○ Was besagt das sog. Wirkungsprinzip? Lösung S. 149

○ In welchem Verhältnis steht die Regelung des § 1 GWB zu derjenigen des Art. 101 AEUV? Lösung S. 151

○ Können die deutschen Kartellbehörden auch Verstöße gegen Art. 101 AEUV verfolgen? Lösung S. 151

○ Wann ist eine Vereinbarung wettbewerbsbeschränkend? Lösung S. 144, 156

○ Nennen Sie Beispiele für wettbewerbsbeschränkende Vereinbarungen! Lösung S. 145, 156

○ Erfasst § 1 GWB auch vertragsimmanente Wettbewerbsbeschränkungen? Lösung S. 160

○ Was sind Gruppenfreistellungsverordnungen und welche Bedeutung haben sie für die Freistellung vom Verbot des § 1 GWB? Lösung S. 163

○ Wann ist ein Unternehmen marktbeherrschend? Lösung S. 166

○ Nennen Sie vier Missbrauchstatbestände! Lösung S. 169

○ In welchem Verhältnis stehen die §§ 35 ff. GWB zur FusKontr-VO? Lösung S. 151, 174

○ Wann hat das Bundeskartellamt einen Unternehmenszusammenschluss zu untersagen? Lösung S. 177

Europäisches Kartellrecht

1. Das Kartellverbot des Art. 101

Art. 101 Abs. 1 AEUV verbietet bestimmte Maßnahmen, die eine Be-einträchtigung des Handels zwischen den Mitgliedstaaten mit sich bringen können. Dabei werden einige nicht abschließende Regelbei-spiele für die von Art. 101 AEUV erfassten horizontalen und vertikalen wettbewerbsbeschränkenden Maßnahmen unter Art. 101 Abs. 1 Buch-staben a) bis e) AEUV aufgeführt. Die dort genannten Verhaltenswei-sen unterfallen dann der Verbotsnorm des Art. 101 AEUV, wenn deren weitere Tatbestandsmerkmale erfüllt sind.

Art. 101 AEUV

(1) Mit dem Binnenmarkt unvereinbar und verboten sind alle Verein-barungen zwischen Unternehmen, Beschlüsse von Unternehmensvere-inigungen und aufeinander abgestimmte Verhaltensweisen, welche den Handel zwischen Mitgliedstaaten zu beeinträchtigen geeignet sind und eine Verhinderung, Einschränkung oder Verfälschung des Wettbe-werbs innerhalb des Binnenmarktes bezwecken oder bewirken, insbe-sondere

a) die unmittelbare oder mittelbare Festsetzung der An- oder Ver-kaufspreise oder sonstiger Geschäftsbedingungen;

b) die Einschränkung oder Kontrolle der Erzeugung, des Absatzes, der technischen Entwicklung oder der Investitionen;

c) die Aufteilung der Märkte oder Versorgungsquellen;

d) die Anwendung unterschiedlicher Bedingungen bei gleichwertigen Leistungen gegenüber Handelspartnern, wodurch diese im Wett-bewerb benachteiligt werden;

e) die an den Abschluss von Verträgen geknüpfte Bedingung, dass die Vertragspartner zusätzliche Leistungen annehmen, die weder sach-lich noch nach Handelsbrauch in Beziehung zum Vertragsgegen-stand stehen.

Beispiel 88 *»Volkswagen / Kommission«(nach EuGH WuW/E EU-R 701): Die VolkswagenAG vertreibt ihre Fahrzeuge innerhalb der Ge-meinschaft über Vertragshändlernetze. Der Import der Fahrzeuge nach Italien erfolgt ausschließlich über die Autogerma SpA, eine Ge-sellschaft italienischen Rechts und hundertprozentige Tochtergesell-schaft der VolkswagenAG. In Italien wird der Vertrieb der preiswerter als in Deutschland angebotenen Automobile über ein Netz rechtlich und wirtschaftlich selbständiger Vertragshändler organisiert. Diese stehen in einem Vertragsverhältnis zur Autogerma SpA. Die Volkswa-genAG untersagt den italienischen Händlern, Automobile an ausländi-sche Kunden zu verkaufen. Für den Fall einer Zuwiderhandlung droht* *sie mit einer Streichung des Verkaufsbonus bzw. einer Kündigung des Vertragshändlervertrages.*

Dieses Vorgehen der VolkswagenAG erfüllt wegen der damit verbundenen Abschottung des italienischen Marktes gegen Exporte nach Deutschland die Voraussetzungen des Regelbeispiels des § 101 Abs. 1 Buchst. c) AEUV und ist daher bei Vorliegen der sonstigen tatbestandlichen Voraussetzungen des Art. 101 Abs. 1 AEUV verboten.

Art. 101 Abs. 2 AEUV ordnet die Nichtigkeit aller Abs. 1 unterfallenden Maßnahmen an.

Rechtsfolgen

> (2) Die nach diesem Artikel verbotenen Vereinbarungen oder Beschlüsse sind nichtig.

Art. 101 AEUV

Eine besondere Aufhebung der verbotenen Maßnahmen ist somit nicht erforderlich. Auf Basis der Art. 7-9 und der Art. 23 f. KartellVO hat die Kommission jedoch die Möglichkeit, die Befolgung des Art. 101 Abs. 1 AEUV durch Verhängung von Geldbußen und Zwangsgeldern sicherzustellen.

1.1. Adressaten des Kartellverbotes

Die Verbotsnorm des Art. 101 Abs. 1 AEUV gilt für Unternehmen und Unternehmensvereinigungen. Wegen der Einzelheiten kann auf die entsprechenden Ausführungen zum personellen Anwendungsbereich des GWB verwiesen werden.

Personeller Anwendungsbereich

Beispiel 89: *In Beispiel 88 sind die VolkswagenAG, die Autogerma SpA und die italienischen Vertragshändler Unternehmen und somit Adressaten des Kartellverbots aus Art. 101 Abs. 1 AEUV.*

1.2. Verbotene Verhaltensweisen

Die dem Verbot unterfallenden Maßnahmen bezeichnet Art. 101 Abs. 1 AEUV mit »Vereinbarungen, Beschlüssen und aufeinander abgestimmten Verhaltensweisen«. Damit entsprechen die im Tatbestand genannten Formen bewussten und gewollten Zusammenwirkens mehrerer Unternehmen den in § 1 GWB verwandten Begriffen.

Verbotene Maßnahmen

Beispiel 90: *In Beispiel 88 stellt sich die Frage, ob die Aufforderung der VolkswagenAG an ihre italienischen Vertragshändler eine Art. 101 Abs. 1 AEUV unterfallende Vereinbarung darstellt. Einseitige Handlungen können nämlich nicht nach Art. 101 Abs. 1 AEUV, sondern allenfalls nach Art. 102 AEUV verboten sein. Vorliegend ist jedoch von* *einer Art. 101 Abs. 1 AEUV unterfallenden Vereinbarung zwischen der Volkswagen AG und ihren italienischen Vertragshändlern und nicht etwa von einer einseitigen Handlung der VolkswagenAG auszugehen. Eine Vereinbarung i.S.d. Art. 101 Abs. 1 AEUV liegt nämlich auch dann vor, wenn durch eine einseitige Weisung schon bestehende vertragliche Bindungen konkretisiert oder durchgeführt werden. Diese Voraussetzung ist hier hinsichtlich des Vertragshändlervertrages erfüllt.*

1.3. Beeinträchtigung des Handels zwischen den Mitgliedstaaten

Die Vereinbarungen, Beschlüsse bzw. aufeinander abgestimmten Verhaltensweisen müssen zur Beeinträchtigung des Handels zwischen den Mitgliedstaaten geeignet sein und eine Verhinderung, Einschränkung oder Verfälschung des Wettbewerbs innerhalb des Binnenmarktes bezwecken oder bewirken.

Erfasste Maßnahmen

Damit werden insbesondere Maßnahmen, die nur einen einzigen Mitgliedstaat betreffen oder die sich nur auf Drittstaaten auswirken, nicht erfasst. Allerdings geht der EuGH in der Regel schon dann von einer Eignung zur Beeinträchtigung des Handels zwischen den Mitgliedstaaten aus, wenn die Kartellabsprache einen mitgliedstaatlichen Markt in seiner Gesamtheit umfasst. Wegen der für diese Feststellung erforderlichen Abgrenzung der sachlich und räumlich betroffenen Märkte und der erforderlichen Bezweckung bzw. Bewirkung der Verhinderung, Einschränkung oder Verfälschung des Wettbewerbs kann auf die entsprechend geltenden Ausführungen zum GWB verwiesen werden.

Beispiel 91: *In Beispiel 88 beschränkt die Vereinbarung die Möglichkeit der Endabnehmer und Vertragshändler aus anderen Mitgliedstaaten, Fahrzeuge in Italien zu erwerben. Die Vereinbarung bewirkt daher eine Beeinträchtigung des Handels zwischen den Mitgliedstaaten.*

Spürbarkeit

Auch ist das Überschreiten einer quantitativen Mindestgrenze erforderlich, um die Eignung der Maßnahme zur Beeinträchtigung des Handels zwischen den Mitgliedstaaten bejahen zu können. Die Kommission setzt diese Grenze grundsätzlich bei einem Marktanteil von 10 Prozent (horizontale Vereinbarungen) bzw. 15 Prozent (vertikale Vereinbarungen) an.

1.4. Wettbewerbsbeschränkung

Da im AEUV – ebenso wie nunmehr im deutschen Kartellrecht (vgl. dort aber §§ 2 f. GWB) – Regelungen über erlaubte Kartelle fehlen, arbeitet der EuGH mit einer sog. »teleologischen Reduktion« des Tatbestandes. Absprachen sind danach nicht verboten, wenn sie positive Wirkungen auf den Wettbewerb versprechen (sog. rule of reason).

»rule of reason«

Beispiel 92: Wettbewerbsverbot zu Lasten des Verkäufers eines Unternehmens können als notwendiger Bestandteil der Unternehmensveräußerung gerechtfertigt sein.

1.5. Legalausnahmen

Art. 101 Abs. 3 AEUV sieht vor, dass die Bestimmungen des Abs. 1 für nicht anwendbar erklärt werden können.

Ausnahmen

(3) Die Bestimmungen des Absatzes 1 können für nicht anwendbar erklärt werden auf

— Vereinbarungen oder Gruppen von Vereinbarungen zwischen Unternehmen,

— Beschlüsse oder Gruppen von Beschlüssen von Unternehmensvereinigungen,

— aufeinander abgestimmte Verhaltensweisen oder Gruppen von solchen,

die unter angemessener Beteiligung der Verbraucher an dem entstehenden Gewinn zur Verbesserung der Warenerzeugung oder -verteilung oder zur Förderung des technischen oder wirtschaftlichen Fortschritts beitragen, ohne dass den beteiligten Unternehmen

a) Beschränkungen auferlegt werden, die für die Verwirklichung dieser Ziele nicht unerlässlich sind, oder

b) Möglichkeiten eröffnet werden, für einen wesentlichen Teil der betreffenden Waren den Wettbewerb auszuschalten.

Art. 101 AEUV

Dabei ist im Grundsatz zwischen

• Einzelfreistellungen und

• Gruppenfreistellungen

zu unterscheiden.

Einzelfreistellungen betreffen einen Einzelfall. Sie sind nach dem Konzept der KartellVO als Legalausnahme zu verstehen. Eines beson-

Einzelfreistellungen

deren Freistellungsaktes bedarf es nach der sich noch auf Art. 81 f. EGV beziehenden Regelung des § 1 Abs. 2 KartellVO nicht.

Art. 1 KartellVO

Anwendung der Artikel 81 und 82 des Vertrags

(2) Vereinbarungen, Beschlüsse und aufeinander abgestimmte Verhaltensweisen im Sinne von Artikel 81 Absatz 1 des Vertrags, die die Voraussetzungen des Artikels 81 Absatz 3 des Vertrags erfüllen, sind nicht verboten, ohne dass dies einer vorherigen Entscheidung bedarf.

Daneben hat die Kommission nach der sich ebenfalls noch auf die Art. 81 f. EGV beziehenden Regelung des Art. 10 KartellVO die Möglichkeit, die Nichtanwendbarkeit des Art. 101 AEUV ausdrücklich festzustellen.

Art. 10 KartellVO

Feststellung der Nichtanwendbarkeit

Ist es aus Gründen des öffentlichen Interesses der Gemeinschaft im Bereich der Anwendung der Artikel 81 und 82 des Vertrags erforderlich, so kann die Kommission von Amts wegen durch Entscheidung feststellen, dass Artikel 81 des Vertrags auf eine Vereinbarung, einen Beschluss einer Unternehmensvereinigung oder eine abgestimmte Verhaltensweise keine Anwendung findet, weil die Voraussetzungen des Artikels 81 Absatz 1 des Vertrags nicht vorliegen oder weil die Voraussetzungen des Artikels 81 Absatz 3 des Vertrags erfüllt sind.

Die Kommission kann eine solche Feststellung auch in Bezug auf Artikel 82 des Vertrags treffen.

Gruppenfreistellungen

Gruppenfreistellungen sind Verordnungen i.S.d. 288 AEUV und betreffen jeweils eine Gruppe mittels Verordnung freigestellter Fälle. Entsprechende Verordnungen gibt es z.B. für vertikale Vereinbarungen über den Kauf von Waren oder Dienstleistungen (Alleinvertriebs-, Alleinbezugs- und Franchisevereinbarungen) und für vertikale Vereinbarungen über den Kauf oder Verkauf von Kraftfahrzeugen (Vertragshändlerverträge). Dabei weisen die neueren Gruppenfreistellungsverordnungen folgenden systematischen Aufbau auf:

a)   Regelung des Geltungsbereichs der Gruppenfreistellungsverordnung,

b)   Regelung von Marktanteilskriterien für die Geltung der Gruppenfreistellungsverordnung und

c)   Regelung von grundsätzlichen Verboten und Beschränkungen (Kernbeschränkungen) nach der Gruppenfreistellungsverordnung.

Beispiel 93: *(VO Nr. 772/2004 über die Anwendung des Art. 81 Abs. 3 des Vertrages auf Gruppen von Technologietransfer-Vereinbarungen):*

a) *Nach Art. 2 Abs. 1 der Verordnung wird Art. 81 Abs. 1 des Vertrages unter den in dieser Verordnung geregelten Voraussetzungen auf Technologietransfer-Vereinbarungen zwischen zwei Unternehmen, die die Produktion sogenannter Vertragsprodukte ermöglichen, für nichtanwendbar erklärt.*

b) *Nach Art. 3 Abs. 1 der Verordnung gilt die Freistellung für Vereinbarungen zwischen miteinander konkurrierenden nur, wenn der gemeinsame Marktanteil der Parteien auf dem betroffenen relevanten Technologie- und Produktmarkt 20 % nicht überschreitet.*

c) *Nach Art. 4 Abs. 1 der Verordnung gilt die Freistellung – trotz der Erfüllung der Voraussetzungen der Art. 2 der Verordnung – nicht für Vereinbarungen, die ganz bestimmte Zwecke verfolgen.*

Prüfungsschema Art. 101 AEUV

1) Vereinbarung zwischen Unternehmen oder Unternehmensvereinigungen

    a) Beteiligte

        – Unternehmen oder

        – Unternehmensvereinigungen

    b) Vorliegen

        – einer Vereinbarung (zwischen Unternehmen) oder

        – eines Beschlusses (einer Unternehmensvereinigung)
oder

        – einer abgestimmten Verhaltensweise

        (Abgrenzung: Erlaubtes Parallelverhalten)

2) Beeinträchtigung des Handels zwischen den Mitgliedstaaten:

    a) Beispielskatalog des Art. 101 Abs. 1 AEUV (nicht abschlie-
ßend)

    b) Negative Auswirkung auf den Handel zwischen den Mit-
gliedstaaten

    c) Quantitative Mindestgrenze von 10 Prozent für horizontale
und 15 Prozent für vertikale Vereinbarungen

3) Bewirken oder Bezwecken einer Wettbewerbsbeschränkung

4) Keine Freistellung

    a) Legalausnahmen für Einzelfälle nach Art. 1 Abs. 2
KartellVO

    b) Gruppenfreistellung durch VO

2. Missbrauchsverbot des Art. 102 AEUV

Art. 102 S. 1 AEUV regelt die missbräuchliche Ausnutzung einer marktbeherrschenden Stellung auf dem Binnenmarkt oder einem wesentlichen Teil davon.

Missbräuchliche Ausnutzung einer marktbeherrschenden Stellung

> Mit dem Binnenmarkt unvereinbar und verboten ist die missbräuchliche Ausnutzung einer beherrschenden Stellung auf dem Binnenmarkt oder auf einem wesentlichen Teil desselben durch ein oder mehrere Unternehmen, soweit dies dazu führen kann, den Handel zwischen Mitgliedstaaten zu beeinträchtigen. ...

Art. 102 AEUV

Im Falle eines Verstoßes gegen Art. 102 hat die Kommission die Möglichkeit, dagegen auf Grundlage der Art. 7-9 und der Art. 23 f. KartellVO vorzugehen.

2.1. Adressaten des Missbrauchsverbotes

Das Missbrauchsverbot des Art. 102 richtete sich an Unternehmen. Der Unternehmensbegriff stimmt mit demjenigen des Art. 101 AEUV. Daher kann auf die entsprechenden Ausführungen zu Art. 101 AEUV und zum GWB verwiesen werden.

Unternehmensbegriff

2.2. Missbrauchstatbestände

Die auch im Rahmen des Art. 102 AEUV erforderliche Marktabgrenzung wird mit der Hilfe des aus dem nationalen Recht bekannten Bedarfsmarktkonzepts vorgenommen. Dementsprechend ist zunächst insbesondere der sachlich und räumlich relevante Markt zu bestimmen.

Bedarfsmarktkonzept

Unter einem »wesentlichen Teil« des Binnenmarktes ist zunächst ein Gebiet zu verstehen, das mehrere Mitgliedstaaten umfasst. Der EuGH geht vom Vorliegen dieses Merkmales allerdings auch schon dann aus, wenn einzelne große Regionen, wie z.B. Süddeutschland, beherrscht werden.

Wesentlicher Teil« des gemeinsamen Marktes

Im Gegensatz zu § 19 GWB definiert Art. 102 AEUV den Begriff der Marktbeherrschung nicht. Nach der Formel des EuGH ist marktbeherrschend eine Stellung, die das Unternehmen in die Lage versetzt, die Aufrechterhaltung eines wirksamen Wettbewerbs auf dem relevanten Markt zu verhindern, indem sie ihm die Möglichkeit verschafft, sich seinen Wettbewerbern, seinen Abnehmern und den Verbrauchern gegenüber in einem nennenswerten Umfang unabhängig zu verhalten.

Marktbeherrschung

Dabei ist der Marktanteil des Unternehmens das wichtigste Kriterium zur Ermittlung der Marktbeherrschung. So

- gilt bei einem Marktanteil von 50 Prozent und mehr eine Vermutung für die Marktbeherrschung,
- sind bei einem Marktanteil zwischen 25 Prozent und 49 Prozent zusätzliche Faktoren für die Annahme einer marktbeherrschenden Stellung erforderlich und
- schließen Marktanteile unter 25 Prozent in aller Regel die Annahme einer marktbeherrschenden Stellung aus.

In Art. 102 Satz 2 AEUV werden einzelne Beispiele für Missbrauch aufgeführt.

Art. 102 AEUV

... Dieser Missbrauch kann insbesondere in Folgendem bestehen:

a) der unmittelbaren oder mittelbaren Erzwingung von unangemessenen Einkaufs- oder Verkaufspreisen oder sonstigen Geschäftsbedingungen;

b) der Einschränkung der Erzeugung, des Absatzes oder der technischen Entwicklung zum Schaden der Verbraucher;

c) der Anwendung unterschiedlicher Bedingungen bei gleichwertigen Leistungen gegenüber Handelspartnern, wodurch diese im Wettbewerb benachteiligt werden;

d) der an den Abschluss von Verträgen geknüpften Bedingung, dass die Vertragspartner zusätzliche Leistungen annehmen, die weder sachlich noch nach Handelsbrauch in Beziehung zum Vertragsgegenstand stehen.

2.3. Beeinträchtigung des Handels zwischen den Mitgliedstaaten

Geeignetheit der
Beeinträchtigung

Die missbräuchliche Ausnutzung der marktbeherrschenden Stellung muss geeignet sein, den Handel zwischen den Mitgliedstaaten zu beeinträchtigen. Dabei genügt die bloße Möglichkeit einer solchen Beeinträchtigung. Es ist nicht erforderlich, dass eine entsprechende Beeinträchtigung tatsächlich eintrifft.

Beispiel 94: *»Tetra Pak/Kommission« (nach EuGH 1996, Slg. I-5998):*
Die Firma Tetra Pak stellt Abfüllanlagen für Kartonverpackungen und das hierfür benötigte Verpackungsmaterial her. In der EU ist ihr Verpackungssystem im aseptischen Bereich, z.B. bei der Verpackung von H-Milch, praktisch konkurrenzlos. Dagegen besteht bei nicht aseptischen Verpackungssystemen ein Wettbewerb mit mehreren Anbietern. Die Firma Tetra Pak verpflichtet die Abnehmer ihrer Abfüllanlagen

vertraglich, nur von Tetra Pak hergestelltes Verpackungsmaterial zu verwenden. Verstößt dieses Verhalten von Tetra Pak beim Vertrieb von Abfüllanlagen für aseptische Verpackungen gegen Art. 102 AEUV?

Ein Verstoß gegen Art. 102 AEUV setzt zunächst voraus, dass das Unternehmen Tetra Pak eine marktbeherrschende Stellung besitzt. Dabei ist insbesondere die Abgrenzung des sachlich relevanten Marktes zu prüfen. Hierbei ist zwischen den Märkten für aseptische und nicht aseptische Verpackungen zu unterscheiden. Die auf diesen Märkten verwandten Produkte sind nämlich nicht austauschbar. Da Tetra Pak auf dem Markt für aseptische Verpackungssysteme nahezu konkurrenzlos ist, besitzt sie auf diesem Markt eine marktbeherrschende Stellung.

Die von Tetra Pak verwandte Kopplungsklausel verstößt gegen Art. 102 Satz 2 Buchst. d) AEUV. Insbesondere gibt es keinen Handelsbrauch, auf Grund dessen der Vertrieb von Abfüllmaschinen mit demjenigen von Verpackungsmaterial verknüpft werden kann. Dem steht die Existenz zahlreicher unabhängiger Hersteller von Verpackungsmaterial entgegen.

Das Verhalten von Tetra Pak ist weiterhin geeignet, den Handel zwischen den Mitgliedstaaten zu beeinträchtigen. Es schränkt nämlich die Möglichkeiten der unabhängigen Verpackungsmaterialhersteller ein, an die Betreiber der von Tetra Pak gelieferten Abfüllanlagen Verpackungsmaterial zu liefern.

Prüfschema Art. 102 AEUV
1) Ein oder mehrere Unternehmen

2) Marktbeherrschung
 	
   a) Festlegung des relevanten Marktes, insbesondere in räumlicher und sachlicher Hinsicht
 	
   b) Räumlich relevanter Markt umfasst zumindest wesentliche Teile des gemeinsamen Marktes
 	
   c) Beherrschende Stellung des Unternehmens auf dem einschlägigen Markt

3) Missbräuchliche Ausnutzung der Marktbeherrschung Insbesondere Regelbeispiele des Art. 102 Satz 2 AEUV
4) Potenzielle Beeinträchtigung des Handels zwischen den Mitgliedstaaten

3. Verhältnis der Art. 101 f. AEUV zum nationalen Wettbewerbsrecht

Wegen des Verhältnisses der Art. 101, 102 AEUV zum nationalen Wettbewerbsrecht und der Anwendung dieser Artikel durch die nationalen Wettbewerbsbehörden kann auf die entsprechenden Ausführungen zum GWB verwiesen werden.

Die Zuständigkeiten und Befugnisse der Kommission ergeben sich im Wesentlichen aus den Art. 7-9 und den Art. 23 f. KartellVO.

4. Fusionskontrolle

Die Kontrolle über den Zusammenschluss von Unternehmen ist nicht im AEUV, sondern in der FusKontrVO geregelt. Diese erfasst Zusammenschlüsse von gemeinschaftsweiter Bedeutung. Dabei wird der Begriff der gemeinschaftsweiten Bedeutung in Art. 1 Abs. 2 FusKontrVO umsatzabhängig definiert.

Unternehmenszusammenschlüsse von gemeinschaftsweiter Bedeutung

Anwendungsbereich

Art. 1 FusKontrVO

(1) Unbeschadet des Artikels ... gilt diese Verordnung für alle Zusammenschlüsse von gemeinschaftsweiter Bedeutung im Sinne dieses Artikels.

(2) Ein Zusammenschluss hat gemeinschaftsweite Bedeutung, wenn folgende Umsätze erzielt werden:

a) ein weltweiter Gesamtumsatz aller beteiligten Unternehmen zusammen von mehr als 5 Mrd. EUR und

b) ein gemeinschaftsweiter Gesamtumsatz von mindestens zwei beteiligten Unternehmen von jeweils mehr als 250 Mio. EUR;

dies gilt nicht, wenn die beteiligten Unternehmen jeweils mehr als zwei Drittel ihres gemeinschaftsweiten Gesamtumsatzes in ein und demselben Mitgliedstaat erzielen.

Weitere Fälle von Zusammenschlüssen mit gemeinschaftsweiter Bedeutung sind im Art. 1 Abs. 3 FusKontrVO definiert.

4.1. Begriff des Zusammenschlusses

Wann ein Zusammenschluss i.S.d. FusKontrVO vorliegt, kann Art. 3 dieser Verordnung entnommen werden. Dabei unterscheidet Art. 3 Abs. 1 FusKontrVO zwei Formen des Zusammenschlusses, nämlich

Zusammenschluss i.S.d. FusKontrVO

*   die Fusion zweier bislang voneinander unabhängigen Unternehmen in Art. 3 Abs. 1 Buchst. a) FusKontrVO und

*   den Kontrollerwerb in Art. 3 Abs. 1 Buchst. b) FusKontrVO.

Definition des Zusammenschlusses

Art. 3 FusKontrVO

(1) Ein Zusammenschluss wird dadurch bewirkt, dass eine dauerhafte Veränderung der Kontrolle in der Weise stattfindet, dass

a) zwei oder mehr bisher voneinander unabhängige Unternehmen oder Unternehmensteile fusionieren oder dass

b) eine oder mehrere Personen, die bereits mindestens ein Unternehmen kontrollieren, oder ein oder mehrere Unternehmen durch den

> Erwerb von Anteilsrechten oder Vermögenswerten, durch Vertrag oder in sonstiger Weise die unmittelbare oder mittelbare Kontrolle über die Gesamtheit oder über Teile eines oder mehrerer anderer Unternehmen erwerben.

4.2. Kontrolle des Zusammenschlusses

Beeinträchtigung des Marktes als wesentliches Entscheidungskriterium

Wesentliches materielles Kriterium für die Entscheidung über die Zulässigkeit oder Unzulässigkeit eines Zusammenschlusses ist nach Art. 2 Abs. 2 und 3 FusKontrVO die Frage, ob durch den geplanten Zusammenschluss der wirksame Wettbewerb im gemeinsamen Markt oder in einem wesentlichen Teil davon erheblich beeinträchtigt wird. Ist dies der Fall, so ist der Zusammenschluss zu untersagen.

Art. 2 FusKontrVO

Beurteilung von Zusammenschlüssen

(2) Zusammenschlüsse, durch die wirksamer Wettbewerb im Gemeinsamen Markt oder in einem wesentlichen Teil desselben nicht erheblich behindert würde, insbesondere durch Begründung oder Verstärkung einer beherrschenden Stellung, sind für mit dem Gemeinsamen Markt vereinbar zu erklären.

(3) Zusammenschlüsse, durch die wirksamer Wettbewerb im Gemeinsamen Markt oder in einem wesentlichen Teil desselben erheblich behindert würde, insbesondere durch Begründung oder Verstärkung einer beherrschenden Stellung, sind für mit dem Gemeinsamen Markt unvereinbar zu erklären.

4.3. Verhältnis zur nationalen Zusammenschlusskontrolle

Wegen des Verhältnisses der Zusammenschlusskontrolle nach der FusKontrVO zum nationalen Wettbewerbsrecht kann auf die entsprechenden Ausführungen zu Art. 1 und Art. 21 FusKontrVO im Abschnitt über das nationale Wettbewerbsrecht verwiesen werden.

5. Wiederholungsfragen

○ Erläutern Sie, welche Maßnahmen nach Art. 101 Abs. 2 AEUV nichtig sind. Lösung S. 189

○ Wer fällt unter den personellen Anwendungsbereich des Art. 101 Abs. 1 AEUV? Lösung S. 189

○ Welche Kriterien sind bei der Prüfung einer Kartellabsprache hinsichtlich der Frage, ob diese Absprache den mitgliedstaatlichen Markt als Ganzes erfasst, heranzuziehen? Lösung S. 190

○ In welchen Fällen findet Art. 101 AEUV auf Kartellabsprache keine Anwendung? Lösung S. 192

○ Stellen Sie den systematischen Aufbau von Gruppenfreistellungs-verordnungen dar. Lösung S. 192

○ Erläutern Sie den Unternehmensbegriff in Art. 102 Satz 1 AEUV. Lösung S. 195

○ Nennen Sie die Missbrauchstatbestände des Art. 102 AEUV. Lösung S. 195

○ Wann ist die missbräuchliche Ausnutzung einer marktbeherr-schenden Stellung geeignet, den Handel zwischen den Mitglied-staaten zu beeinträchtigen? Lösung S. 196

○ Wo ist die Kontrolle von Unternehmenszusammenschlüssen gere-gelt? Lösung S. 199

○ Wovon hängt die Entscheidung über die Zulässigkeit eines Zu-sammenschlusses i.S.d. FusKontrVO ab? Lösung S. 200

Klausurfälle

1. Hinweise zur Lösung wettbewerbsrechtlicher Klausuren

Die Lösung eines juristischen Falles wird üblicherweise in folgenden Arbeitsschritten durchgeführt:

1. Aufsuchen der Anspruchs- bzw. Entscheidungsgrundlage
2. Feststellen der Anspruchs- bzw. Entscheidungsvoraussetzungen
3. Subsumtion
4. Feststellen des Ergebnisses.

Beispiel: Versendet der überregional tätige Buchhändler A deutschlandweit E-Mail-Werbung an Privat- und Geschäftsleute, mit denen er bisher keinerlei geschäftliche Kontakte gehabt hat, so könnte der Anspruch des regional tätigen Buchhändlers B auf Unterlassung wie folgt geprüft werden:

1. Stufe: Obersatz mit Anspruchsgrundlage

Ein Anspruch des B gegen A auf Unterlassung der E-Mail-Werbung könnte sich aus § 8 Abs. 1 UWG ergeben.

2. Stufe: Voraussetzungen der Anspruchsgrundlage

Dies setzt voraus, dass B Inhaber eines Unterlassungsanspruchs aus § 8 Abs. 1 UWG sein kann. Zudem müsste die E-Mail-Werbung des A nach § 3 oder § 7 UWG unzulässig sein.

3. Stufe: Subsumtion

B kann nach § 8 Abs. 3 Nr. 1 UWG dann Inhaber des Unterlassungsanspruchs aus § 8 Abs. 1 UWG sein, wenn er Mitbewerber des A ist. Auf Grund der Definition des § 2 Abs. 1 Nr. 3 UWG ist B dann Mitbewerber des A, wenn er mit diesem als Anbieter von Waren in einem konkreten Wettbewerbsverhältnis steht. Dabei besteht zwischen B und A jedenfalls dann ein konkretes Wettbewerbsverhältnis, wenn diese gleichen oder ähnlichen Branchen und gleichen Wirtschaftsstufen angehören und sich an denselben Abnehmerkreis wenden. Hier gehören B und A als Buchhändler der gleichen Branche an. Sie wenden sich auch an denselben Abnehmerkreis. Die E-Mail-Werbung des A richtet sich nämlich auch an potenzielle Buchkäufer im Einzugsgebiet des B. Daher ist B als Mitbewerber des A gem. § 8 Abs. 3 Nr. 1 UWG zur Geltendmachung des Unterlassungsanspruchs aus § 8 Abs. 1 UWG befugt.

Fraglich ist jedoch, ob die E-Mail-Werbung des A eine unzulässige geschäftliche Handlung darstellt.

Dazu müsste es sich bei der E-Mail-Werbung des A zunächst um eine geschäftliche Handlung handeln. Dies ist gem. § 2 Abs. 1 Nr. 1 UWG dann der Fall, wenn die Versendung der E-Mail-Werbung im geschäftlichen Verkehr erfolgt und objektiv mit der Förderung des Absatzes der Produkte des A im Zusammenhang steht.

…

Bei der E-Mail-Werbung des A könnte es sich um eine nach § 7 Abs. 1 UWG unzulässige und unzumutbare Belästigung handeln. Eine solche unzumutbare Belästigung ist nach § 7 Abs. 2 Nr. 3 UWG stets anzunehmen, wenn …

Schließlich müsste die E-Mail-Werbung des B die Adressaten spürbar beeinträchtigen. Eine spürbare Beeinträchtigung liegt dann vor, wenn …

4. Stufe: Feststellen des Ergebnisses

Daher kann B von A gem. § 8 Abs. 1 UWG Unterlassung der E-Mail-Werbung verlangen.

Bei einfach gelagerten Fällen ist es ausnahmsweise erlaubt, die Punkte 2 und 3 in einem Satz zusammenzufassen. Dabei sollten Sie aber stets zeigen, dass Ihnen die Voraussetzungen der Entscheidungsgrundlage bekannt sind. Im vorstehenden Fall könnten Sie z. B. formulieren: B ist i.S.d. § 2 Abs. 1 Nr. 3 UWG Mitbewerber des A, da er sich mit denselben Produkten an denselben Abnehmerkreis, nämlich potenzielle Buchkäufer in seinem Einzugsgebiet, wendet.

2. Übungsfall »Direktansprache am Arbeitsplatz« (nach BGH GRUR 2004, S. 696 ff.)

Aufgabenstellung

Personalberater B befasst sich als selbständiger Unternehmer mit der Suche und Vermittlung von Fach- und Führungskräften. Er ist von U beauftragt worden, ihm einen Software-Spezialisten zu vermitteln.

Da B bekannt ist, dass die bei K als Projektleiterin in der Softwareentwicklung angestellte M eine äußerst fähige Kraft ist, ruft er diese an ihrem Arbeitsplatz an. Er stellt sich kurz vor und erklärt M in einigen Sätzen, worum es geht. Im Anschluss daran teilt B der M seine Telefonnummer mit und bittet diese für den Fall, dass sie Interesse an der Stelle habe, um einen Rückruf zwecks Vereinbarung eines Gesprächstermins.

M, die mit ihrer derzeitigen Position bei K sehr zufrieden ist, informiert ihren Chef über den Anruf des B. K ist empört und möchte, dass B es zukünftig unterlässt, seine Mitarbeiter unaufgefordert unter Benutzung der betrieblichen Telefonanlage an ihrem Arbeitsplatz anzurufen und auf einen Stellenwechsel anzusprechen. Steht dem K ein entsprechender Unterlassungsanspruch zu?

Lösungshinweise

Ein Anspruch des K gegen B auf Unterlassung entsprechender Anrufe könnte sich aus § 8 Abs. 1 UWG ergeben. Dies setzt zunächst voraus, dass K zur Geltendmachung des Unterlassungsanspruchs aus § 8 Abs. 1 UWG befugt ist. Weiterhin müsste es sich bei dem unaufgeforderten Anruf des B bei der Mitarbeiterin des K unter der Benutzung der betrieblichen Telefonanlage um eine nach § 3 oder § 7 UWG unzulässige geschäftliche Handlung handeln.

Gem. § 8 Abs. 3 Nr. 1 UWG ist K dann zur Geltendmachung eines Unterlassungsanspruchs aus § 8 Abs. 1 UWG befugt, wenn er i.S.d. § 2 Abs. 1 Nr. 3 UWG Mitbewerber des B ist. Da sowohl K als auch B Unternehmer i.S.d. § 2 Abs. 1 Nr. 6 UWG sind, stellt sich hier lediglich die Frage nach der Existenz eines konkreten Wettbewerbsverhältnisses. Dabei kommt es, da B hier mit seinem Anruf den Wettbewerb des U fördern will, entscheidend darauf an, ob ein entsprechendes konkretes Wettbewerbsverhältnis zwischen K und U besteht. Dies ist schon deshalb der Fall, weil K und U durch den Anruf des B in Wettbewerb um die Arbeitskraft der M getreten sind. Aus diesem Grund kann dahingestellt bleiben, ob K und U auch deshalb Wettbewerber sind, weil sie gleichen oder ähnlichen Branchen und gleichen Wirtschaftsstufen angehören und sich an denselben Abnehmerkreis wenden.

Somit ist K zur Geltendmachung des Unterlassungsanspruchs aus § 8 Abs. 1 UWG befugt.

Weiterhin müsste es sich bei dem von K beanstandeten Anruf des B um eine nach § 3 oder § 7 UWG unzulässige geschäftliche Handlung handeln. Dies ist dann der Fall, wenn eine geschäftliche Handlung gegeben ist, die nach § 3 oder § 7 UWG unzulässig ist.

Nach § 2 Abs. 1 Nr. 1 UWG stellt der von K beanstandete Anruf des B dann eine geschäftliche Handlung dar, wenn B mit ihm zu Gunsten des eigenen oder eines fremden Unternehmens den Absatz oder den Bezug von Waren oder die Erbringung oder den Bezug von Dienstleistungen fördert. Dies setzt zunächst einmal voraus, dass B überhaupt im geschäftlichen Verkehr gehandelt hat. Davon kann ausgegangen werden, da B mit seiner Tätigkeit als Personalberater am wirtschaftlichen Verkehr teilgenommen hat.

Darüber hinaus ist für die Annahme einer Wettbewerbshandlung erforderlich, dass der Anruf des B objektiv mit der Förderung des Absatzes oder des Bezugs von Waren oder Dienstleistungen oder mit dem Abschluss oder der Durchführung eines Vertrages über Waren oder Dienstleistungen zusammenhängt.

Eine danach erforderliche objektive Eignung des Anrufs zur Förderung eigenen oder fremden Wettbewerbs kommt hier in der Form der Förderung des Wettbewerbs des U und damit der Förderung fremden Wettbewerbs in Betracht. Eine entsprechende Eignung zur Förderung des Wettbewerbs des U um die Arbeitskraft der M ist schon deshalb gegeben, weil nicht auszuschließen ist, dass Mitarbeiter durch den Anruf eines Personalberaters zum Wechsel der Arbeitsstelle veranlasst werden.

Darüber hinaus müsste der Anruf des K auch nach § 3 oder § 7 UWG unzulässig sein.

Die Unzulässigkeit der geschäftlichen Handlung des B könnte sich zunächst aus § 3 Abs. 3 UWG ergeben. Dies setzt voraus, dass B mit seinem Anruf eine im Anhang zum UWG aufgeführte geschäftliche Handlung vorgenommen hat und dass es sich bei der M als Adressatin dieser geschäftlichen Handlung um eine Verbraucherin handelt. Dies ist es jedoch schon deshalb nicht der Fall, weil der Anruf des B bei der M sich unter keine der im Anhang zum UWG aufgeführten geschäftlichen Handlungen subsumieren lässt.

Die geschäftliche Handlung des B könnte jedoch nach § 3 Abs. 1
i.V.m. § 4 Nr. 10 UWG unlauter und damit unzulässig sein. Dies ist
nach § 4 Nr. 10 UWG jedenfalls dann der Fall, wenn der Anruf des B
geeignet gewesen wäre, den K gezielt zu behindern. Eine gezielte Behinderung in diesem Sinne läge zunächst dann vor, wenn der Anruf des
B geeignet wäre, die M zum Bruch des mit K geschlossenen Vertrages
zu verleiten. Dabei stellt ein bloßes Angebot zum Wechsel des Vertragspartners jedoch noch kein Verleiten zum Vertragsbruch dar. Dies
ist lediglich dann der Fall, wenn zusätzliche Umstände, wie z.B. die
Förderung rechtswidriger Vertragsauflösung durch zusätzliche Geld-
zahlungen, hinzutreten. Dafür sind hier keine Anhaltspunkte ersichtlich. Eine Unlauterkeit des Anrufs unter dem Gesichtspunkt des Verleitens zum Vertragsbruch kommt somit nicht in Betracht.

Eine gezielte Behinderung i.S.d. § 4 Nr. 10 UWG könnte sich auch aus
der in dem Telefonanruf liegenden Beeinträchtigung der betrieblichen
Abläufe des K ergeben. Dadurch wird nämlich die Telefonanlage –
teilweise – blockiert und der Angerufene von der Arbeit abgehalten.
Diese Überlegung rechtfertigt es jedoch nicht, das unaufgeforderte
Ansprechen von Mitarbeitern am Arbeitsplatz zum Zweck des Stellen-
wechsels grundsätzlich zu verbieten. Vielmehr müssen die Interessen
von K, B und M im Einzelfall gegeneinander abgewogen werden.

Aus der Sicht des K stellt der Anruf eines Personalberaters zum Zwecke der Abwerbung eines Mitarbeiters ein Ärgernis dar. Zwar muss er
grundsätzlich hinnehmen, dass ein Mitarbeiter von seinem durch Art.
12 Abs. 1 GG geschützten Recht auf wirtschaftliche Betätigungsfrei-
heit Gebrauch macht. Hier kommt jedoch hinzu, dass die auf seine
Kosten angeschaffte und unterhaltene Telefonanlage zweckwidrig ge-
nutzt und seine Mitarbeiterin von der Arbeit abgehalten wird.

Für B stellt dagegen die Möglichkeit einer ersten telefonischen Kontaktaufnahme ein wesentliches Mittel seiner Berufsausübung dar. Andere Möglichkeiten (Anzeigen etc.) sind für ihn weniger erfolg-
versprechend. Insofern handelt es sich bei der Möglichkeit der ersten
telefonischen Kontaktaufnahme um eine durch Art. 12 Abs. 1 GG geschützte Möglichkeit der Berufsausübung.

Das Interesse der angesprochenen Mitarbeiter an Anrufen von Per-
sonalberatern hängt davon ab, ob sie an einem Stellenwechsel interessiert sind oder nicht.

Bei Abwägung dieser Interessen ist es grundsätzlich nicht wettbewerbswidrig, wenn der Mitarbeiter eines Unternehmens zum Zwecke
der Abwerbung erstmals mit einem kurzen Telefonanruf am Arbeitsplatz angesprochen wird.

Etwas anderes gilt jedoch dann, wenn derartige Anrufe über eine Erst-information hinausgehen oder gegen den ausdrücklich erklärten Willen des angerufenen Mitarbeiters erfolgen.

Somit war der Anruf des B bei M nicht nach § 4 Nr. 10 UWG unlauter.

Der Anruf bei M könnte jedoch gem. § 7 Abs. 2 Nr. 2 UWG unlauter sein. Dies würde voraussetzen, dass es sich bei M um einen Verbrau-cher i.S.d. § 2 Abs. 2 UWG handelt. Als Arbeitnehmer, der zum Zwe-cke der Begründung, Änderung oder Aufhebung eines Arbeitsverhält-nisses angesprochen wird, ist M jedoch nicht Verbraucher sondern sonstiger Marktteilnehmer i.S.d. § 2 Abs. 1 Nr. 2 UWG. Daher war der Telefonanruf des B nicht nach § 7 Abs. 2 Nr. 2 UWG unlauter.

Damit scheidet ein Verstoß gegen § 3 oder § 7 UWG aus. K hat gegen B keinen Anspruch darauf, dass dieser es unterlässt, unaufgefordert Mitarbeiter unter Benutzung der betrieblichen Telefonanlage auf einen Stellenwechsel anzusprechen. Ein solcher Anspruch bestünde lediglich dann und für die Fälle, in denen ein entsprechender Telefonanruf über eine erste Kontaktaufnahme hinausgeht. Derartige Anrufe hat B jedoch nicht getätigt. Insofern sind die Voraussetzungen für einen Anspruch des K gegen B schon deshalb nicht erfüllt, weil mangels Erstbegehung keine Wiederholungsgefahr droht.

3. Übungsfall »Preisbindung durch Franchisegeber« (nach BGH DB 1999, S. 842 ff.)

Aufgabenstellung

S ist ein überregionaler Anbieter von Mietfahrzeugen, dessen Anteil am deutschen Markt 20 Prozent beträgt. Er betreibt sein Geschäft überwiegend über eigene Filialen und Niederlassungen. Daneben hat er mit einigen selbständigen Autovermietern Franchiseverträge geschlossen. Diese Verträge ermöglichen den selbständigen Autovermietern die Teilnahme an dem von S geschaffenen Reservierungs- und Buchungssystem. Zugleich sind sie verpflichtet, ihr Erscheinungsbild den Filialen des S anzupassen und unter dessen Geschäftsbezeichnung aufzutreten.

In den zwischen S und seinen Franchisenehmern geschlossenen Verträgen heißt es u.a.:

»2. Um ein Funktionieren der Kooperation zu gewährleisten, wird dem Lizenznehmer empfohlen, die von S veröffentlichten Mietpreise zu übernehmen.

3. Sofern der Lizenznehmer Reservierungen, die ihm vom S übermittelt worden sind, nicht zu den veröffentlichten Mietpreisen durchzuführen bereit ist, ist S berechtigt, die Reservierung mit eigenen Fahrzeugen auf eigenen Mietvertragsformularen durchzuführen.«

Ohne Unterscheidung zwischen seinen eigenen Fahrzeugen und denjenigen seiner Franchisenehmer wirbt S unter Herausstellung des Preises bundesweit für seine Mietfahrzeuge. Die von ihm beworbenen Preise werden von seinen Franchisenehmern ausnahmslos übernommen.

Ist die Werbemaßnahme des S nach § 1 GWB verboten?

(Hinweis: Auf Grund der Art. 2 Abs. 1, 3 Abs. 1 und Art. 4 Buchst. a) der Verordnung (EU) Nr. 330/2010 ist Art. 101 Abs. 1 AEUV – nicht auf die Festsetzung von Höchstpreisen durch den Lieferanten einer Ware oder Dienstleistung anzuwenden, sofern dessen Anteil am relevanten Markt 30 Prozent nicht überschreitet).

Lösungshinweise

Die Werbemaßnahme des S ist grundsätzlich dann nach § 1 GWB verboten, wenn es sich dabei um eine wettbewerbsbeschränkende Verein-

barung zwischen Unternehmen handelt, die geeignet ist, den Wettbewerb auf dem Markt für Mietwagen spürbar zu beschränken.

Fraglich ist daher zunächst, ob es sich bei der Werbemaßnahme des S
um eine wettbewerbsbeschränkende Vereinbarung zwischen Unternehmen handelt. Dabei ist, da sowohl S als auch dessen Franchisineh-
mer selbständige Tätigkeiten bei der Verteilung von gewerblichen
Leistungen ausüben und somit Unternehmer sind, lediglich das Vorliegen einer wettbewerbsbeschränkenden Vereinbarung zweifelhaft. Der
zwischen S und seinen Franchisenehmern bestehende Vertrag ist zwar
eine Vereinbarung, jedoch als solcher zunächst nicht wettbewerbsbeschränkend, da die Franchisenehmer sich im Vertrag nicht zur Einhaltung der von S beworbenen Preise verpflichtet haben. Ziffer 2 des
Franchisevertrages enthält nämlich lediglich eine Empfehlung.

Vom Begriff der Vereinbarung i.S.d. § 1 GWB werden jedoch auch
solche einseitigen Maßnahmen einer Vertragspartei erfasst, die im
Rahmen bestehender vertraglicher Beziehungen erfolgen und diese
durch konkludente Zustimmung der anderen Vertragspartei weiter
konkretisieren. Bei der Werbung des S handelt es sich um eine solche
einseitige Maßnahme. Durch sie wurde es den Franchisenehmern des S
tatsächlich unmöglich gemacht, für ihre Mietwagen höhere Preise zu
verlangen. Auf Grund der einheitlichen Werbung des S wäre nämlich
kein Kunde bereit gewesen, höhere Preise als die in der Werbung herausgestellten zu zahlen. Aus diesem Grund haben sich die Franchisenehmer des S mit ihrer Preisgestaltung angepasst und dadurch ihre
Zustimmung zu der im Rahmen des bestehenden Franchisevertrages
erfolgten einseitigen Maßnahme des S erteilt. Somit kann vom Vorliegen einer Vereinbarung i.S.d. § 1 GWB ausgegangen werden.

Diese Vereinbarung müsste auch wettbewerbsbeschränkend sein. Dabei liegt eine Wettbewerbsbeschränkung dann vor, wenn die wirtschaftliche Handlungsfreiheit der Franchisenehmer am Markt künstlich
beschränkt wird. Wie vorstehend ausgeführt, war es den Franchisenehmern des S auf Grund des als Vereinbarung zu klassifizierenden
Verhaltens nicht mehr möglich, am Markt höhere Preise als die von S
beworbenen zu erzielen. Insofern liegt eine Beschränkung ihrer wirtschaftlichen Handlungsfreiheit in Form einer Höchstpreisbindung vor.

Fraglich ist jedoch, ob diese Höchstpreisbindung nicht im Wege der
tatbestandlichen Restriktion von der Verbotsnorm des § 1 GWB aus-
zunehmen ist. Dies wäre dann der Fall, wenn eine Höchstpreisbindung
notwendiger Bestandteil eines Franchisevertrages wäre. Davon kann
jedoch nicht ausgegangen werden, da der Abschluss eines Franchisevertrages als solcher keine notwendige Beschränkung der Preisgestal-
tungsfreiheit der einzelnen Vertragspartner beinhaltet.

Auf Grund des 20 Prozent betragenden Marktanteils der S ist die von diesem auf dem Markt für Autovermietung bewirkte Wettbewerbsbeschränkung auch spürbar.

Da die tatbestandlichen Voraussetzungen des § 1 GWB erfüllt sind, stellt sich abschließend noch die Frage, ob eine Freistellung nach § 2 GWB in Betracht kommt. Dies ist gem. § 2 Abs. 2 GWB dann der Fall, wenn die Voraussetzungen einer EU-Gruppenfreistellungsverordnung erfüllt sind. Nach der Verordnung (EU) Nr. 330/2010 sind u.a. solche vertikalen Vereinbarungen freigestellt, die eine Festsetzung von Höchstpreisen oder Preisempfehlungen (nicht Mindestpreisen) durch den Lieferanten einer Ware oder Dienstleistung enthalten, sofern der Anteil des Lieferanten am relevanten Markt 30 Prozent nicht überschreitet. Eine derartige Vereinbarung liegt hier vor.

Daher ist die Werbemaßnahme des S nicht nach § 1 GWB verboten.

Register

EG(V)
Vertrag zur Gründung der Europäischen Gemeinschaft (Vorgängervorschrift des AEUV). ⇨ 3, 151 f.

Einstweilige Verfügung
Gerichtliches Eilverfahren im Falle eines Wettbewerbsverstoßes. ⇨ 135

Freistellung
In den §§ 2 f. GWB getroffene Regelungen, die die Voraussetzung des § 1 GWB erfüllende Vereinbarungen von dem sich daraus ergebenden Verbot freistellen. ⇨ 159 ff., 182, 191 ff.

Fusionskontrolle
Zusammenschlusskontrolle, siehe dort

FuskontrVO
Fusionskontrollverordnung. ⇨ 3, 10 f., 151 ff., 174, 177, 199 ff.

Gattungsbezeichnung
Bezeichnung für eine bestimmte Art von Waren. ⇨ 106

Geschäftliche Handlung
Jede Tätigkeit, die eigene oder fremde Geschäftszwecke fördert. ⇨ 25 ff., 29 ff., 44 f., 78 f., 81, 88, 96 f., 103 ff.

Geschäftsehrverletzung
Unterfall der gezielten Behinderung des Mitbewerbers. ⇨ 63

Gefühlsbetonte Werbung
Wettbewerbsmethode, bei der Mitleid, Gefühle, soziale Hilfsbereitschaft usw. des potenziellen Kunden angesprochen wird. ⇨ 49 f., 53

Geschäftliche Handlung
Handlung, die den Absatz oder Bezug des eigenen oder eines fremden Unternehmens fördert. ⇨ 20, 25 ff., 29 ff., 34 ff., 44 ff., 53 ff., 61 ff., 78 ff., 90, 93, 96 ff., 103 ff., 126, 132 f.

Gemeinschaftsrecht
Recht der EU, bei dem zwischen primärem (AEUV) und sekundärem (Richtlinien und Verordnungen) Gemeinschaftsrecht zu unterscheiden ist. ⇨ 3, 9 f., 152, 163

Gewinnabschöpfungsanspruch
Anspruch auf Abschöpfung von Streuschäden aus vorsätzlichen Verstößen gegen §§ 3, 7 UWG, das GWB, die Art. 101 f. AEUV und kartellbehördliche Verfügungen. ⇨ 21, 39, 132 f., 181

GWB
Gesetz gegen Wettbewerbsbeschränkung. ⇨ 3, 144 ff.

Interessenabwägung
Auf Grund einer Interessenabwägung kann eine irreführende Angabe ausnahmsweise zulässig sein. ⇨ 96, 102, 117, 172

Irreführung
Unlautere geschäftliche Handlung, bei der eine falsche, der Wahrheit nicht entsprechende Vorstellung hervorgerufen wird. ⇨ 23 f., 35 f., 48, 54 ff., 90 f., 96 ff., 103 ff., 109

Kartell
Wettbewerbsbeschränkende Vereinbarung zwischen miteinander in Wettbewerb stehenden Unternehmen.

Preisangaben

Angaben über den Preis müssen der PAnGV entsprechen und dürfen nicht irreführend sein. ⇨ 58 f., 79, 106

Preisausschreiben

Geschäftliche Handlung, die unter den Voraussetzungen des § 4 Nr. 5 oder 6 UWG unlauter sein kann. ⇨ 47, 59 ff., 91

Preisbindung

Fall der Wettbewerbsbeschränkung, siehe dort

Preiskampf

Unterfall der gezielten Behinderung des Mitbewerbers. ⇨ 31, 68 f., 86

Presseerzeugnisse

Gratisverteilung von Presseerzeugnissen kann unter dem Gesichtspunkt der Marktstörung unlauter sein. ⇨ 81, 83, 86

Psychologischer Kaufzwang

Ausübung unangemessenen unsachlichen Einflusses i.S.d. § 4 Nr. 1 UWG. ⇨ 46 ff., 53, 93

Rechtsbruch

Nach § 4 Nr. 11 UWG unlautere geschäftliche Handlung, bei der der Wettbewerber Normen verletzt, die zumindest auch dazu bestimmt sind, im Interesse der Marktteilnehmer das Marktverhalten zu regeln. ⇨ 31, 78 ff., 106

Schadensersatzanspruch

Anspruch auf Ersatz des durch eine unlautere geschäftliche Handlung, einen Verstoß gegen das GWB, die Art. 101 f. AEUV oder eine kartellbehördliche Verfügung verursachten Schadens. ⇨ 39 f., 126, 132, 134, 138, 178 ff.

Schwarze Liste

Bezeichnung der im Anhang zu § 3 Abs. 3 UWG aufgeführten, gegenüber Verbrauchern stets unzulässigen geschäftlichen Handlungen. ⇨ 21, 25, 37

Sonderveranstaltung

Nach § 7 Abs. 1 UWG a.F. grundsätzlich verbotene und nunmehr erlaubte Verkaufsveranstaltung im Einzelhandel, die außerhalb des regelmäßigen Geschäftsverkehrs stattfindet, der Beschleunigung des Warenabsatzes dient und den Eindruck der Gewährung besonderer Kaufvorteile hervorruft. ⇨ 22 f., 106, 108

Spitzenstellungswerbung

Werbung, bei der eine Spitzenstellung am Markt in Anspruch genommen wird. ⇨ 107

System- oder Warenartenvergleich

Vergleich von System- oder Warenarten ohne Erkenntlichmachung eines Mitbewerbers. ⇨ 75 f., 112

Transparenzgebot

In § 4 Nr. 4 UWG geregeltes Erfordernis, bei einer Verkaufsförderungsmaßnahme, wie z.B. Preisnachlässen, die Bedingungen für deren Inanspruchnahme zur Vermeidung einer Irreführung klar und eindeutig anzugeben. ⇨ 55 ff.

Unlauterkeit

Unlauter i.S.d. § 3 Abs. 1 UWG sind alle geschäftlichen Handlungen, die den anständigen Gepflogenheiten in Handel, Handwerk oder selbständiger beruflicher Tätigkeit zuwiderlaufen. ⇨ 11, 15, 23, 25, 30 f., 37, 44 f., 50, 57, 60, 66 ff., 72, 78 f., 81, 86, 91, 93, 96, 111, 117 f.

Unterlassungsanspruch

Anspruch auf Unterlassung einer gegen §§ 3, 7 UWG, eine Vorschrift des GWB, die Art. 101 f. AEUV oder eine Verfügung der Kartellbehörde verstoßenden (geschäftlichen) Handlung. ⇨ 24, 126 ff., 131 ff., 137 f., 178 ff.